U0143166

名家通识讲座书系

丝绸之路
考古十五讲

□ 林梅村 著

北京大学出版社
PEKING UNIVERSITY PRESS

图书在版编目(CIP)数据

丝绸之路考古十五讲/林梅村著. —北京:北京大学出版社,2006.8
(名家通识讲座书系)
ISBN 978 - 7 - 301 - 10721 - 8

Ⅰ.①丝… Ⅱ.①林… Ⅲ.①丝绸之路—考古 Ⅳ.①K928.6

中国版本图书馆 CIP 数据核字(2006)第 048076 号

书 名	丝绸之路考古十五讲	
	SICHOUZHILU KAOGU SHIWUJIANG	
著作责任者	林梅村 著	
责任编辑	刘 方	
标准书号	ISBN 978 - 7 - 301 - 10721 - 8	
出版发行	北京大学出版社	
地 址	北京市海淀区成府路 205 号 100871	
网 址	http://www.pup.cn 新浪微博:@北京大学出版社	
电子邮箱	编辑部wsz@pup.cn 总编室zpup@pup.cn	
电 话	邮购部 62752015 发行部 62750672 编辑部 62750577	
印 刷 者	三河市北燕印装有限公司	
经 销 者	新华书店	
	965 毫米 × 1300 毫米 16 开本 24.75 印张 350 千字	
	2006 年 8 月第 1 版 2024 年 5 月第 10 次印刷	
定 价	75.00 元	

图1 新疆尼雅东汉墓出土"五星出东方利中国讨南羌"织锦（新疆文物局等单位编：《新疆文物古迹大观》，乌鲁木齐，新疆美术摄影出版社，1999年，图0125）。

图2 新疆营盘汉晋墓出土罗马风格的毛织物局部（新疆文物局等单位编：《新疆文物古迹大观》，乌鲁木齐，新疆美术摄影出版社，1999年，图0513）。

图 3 新疆阿勒泰克尔木齐石人（陈凌摄影）。

图 4 小河五号墓地（王炳华：《丝路北道与小河》，《丝路游》
2001 年第 1 期，页 11）。

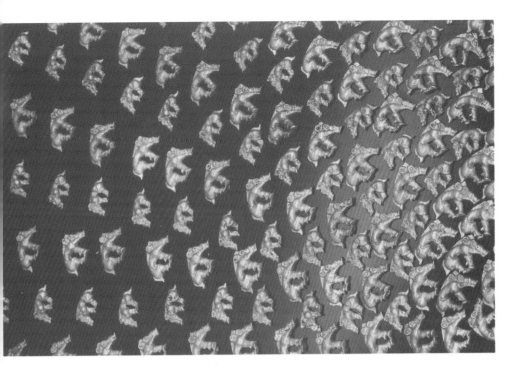

图5 阿尔赞2号墓出土黄金艺术品(After Mike Edwards, "Seberias Scythians: Masters of Gold," *National Geography*, vol.2, 2003)。

图6 叙利亚牙雕 Asherah 女神（引自美国迈阿密大学比较宗教系网站 http://www.units.muohio.edu/religion/academics/Ancient Near East.shtml）。

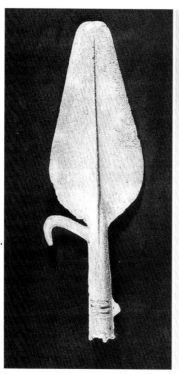

图7 青海出土塞伊马式青铜矛和新疆出土辛塔什塔式青铜斧头（国家文物局编：《中国文物精华(1997)》，北京：文物出版社，1997年，图版38，新疆文物局等单位编：《新疆文物古迹大观》，乌鲁木齐，新疆美术摄影出版社，1999，图1066）。

图8 三道海子大石冢前鹿石（陈凌摄影）。

图9 日本美秀博物馆藏唐三彩拂林狗 (Miho Museum, *Catalogue of Miho Museum (The South Wing)*, Kyoto, Miho Museum, 1997, p.263)。

图 10 曾侯乙墓出土西亚和埃及蜻蜓眼玻璃珠（李零摄影）。

图 11 山东青州齐国墓出土埃兰
列瓣纹银盒（国家文物局编：
《2004中国重要考古发现》，北京：
文物出版社，2005年，页91）。

图12 埃及和中亚出土埃及彩绘玻璃（秋山光和编：《世界の美术馆16·キメ东洋美术馆》，东京：讲谈社，1968年，图版43）。

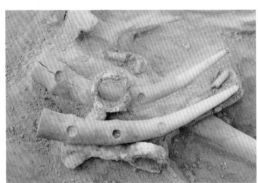

图13 于阗和犍陀罗出土斯基泰马具（Takayasu Higuchi, Catalogue for the Exhibition of Gandhara Art of Pakistan, Tokyo, NHK, 1984, p.107）。

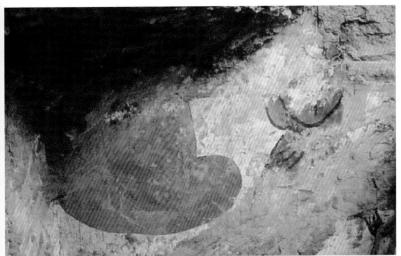

图14 楼兰壁画墓供养人礼佛图及其佉卢文榜题（戴维摄影）。

图15 爪哇勿里洞岛附近中世纪沉船所出唐青花（李果摄影）。

图16 青海都兰唐代大墓出土吐蕃大论藏文碑刻
（林梅村摄影）。

图17 唐墓壁画上的黄犬及鹰图（陕西省博物馆编：《唐李重润墓壁画》，北京：文物出版社，1974年，图版21）。

图 18 青海都兰唐墓出土粟特锦服饰（美国克利夫兰亚洲艺术博物馆藏品，After
James C.Y.Watt et al.,*When Silk was Gold: Central Asian and Chinese Textiles*,
New York: The Metropolitan Museum of Art,p.35）。

图 19 吐鲁番吐峪沟藏经洞（林立摄影）。

图20 青海德令哈市郭里木唐代吐蕃墓棺板画（许新国：《郭里木吐蕃墓葬棺板画研究》，《中国藏学》2005 年第 1 期，图 5—6）。

图 21 吐鲁番胜金口出土火祆教泥塑像（穆舜英等编:《中国新疆古代艺术》,乌鲁木齐: 新疆美术摄影出版社, 1994 年, 页 144）。

图 22 萨珊波斯拱北式王宫（网络资料）。

图 23 内蒙古额济纳旗黑水城外元代伊斯兰拱北（林梅村摄影）。

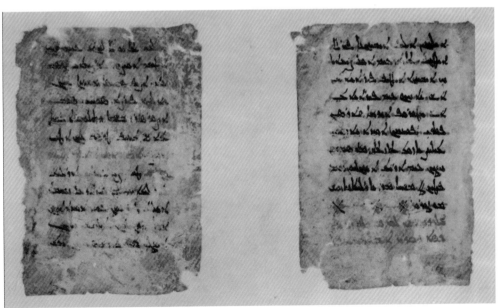

图 24 黑水城出土景教叙利亚突厥语文献（李遇友摄影）。

图 25 高昌基督教教堂壁画《基督进耶路撒冷》(穆舜英等编：《中国新疆古代艺术》，
乌鲁木齐：新疆美术摄影出版社，1994 年，页 90)。

图 26 乔托名作《基督进耶路撒
冷》，意大利帕多瓦斯克罗威尼
小教堂藏品。

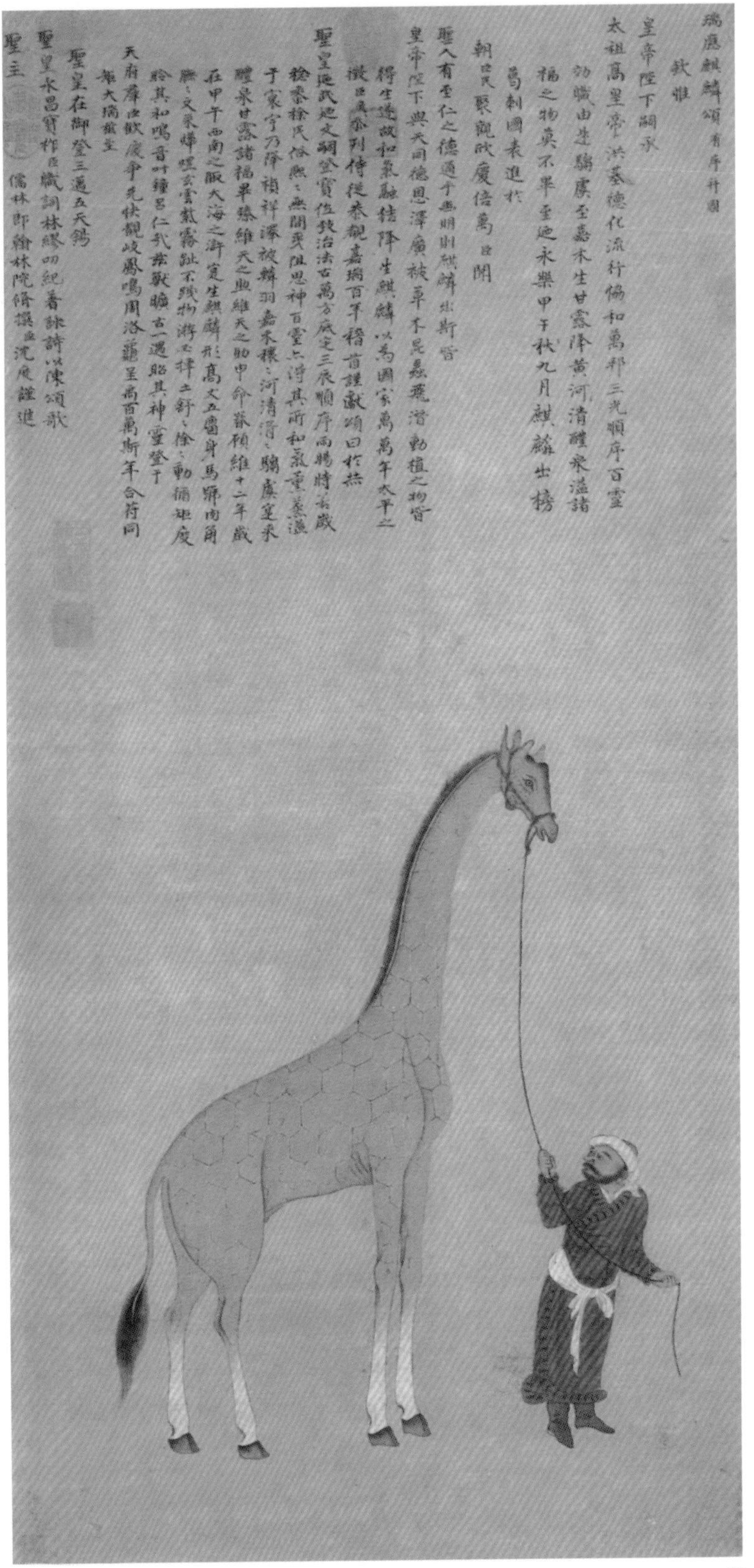

图27 永乐朝大学士沈度绘麒麟图（经典杂志编：《郑和下西洋：海上史诗》，台北：经典杂志社，1999年，页32）。

图28 作者在土耳其伊斯坦布尔城托普卡普王宫御膳房内与永乐窑
园景青花大盘合影（李红摄影）。

《名家通识讲座书系》总序

本书系编审委员会

《名家通识讲座书系》是由北京大学发起,全国十多所重点大学和一些科研单位协作编写的一套大型多学科普及读物。全套书系计划出版100种,涵盖文、史、哲、艺术、社会科学、自然科学等各个主要学科领域,第一、二批近50种将在2004年内出齐。北京大学校长许智宏院士出任这套书系的编审委员会主任,北大中文系主任温儒敏教授任执行主编,来自全国一大批各学科领域的权威专家主持各书的撰写。到目前为止,这是同类普及性读物和教材中学科覆盖面最广、规模最大、编撰阵容最强的丛书之一。

本书系的定位是"通识",是高品位的学科普及读物,能够满足社会上各类读者获取知识与提高素养的要求,同时也是配合高校推进素质教育而设计的讲座类书系,可以作为大学本科生通识课(通选课)的教材和课外读物。

素质教育正在成为当今大学教育和社会公民教育的趋势。为培养学生健全的人格,拓展与完善学生的知识结构,造就更多有创新潜能的复合型人才,目前全国许多大学都在调整课程,推行学分制改革,改变本科教学以往比较单纯的专业培养模式。多数大学的本科教学计划中,都已经规定和设计了通识课(通选课)的内容和学分比例,要求学生在完成本专业课程之外,选修一定比例的外专业课程,包括供全校选修的通识课(通选课)。但是,从调查的情况看,许多学校虽然在努力建设通识课,也还存在一些困难和问题:主要是缺少统一的规划,到底应当有哪些基本的通识课,可能通盘考虑不够;课程不正规,往往因人设课;课量不足,学生缺少选择的空间;更普遍的问题是,很少有真正适合通识课教学的教材,有时只好用专业课教材替代,影响了教学效果。一般来说,综合性大学这方面情况稍好,其他普通的大学,特别是理、工、医、农类学校因为相对缺少这方面的教学资源,加上很少有可供选择的教材,开设通识课的困难就更大。

这些年来,各地也陆续出版过一些面向素质教育的丛书或教材,但无论数量还是质量,都还远远不能满足需要。到底应当如何建设好通识课,使之能真正纳入正常的教学系统,并达到较好的教学效果?这是许多学校师生普遍关心的问题。从2000年开始,由北大中文系主任温儒敏教授发起,联合了本校和一些兄弟院校的老师,经过广泛的调查,并征求许多院校通识课主讲教师的意见,提出要策划一套大型的多学科的青年普及读物,同时又是大学素质教育通识课系列教材。这项建议得到北京大学校长许智宏院士的支持,并由他牵头,组成了一个在学术界和教育界都有相当影响力的编审委员会,实际上也就是有效地联合了许多重点大学,协力同心来做成这套大型的书系。北京大学出版社历来以出版高质量的大学教科书闻名,由北大出版社承担这样一套多学科的大型书系的出版任务,也顺理成章。

编写出版这套书的目标是明确的,那就是:充分整合和利用全国各相关学科的教学资源,通过本书系的编写、出版和推广,将素质教育的理念贯彻到通识课知识体系和教学方式中,使这一类课程的学科搭配结构更合理,更正规,更具有系统性和开放性,从而也更方便全国各大学设计和安排这一类课程。

2001年底,本书系的第一批课题确定。选题的确定,主要是考虑大学生素质教育和知识结构的需要,也参考了一些重点大学的相关课程安排。课题的酝酿和作者的聘请反复征求过各学科专家以及教育部各学科教学指导委员会的意见,并直接得到许多大学和科研机构的支持。第一批选题的作者当中,有一部分就是由各大学推荐的,他们已经在所属学校成功地开设过相关的通识课程。令人感动的是,虽然受聘的作者大都是各学科领域的顶尖学者,不少还是学科带头人,科研与教学工作本来就很忙,但多数作者还是非常乐于接受聘请,宁可先放下其他工作,也要挤时间保证这套书的完成。学者们如此关心和积极参与素质教育之大业,应当对他们表示崇高的敬意。

本书系的内容设计充分照顾到社会上一般青年读者的阅读选择,适合自学;同时又能满足大学通识课教学的需要。每一种书都有一定的知识系统,有相对独立的学科范围和专业性,但又不同于专业教科书,不是专业课的压缩或简化。重要的是能适合本专业之外的一般大学生和读者,深入浅出地传授相关学科的知识,扩展学术的胸襟和眼光,进而增进学生的人格素养。本书系每一种选题都在努力做到入乎其内,出乎其外,把学问真正做活了,并能加以普及,因此对这套书作者的要求很高。我们所邀请的大都是那些真正有学术建树,有良好的教学经验,又能将学问深入浅出地传达出来的重量级学者,是请"大家"来讲"通识",所以命名为《名家通识讲座书系》。其意图就是精选名校名牌课程,实现大学教学资源共享,让更多的学子能够通过这套书,亲炙名家名师课堂。

本书系由不同的作者撰写,这些作者有不同的治学风格,但又都有共同的追求,既注意知识的相对稳定性,重点突出,通俗易懂,又能适当接触学科前沿,引发跨学科的思考和学习的兴趣。

本书系大都采用学术讲座的风格,有意保留讲课的口气和生动的文风,有"讲"的现场感,比较亲切、有趣。

本书系的拟想读者主要是青年,适合社会上一般读者作为提高文化素养的普及性读物;如果用作大学通识课教材,教员上课时可以参照其框架和基本内容,再加补充发挥;或者预先指定学生阅读某些章节,上课时组织学生讨论;也可以把本书系作为参考教材。

本书系每一本都是"十五讲",主要是要求在较少的篇幅内讲清楚某一学科领域的通识,而选为教材,十五讲又正好讲一个学期,符合一般通识课的课时要求。同时这也有意形成一种系列出版物的鲜明特色,一个图书品牌。

我们希望这套书的出版既能满足社会上读者的需要,又能够有效地促进全国各大学的素质教育和通识课的建设,从而联合更多学界同仁,一起来努力营造一项宏大的文化教育工程。

目　录

《名家通识讲座书系》总序/1

英文目录/5

彩色插图目录/6

第一讲　丝绸与中国文明/1

　　　第一节　丝绸之路的定义/2

　　　第二节　丝绸之路的新认识/3

　　　第三节　从世界五大纺织体系看中国文明/4

　　　第四节　丝绸在中国文明发展过程中的作用/8

第二讲　吐火罗人的起源与迁徙/12

　　　第一节　问题的提出/12

　　　第二节　印欧人的起源和迁徙/14

　　　第三节　双轮战车与吐火罗人南下楼兰/19

　　　第四节　雅利安人迁徙与吐火罗人再下
　　　　　　　塔里木盆地/26

第三讲　草原之路/35

　　　第一节　阿尔泰语系民族的原始故乡/35

　　　第二节　阿尔泰山的大石冢/38

　　　第三节　阿尔赞"国王谷"/43

　　　第四节　巴泽雷克的斯基泰王陵/48

第四讲　中国与西域的最初接触/54

第一节　昆山之玉/54

第二节　罽宾的珠玑/60

第三节　蜻蜓眼玻璃珠的东传/65

第四节　隋侯之珠/70

第五讲　中亚的希腊化时代/75

第一节　亚历山大东征/75

第二节　中亚的希腊化城邦/76

第三节　希腊艺术的东传/80

第四节　巩乃斯河畔的斯基泰神庙/85

第六讲　古代中国与西方的海上交通/92

第一节　入海求仙/92

第二节　鸡骇之犀/94

第三节　东西方海上交通的开辟/98

第四节　海路来华的近东艺术品/103

第七讲　汉朝与西方三大帝国的交往/110

第一节　张骞通西域/110

第二节　黎轩/117

第三节　安息/122

第四节　大秦/128

第八讲　罗马人与东西方海上交通的开辟/139

第一节　红海古港口的变迁/141

第二节　印度古海港——阿里卡梅杜/146

第三节　扶南古港口——沃奥/148

第四节　中国东南沿海的舶来品/156

第九讲　楼兰文明/164

第一节　从罗布泊到鄯善河/164

第二节　汉文化的西传/170

第三节　楼兰人种族问题/172

第四节　楼兰考古新发现/175

第十讲　于阗文明/185

第一节　斯基泰人与于阗城邦的兴起/185

第二节　文明的变迁/191

第三节　于阗佛教/194

第四节　丹丹乌里克的"龙女索夫"壁画/203

第五节　于阗佛画与尉迟氏绘画/205

第十一讲　唐宋时代的海上交通/221

第一节　隋唐中国与西方的海上交通/221

第二节　阿拉丁的神灯/230

第三节　长沙窑的外销瓷/232

第四节　黑石号沉船的发现/237

第五节　宋代的海上交通/245

第十二讲　唐蕃古道/252

第一节　藏族的形成及其与外界的交往/252

第二节　唐蕃古道的开辟/256

第三节　《唐蕃会盟碑》与《大唐天竺使出铭》/260

第四节　吐谷浑与青海都兰吐蕃大墓/264

第五节　青藏高原考古新发现与吐蕃权臣噶尔
家族/268

第十三讲　吐鲁番文明/278

第一节　文明的变迁/278

第二节　佛教/286

第三节　火祆教/292

第四节　景教和基督教/296

第五节　摩尼教/300

第十四讲　居延沧桑/306

第一节　秦时明月汉时关/307

第二节　农牧之争/312

第三节　马可波罗笔下的亦集乃城/316

第四节　黑城的发现及其文物的流散/321

第十五讲　郑和海外遗迹/328

第一节　郑和家世/328

第二节　明代初年的西洋与

满剌加大明海军基地/332

第三节　明朝与三佛齐的朝贡贸易/340

第四节　郑和葬地——古里/344

第五节　非洲的礼品/350

第六节　郑和舰队在波斯湾的登陆地/354

第七节　郑和宝物的最后归宿/360

参考书目/368

主题索引/370

Contents

Fifteen Lectures on Archaeology of the Silk Roads
By Lin Meicun

Ⅰ. Silk and the Civilization of China ·· (1)

Ⅱ. The Origin and Migration of Tokharians ··························· (12)

Ⅲ. The Steppe Route of Silk Roads ···································· (35)

Ⅳ. The First Contact between China and the Western Regions ············· (54)

Ⅴ. The Hellenistic Age of Central Asia ································· (75)

Ⅵ. Ancient Marine Trades between the East and the West ·················· (92)

Ⅶ. The Intercourse of the Han Empire with the Three Western Empires ······ (110)

Ⅷ. The Roman's Contribution to the Maritime Trade between China
and the West ·· (139)

Ⅸ. The Civilization of Loulan ··· (164)

Ⅹ. The Civilization of Khotan ··· (185)

Ⅺ. The Marine Trades between the East and the West during the Tang
and Song Dynasties ·· (221)

Ⅻ. The Ancient Road between Tang and Tibet ························· (252)

ⅩⅢ. The Civilization of Turfan ··· (278)

ⅩⅣ. Rise and Fall of Juyan ·· (306)

ⅩⅤ. A Survey on the Relics Left by the Voyage of
Zheng He to the Western Oceans ································· (328)

Bibliography ··· (368)

Index ··· (370)

彩色插图目录

插图 1 新疆尼雅东汉墓出土"五星出东方利中国讨南羌"织锦（新疆文物局等单位编：《新疆文物古迹大观》，乌鲁木齐，新疆美术摄影出版社，1999 年，图 0125）。

插图 2 新疆营盘汉晋墓出土罗马风格的毛织物局部（新疆文物局等单位编：《新疆文物古迹大观》，乌鲁木齐，新疆美术摄影出版社，1999 年，图 0513）。

插图 3 新疆阿勒泰克尔木齐石人（陈凌摄影）。

插图 4 小河五号墓地（王炳华：《丝路北道与小河》，《丝路游》2001 年第 1 期，页 11）。

插图 5 阿尔赞 2 号墓出土黄金艺术品（After Mike Edwards, "Seberias Scythians: Masters of Gold," *National Geography*, vol. 2, 2003）。

插图 6 叙利亚牙雕 Asherah 女神（引自美国迈阿密大学比较宗教系网站 http://www.units.muohio.edu/religion/academics/Ancient Near East.shtml）。

插图 7 青海出土塞伊马式青铜矛和新疆出土辛塔什塔式青铜斧头（国家文物局编：《中国文物精华（1997）》，北京：文物出版社，1997 年，图版 38；新疆文物局等单位编：《新疆文物古迹大观》，乌鲁木齐，新疆美术摄影出版社，1999，图 1066）。

插图 8 三道海子大石冢前鹿石（陈凌摄影）。

插图 9 日本美秀博物馆藏唐三彩拂林狗（Miho Museum：*Catalogue of Miho Museum*（*The South Wing*），Kyoto：Miho Museum，1997，p. 263）。

插图 10 曾侯乙墓出土西亚和埃及蜻蜓眼玻璃珠（李零摄影）。

插图 11　山东青州齐国墓出土埃兰列瓣纹银盒(国家文物局编:《2004 中国重要考古发现》,北京:文物出版社,2005 年,页 91)。

插图 12　埃及和中亚出土埃及彩绘玻璃(秋山光和编:《世界の美术馆 16·キメ东洋美术馆》,东京:讲谈社,1968 年,图版 43)。

插图 13　于阗和犍陀罗出土斯基泰马具(Takayasu Higuchi, *Catalogue for the Exhibition of Gandhara Art of Pakistan*, Tokyo:NHK, 1984, p.107)。

插图 14　楼兰壁画墓供养人礼佛图及其佉卢文榜题(戴维摄影)。

插图 15　爪哇勿里洞岛附近中世纪沉船所出唐青花(李果摄影)。

插图 16　青海都兰唐代大墓出土吐蕃大论藏文碑刻(林梅村摄影)。

插图 17　唐墓壁画上的黄犬及鹰图(陕西省博物馆编:《唐李重润墓壁画》,北京:文物出版社,1974 年,图版 21)。

插图 18　青海都兰唐墓出土粟特锦服饰(美国克利夫兰亚洲艺术博物馆藏品, After James C. Y. Watt et al., *When Silk was Gold:Central Asian and Chinese Textiles*, New York:The Metropolitan Museum of Art, p.35)。

插图 19　吐鲁番吐峪沟藏经洞(林立摄影)。

插图 20　青海德令哈市郭里木唐代吐蕃墓棺板画(许新国:《郭里木吐蕃墓葬棺板画研究》,《中国藏学》2005 年第 1 期,图 5—6)。

插图 21　吐鲁番胜金口出土火袄教泥塑像(穆舜英等编:《中国新疆古代艺术》,乌鲁木齐:新疆美术摄影出版社,1994 年,页 144)。

插图 22　萨珊波斯拱北式王宫(网络资料)。

插图 23　内蒙古额济纳旗黑水城外元代伊斯兰拱北(林梅村摄影)。

插图 24　黑水城出土景教叙利亚文突厥语文献(李逸友摄影)。

插图 25　高昌基督教教堂壁画《基督进耶路撒冷》(穆舜英等编:《中国新疆古代艺术》,乌鲁木齐:新疆美术摄影出版社,1994 年,页 90)。

插图 26　乔托名作《基督进耶路撒冷》,意大利帕多瓦斯克罗威尼小教堂藏品。

插图 27　永乐朝大学士沈度绘麒麟图(经典杂志编:《郑和下西洋:海上史诗》,台北:经典杂志社,1999 年,页 32)。

插图 28　作者在土耳其伊斯坦布尔城托普卡普王宫御膳房内与永乐窑园景青花大盘合影(李红摄影)。

第一讲

丝绸与中国文明

丝绸之路的定义
丝绸之路的新认识
从世界五大纺织体系看中国文明
丝绸在中国文明发展过程中的作用

　　论地理,欧洲跟中国遥相睽隔,然而艺术史家和文明史家知道,这地域的悬隔未尝阻碍东西方之间所建立的必不可少的相互接触,跟今天的常情相比,古人大概比我们要坚毅,要大胆。商人、工匠、民间歌手或木偶戏班在某天决定动身起程,就会加入商旅队伍,漫游丝绸之路,穿过草原和沙漠,骑马甚或步行走上数月,甚至数年之久,寻求着工作和赢利的机会……

　　我相信到处流动的工匠也把一些绘画方法带到亚洲,我们在敦煌和其他地方发现了他们的作品。他们从希腊和罗马绘画中学会了一些表示光线和大气的方法,并把那些技巧纳入了自己的技术范围之中。……早在汉代,就有一些装饰艺术母题从欧洲传入中国,特别是葡萄叶纹及葡萄饰,还有莲花纹。这些花卉漩涡纹已被中国工匠改造后用在了银器和陶器上。[1]

——贡布里希(E. H. Gombrich)

第一节　丝绸之路的定义

　　中国文明与欧、亚、非三大洲的古代文明很早就开始接触，相互影响，相互交流。这些古文明之间的交往路线一直没有概括性名称。1877 年，德国地理学家李希霍芬 (Ferdinand von Richthofen) 在他的名著《中国》一书中首次提出 "Seidenstrassen"（丝绸之路）一名。他对丝绸之路的经典定义是："从公元前 114 年到公元 127 年间，连接中国与河中（指中亚阿姆河与锡尔河之间）以及中国与印度，以丝绸之路贸易为媒介的西域交通路线"。[2] 这个名称很快得到东西方众多学者的赞同。英国人称为 "Silk Roads"；法国人称作 "La Route de la Soie"；日本人则称 "绢の道" 或 "シルクロード"，皆为丝绸之路一词的各种译名。

　　1910 年，德国史家赫尔曼 (Albert Herrmann) 从文献角度重新考虑丝绸之路的概念，并在他的《中国和叙亚之间的丝绸古道》一书中提，"我们应该把这个名称的涵义延伸到通往遥远西方的叙利亚的道路上"。[3]

1-1
丝绸之路研究之父李希霍芬

　　李希霍芬之所以把丝绸之路的开通定在西汉使者张骞两次出使西域之后，[4] 是因为张骞说他访问中亚诸国时 "其地皆无漆丝"。这个记录被司马迁抄入《史记·大宛列传》。所以他特别强调张骞通西域的重要性。赫尔曼把丝绸之路的西端定在叙利亚，则是因为张骞通西域不久，中国丝绸就沿丝绸之路运到了罗马帝国境内。公元前 65 年，庞培率罗马远征军攻占地中海东岸，随后叙利亚并入罗马帝国版图。因此，赫尔曼提出丝绸之路上的文化交流不限于中国与中亚和印度之间,而且还存在于中国与罗马之间。

第二节　丝绸之路的新认识

随着丝绸之路研究的深入,尤其是考古发现极大地开阔了人们的视野。从时间上,考古新发现把东西方丝绸贸易的开端追溯到公元前4世纪甚至更早时期。从空间上,文献记载和考古发现相互印证,说明张骞通西域不久,罗马帝国首都罗马城就出现了中国丝绸。因此,研究者一般把罗马视为丝绸之路的终点,并把汉唐中国古都长安和洛阳视为丝绸之路的起点。也有学者认为,这条路可以向西伸展到意大利的威尼斯,向东延伸至日本的奈良。因为威尼斯是马可波罗的故乡,而奈良正仓院珍藏的染织遗宝,超过了十万件,如果加上法隆寺保存下来的丝织物,据说可以囊括中世纪的各类丝绸。

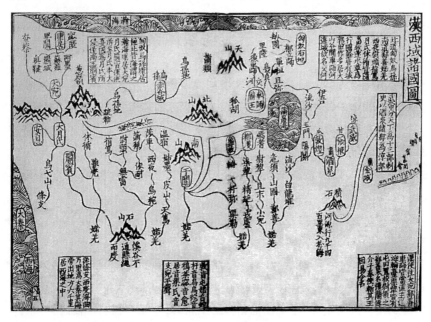

1-2

汉代西域诸国图(选自南宋志磐撰《佛祖统纪》)

除了沙漠之路这条主干线外，丝绸之路还有许多重要的分支路线，它们是：1. 草原之路；2. 海上交通；3. 唐蕃古道；4. 中印缅路；5. 交趾道。在某些时期，有些分路线的重要性不亚于沙漠之路。最早的丝绸贸易就是从草原之路开始的，而唐代以后，东西方的交往逐渐改走海路，并在公元15世纪人类进入大航海时代以后，最终取代了传统的陆路交通。

今天，我们对丝绸之路的认识固然比李希霍芬时代深入得多，虽然他和赫尔曼对丝绸之路的经典定义已不能概括目前所知丝绸之路的全部内涵，但是他们提出的基本概念并未过时。他们把丝绸之路的研究放在中国文明与地中海文明之间的文化交流的基点就是不可动摇的。要想解决这个问题，只研究中国和罗马是不够的，必须兼顾两者之间的中亚、印度、伊朗和欧亚草原游牧人所起的中介作用。因此，我们把丝绸之路定义为：古代和中世纪从黄河流域和长江流域，经印度、中亚、西亚连接北非和欧洲，以丝绸贸易为主要媒介的文化交流之路。

第三节　从世界五大纺织体系看中国文明

中国文明对旧大陆其他古代文明的发展产生过巨大影响。最能说明这个问题的就是中国发明的丝绸及其在古典世界的传播。

欧洲文明起源较晚，最早出现在克里特岛和以迈锡尼为中心的希腊半岛南部地区（前1900—前1500），两地都在爱琴海，故称爱琴海文明。生活在这里的希腊人以及希腊文化的继承者罗马人皆以亚麻和羊毛为纺织纤维。

一般认为，希腊和罗马的纺织文化来自近东。地中海沿岸自古以来就有发达的古代交通，爱琴海文明的创造者不难从一海之隔的近东吸取文化营养。羊毛最先在美索不达米亚作为纺织材料使用，见于伊拉克施米尔的古巴比伦遗址；亚麻纤维的使用起源于埃及，如埃及萨克拉遗址的亚麻。印度纺织文化自成体系，主要以棉花为纺织原料，包括草棉和木棉两类，棉纤维的使用在印度河古文化遗址摩亨佐达罗（Mohenjodrao）已有大量发现。美洲的玛雅人使用羊毛和棉花作为纺织纤维，但品种和旧大陆的不同，应该

1-3

埃及出土亚麻布,公元4—7世纪

有自己独立的起源。在世界最古老的六大文明中,只有中国使用丝纤维。[5]

早在新石器时代中期,黄河和长江流域的古代居民就开始饲养家蚕并缫丝织绢。仰韶文化半坡时代的陶器底部打印有丝绸的印迹,说明丝绸的起源至少要追溯到距今5000—3000年前。蚕丝不易保存,最早的实物标本出自浙江省钱山漾公元前4750年的良渚文化遗址。这个遗址出土了丝带、丝线和一块丝质的X绢片。据切片分析,所用丝纤维截面积为40平方微米,丝素截面呈三角形,全部出于家蚕蛾科的蚕。在此前后,黄河流域的仰韶文化遗址,如山西夏县西阴村和河南荥阳的青台村的仰韶文化遗址,也发现过家蚕和丝绸的遗迹。[6]

商代(前1500—前1100)中国丝织物已达到相当高的水平。由于丝绸制作工艺复杂,即便在丝织业发达的黄河和长江流域,长期以来也只是王公贵

1-4

新疆营盘墓地出土罗马艺术风格的毛织物

族享用的奢侈品。一般百姓只穿葛布或麻布,所以下层百姓又叫"布衣"。商代社会青铜礼器被视为至尊之物,商代贵族随葬的青铜礼器有时用丝绸包裹,出土时往往留有丝绸的痕迹。1937年瑞典学者西尔凡(V. Sylwan)发现瑞典远东博物馆收藏的商代青铜容器和青铜钺的铜锈粘有丝织物痕迹。据她研究,这是一种平纹地经线显菱形花纹的单色丝绸,一个菱形花纹的纬纱循环为30根。西尔凡将这种丝绸的编织法命名为"商式组织"。[7]这种丝绸就是中国古籍所说的"绮"。

1-5

三种商代丝绸图案和周原古墓出土玉蚕

　　中国学者又在故宫博物院收藏的商代铜戈和商代玉刀上发现丝织物痕迹。据分析，其中有些丝绸的编织组织比远东博物馆发现的菱格纹图案复杂得多，每个回纹由 35 根经线和 28 根纬线织成，平纹地菱形花；菱形外围线条较粗，自然构成一组几何纹图案；图案对称协调，层次分明。除菱纹外，故宫藏商代玉刀上还发现云雷纹图案的丝绸。[8]商代丝绸种类，除了绢和绮外，还有了刺绣。凡此表明，中国纺织技术发展到商代已经相当发达。

　　在陕西扶风县周原的西周古墓发现了工艺精美的玉蚕，反映了周人对丝绸生产的重视。战国时代中国丝绸品种中又增添了织锦。20 世纪 80 年代

1-6
巴泽雷克出土凤鸟纹丝绸马鞍垫

初在湖北江陵马山战国墓中发现了精美的织锦和刺绣。锦和绣都是名贵的丝织物。中国成语用"锦绣山河"来形容山河之美。20世纪40年代,在阿尔泰山区巴泽雷克墓地发现的战国时期的凤纹刺绣,则说明中国的丝绸就在这个时期开始走向世界。

汉代丝绸继承了战国时代的传统。1972年长沙马王堆两座汉墓中出土了大批西汉初年的丝绸,除了绢、绮、锦、绣之外,又有了高级的圈绒锦印花敷彩纱和提花的罗纱(罗绮)。20世纪初叶以来,在塔里木盆地古代遗址不断出土各种汉代丝绸,在罗马帝国东方行省帕尔米拉和罗马本土意大利也发现了汉绮。克里米亚出土的汉绮说明罗马的丝绸是从欧亚草原传入欧洲的,并逐渐形成丝绸之路的草原路线。〔9〕

第四节　丝绸在中国文明发展过程中的作用

丝绸是古代中国最重要的发明之一,它的出现对后来中国经济、文化和科技的发展都产生了巨大影响。

一、在文化方面,中国最早的文字甲骨文中出现了桑、蚕、帛以及偏旁从丝的100多个与丝有关的字。中国第一部字典《说文解字》收录丝旁字达267个。丝绸还影响到中国古代文学。《诗经》、《乐府词》以及古代成语随处可见和丝绸相关的内容,如"锦绣山河"、"作茧自缚"。

二、在科技方面,中国古代四大发明中有两项发明和丝绸密切相关。纸

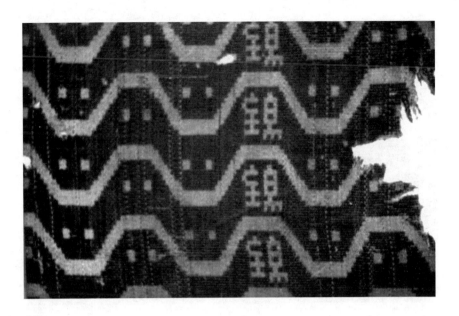

1-7

斯坦因在楼兰 LC 墓地发现的东汉"锦"字织锦

的发明就直接受到丝绸生产技术,尤其是"漂絮"制丝过程中产生的丝茸沉淀物的启发。而"漂絮"制丝绵的过程不仅提供了将纤维原料通过草木灰水蒸煮,水浸脱胶,除去杂质,将纤维提纯的技术,还提供了将含有纤维束的纤维原料经水浸增加机械强度,不怕敲打的技术。这两项技术是造纸过程中必不可少的。[10]印刷术的发明与秦汉以来丝绸印染技术中的凸版印花有直接关系。可以说,丝织技术的发明实际上是纸和印刷术两大技术发明的先导。

三、在经济方面,丝绸是古代中国与西方诸国进行经济交流的主要产品,丝绸以及中世纪的瓷器使中国在与西方长达数千年的经济交往中一直处于优势地位。

总之,中国的丝绸从发明到走向世界有着十分清楚的历史,长期以来中国又是世界上唯一从事丝织手工业的国家。所以中国对人类物质文明的这项重大贡献为世界所公认。丝绸以其鲜明的独创性、精湛的技艺和富于想象力的艺术图案使中国文化自立于世界优秀文化之林。

1-8

湖北江陵马山 1 号墓出土战国丝绸

注　释

〔1〕　引自贡布里希著，范景中译：《艺术发展史》前言，天津：天津人民美术出版社，
　　　1991 年，页 7。

〔2〕　Ferdinand von Richthofen, *China, Ergebnisse eigener Reisen und darauf gegründeter
　　　Studien*, Bd. 1, Berlin, 1877, p. 454.

〔3〕　Albert Hermann, *Die Älten Seidenstrassen zwischen China und Syrien*, Beitrage zur
　　　Älten *Geographie Asiens*, Bd. I, 1910, p. 10；据报道，中国的丝绸曾发现于欧洲
　　　哈尔斯塔特文化（前 6 世纪）凯尔特人的墓葬。参见 V. H. Mair, "Old Sinitic
　　　MyaG, Old Persian Magua, and English 'Magician'," *Early China* 15, 1990,
　　　p. 44。

〔4〕　张骞第一次出使西域在公元前 138—前 126 年，第二次在公元前 115—前 114
　　　年。

〔5〕　布目顺郎：《养蚕の起源及び古代绢》，京都，1979 年（书评见高汉玉、包铭新《一
　　　部论述蚕丝源流的科学巨著》，《亚洲文明》第 2 卷，合肥：安徽教育出版社，1992

年,页 261—265);赵丰:《丝绸艺术史》,杭州:浙江美术学院出版社,1992 年,页 8—9。

〔6〕 陈维稷:《中国纺织科学技术史》,北京:科学出版社,1984 年,页 33—34。

〔7〕 V. Sylwan, "Silk from the Yin Dynasty," *BMFEA* 9, 1937, pp. 119—126.

〔8〕 陈绢绢:《两件有丝织物痕迹的商代文物》,《文物》1979 年第 12 期。

〔9〕 夏鼐:《中国文明的起源》,北京:文物出版社,1985 年,页 48—50。

〔10〕 潘吉星:《中国造纸技术史稿》,北京:文物出版社,1979 年,页 28—29。

第二讲

吐火罗人的起源与迁徙

问题的提出

印欧人的起源和迁徙

双轮战车与吐火罗人南下楼兰

雅利安人迁徙与吐火罗人再下塔里木盆地

文字是人类社会走向文明的重要标志之一。根据这个标尺，剑桥大学丹尼尔（G. Daniel）教授在1968年提出全世界最古老的、独立起源的古文明发祥地有六个，或称"六大文明"。其中，旧大陆有四个，包括美索不达米亚、埃及、中国、印度；新大陆有两个，墨西哥和秘鲁。[1]正如现代考古学所揭示的，中国文明和世界其他五大文明一样，有着自己独立的文化体系和起源。然而，中国文明的发展从未与世隔绝，很早就和旧大陆其他古文明发生交往。最能说明这个问题的一个实例，就是中国西部古民族——吐火罗人的起源与迁徙。

第一节　问题的提出

吐火罗人是最早定居天山南北的古民族之一。阿尔泰山与天山之间兴起的月氏人、塔里木盆地北部的龟兹人、焉耆人、塔里木盆地东部的楼兰人，皆为吐火罗系民族。他们对西域文明乃至整个中国文明的发生、发展都起过相当重要的作用。西亚起源的小麦就是吐火罗人从西方引入中国的。具有千年文明史的楼兰文明、对中国佛教史发生重大影响的龟兹文明，也是吐火罗人创造的。

新疆出土吐火罗语写卷表明，吐火罗人讲印欧语系的语言。尽管他们居住在印欧语系东方语支（Satem）分布区，但是吐火罗语却具有印欧语系西方语支（Centum）许多特点，与公元前 1650—前 1190 年赫梯王国（今土耳其南部的安纳托里亚）流行的印欧古语密切相关。例如，两者都用 -r- 作为中间语态后缀。[2]所以吐火罗人有可能是最古老的印欧人部落之一，早在印欧语系东西语支分化以前，他们就从原始印欧人部落中分离出来了。

吐火罗语的发现大大深化了人们对欧亚大陆古代民族分化迁徙的认识。就吐火罗人起源问题，国际学术界进行了一个多世纪的激烈讨论。然而，吐火罗人究竟何时与印欧语系西方语支的赫梯人、凯尔特人、希腊人分离？他们如何千里迢迢来到新疆塔里木盆地？迄今仍是一个谜。研究者对吐火罗人的起源众说纷纭，目前主要有以下三种解释：

第一，近东起源说，英国语言学家亨宁（W. B. Henning）1978 年提出。他认为塔里木盆地的吐火罗人就是公元前 2300 年出现在波斯西部扎伽罗斯山的游牧部族——古提人，阿卡德人称其为"古提姆"（Gutium），亚述人谓之"古提"（Guti）。公元前 2180 年灭亡阿卡德王朝，后来推翻巴比伦王朝，主宰巴比伦达百年之久。亨宁分析了《苏美尔王表》记载的古提王名，发现这些名字具有吐火罗语特征。公元前 2082 年古提王朝被苏美尔人推翻，从此在近东历史舞台上消失。这位英国语言学家推测古提人就在这个时候离开巴比伦，长途跋涉，向东迁徙到塔里木盆地。[3]俄国学者加姆克列利茨（T. V. Gamkrelidze）和伊凡诺夫（V. V. Ivanov）深受启发，也将印欧人故乡定在近东，并从语言学角度描述了吐火罗人的迁徙。[4]

第二，西域本土起源说，美国威斯康星大学教授纳兰扬（A. K. Narain）1990 年提出。他认为印欧语各族是在今天中国西部地区形成的，因为大月氏人自远古时代起就在黄河以西和中亚地区定居。[5]

第三,南西伯利亚起源说,爱尔兰学者马劳瑞(J. P. Mallory)博士 1989 年提出。目前所知年代最早,分布最靠东方的印欧人考古文化,是南西伯利亚的阿凡纳羡沃文化,因此他推测吐火罗人的祖先可能是阿凡纳羡沃人。[6]

上述研究主要基于比较语言学研究,而解决该问题的关键却是考古学证据。20 世纪 70 年代,中国学者开始参与吐火罗人起源问题的研究,并且在考古、语言和人类学三个方面取得重要进展。考古发现已经确认,早在公元前 2000 年,印欧人在新疆的分布已达天山东麓的奇台,乃至塔里木盆地东部孔雀河流域。研究者相信这些年代最早的、分布最靠东方的印欧人考古文化,就是吐火罗人祖先的文化。

吐火罗人是什么时候迁入新疆的? 吐火罗文化源于新疆境内哪一类考古文化? 就此,我们分析了公元前 2000—前 1500 年间新疆境内分布的几种青铜时代文化,发现解读吐火罗人起源的关键是克尔木齐文化。这个文化源于里海—黑海北岸的颜那亚文化,后者的一个支系向东迁徙到阿尔泰山南麓,形成克尔木齐文化。克尔木齐文化后来进一步分化,其中一支南下楼兰,形成小河—古墓沟文化。塔里木盆地中部的新塔拉文化和尼雅北方青铜文化,则是吐火罗文化与中国西部土著文化——羌文化结合的产物。

第二节　印欧人的起源和迁徙

尽管学术界对印欧人起源地尚存争议,但是更多的证据支持德国学者金布塔斯(M. Gimbutas)在 20 世纪 50 年代提出的 Kurgan(石冢)理论。[7]她认为印欧人起源于南俄草原金石并用时代至早期青铜时代石冢文化,这是目前所知年代最古老的印欧人考古文化,亦称"竖穴墓文化"。根据发掘工作比较充分的颜那亚墓地,通称"颜那亚文化"(Yamnaya Culture)。

颜那亚文化主要有四个地方类型,分别为黑海北岸古墩类型、伏尔加河上游赫瓦邻斯克类型、第涅伯河流域德涅伯·顿涅茨克类型和里海北岸萨摩拉类型,流行时代大约在公元前 3600—前 2200 年。[8]其中,古墩类型的年代最早,颜那亚文化就是在这个类型的考古文化基础上发展起来的。耐人寻味的是,古墩类型、赫瓦邻斯克类型和南西伯利亚的阿凡纳羡沃文化都使用尖底陶器，德涅伯·顿涅茨克类型和西西伯利亚的辛塔什塔—彼德罗夫斯卡文化使用平底陶器，萨摩拉类型和阿尔泰山南麓的克尔木齐文化则兼有平底和尖底两种陶器，生动地反映了印欧人最初的分化和迁徙。

　　早在公元前2200年，印欧人就开始向中亚迁徙，首先来到南西伯利亚的米努辛斯克盆地，形成"阿凡纳羡沃文化"，后者比颜那亚文化大约晚二三百年。[9]公元前1800年，阿凡纳羡沃文化被来自北方森林草原的奥库涅夫文化取代。奥库涅夫人属于蒙古人种，是目前所知阿尔泰语系民族最古老的部落之一。直到公元前1600年，安德罗诺沃文化兴起，印欧人才重新恢复

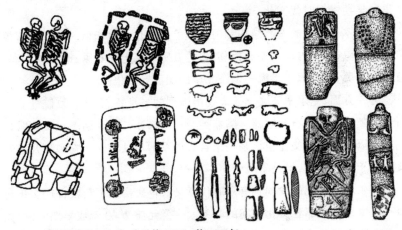

黑海—里海北岸颜那亚文化，公元前3200—前2200年

阿尔泰山南麓克尔木齐文化，公元前2200—前1900年

2-1

颜那亚文化与克尔木齐文化比较

了在南西伯利亚的统治。

阿凡纳羡沃文化兴起的同时，另一支印欧人部落来到阿尔泰山南麓，形成"克尔木齐文化"。该文化是新疆境内年代最早的青铜时代文化之一，主要分布于阿尔泰山与天山之间。早在 1963 年这个文化就被发现，但在最初的报道中误以为是突厥人墓地，1981 年始有较为全面的报道。[10]从清理发掘的全部 32 座墓葬看，这个墓地沿用时间较长，从早期青铜时代一直沿用到突厥时代。研究者对克尔木齐文化的定义相当混乱，有阿凡纳羡沃文化、卡拉苏克文化、克尔木齐文化等不同建议。我们说的"克尔木齐文化"仅指这里的早期青铜时代文化。

克尔木齐文化的墓葬结构和阿凡纳羡沃文化非常相似，例如，用石板构筑方形坟院，坟院内建多座石棺墓（多达 6 座），墓上建石冢；既有单人葬，亦有乱骨丛葬，显然源于里海—黑海北岸的颜那亚文化。

另一方面，克尔木齐文化还表现出强烈的自身特点，如在坟院外立墓地石人，随葬石俑、石制容器，陶器类型和纹饰亦与阿凡纳羡沃文化明显有别。所以克尔木齐文化应该是一个自成体系的单独文化，它和阿凡纳羡沃文化处于同一时代，但是不属于同一文化。

克尔木齐文化的发现具有划时代意义，首次揭示了新疆古代文化与里海—黑海北岸颜那亚文化之间的联系。[11]公元前 2000 年或早期时候，克尔木齐文化在阿尔泰山、天山地区初步形成，分布范围北起阿尔泰山南麓的克尔木齐，南至巴里坤草原。

既然克尔木齐陶器与阿凡纳羡沃陶器有明确的共存关系，两者必属同一时代，也就是公元前 2200—前 1900 年之间。[12]克尔木齐的器物群可分两类：一类以尖底或圜底陶器为代表，另一类以平底陶器为代表。分述于下。

第一类：以尖底陶器为代表的遗物，例如，克尔木齐 M3 的双联圜底石罐和圜底石罐、M16 的尖底罐、M24 的陶豆、M17:2 的圜底石罐、青铜刀和铸造这类铜刀或铜铲的石范。克尔木齐的尖底陶器又分阿凡纳羡沃式和克尔木齐式两类，阿凡纳羡沃式陶器有 M16 的尖底罐、M24 的陶豆；克尔木齐式陶器也有尖底罐，但纹饰不见于阿凡纳羡沃陶器，如 M16 的另一件尖底罐和奇台发现的尖底罐。M17 的两件石范相当重要，一件用来铸造铜刀，类型和 M16 出土的铜刀完全相同，无疑属同一时代；另一件是铸造铜铲的合范，在塔城附近安德罗诺沃古墓中发现过这类铜铲。[13]安德罗诺沃文化进入新疆和南西伯利亚后，吸收了当地许多文化因素。从 M17 出土石范看，这种安德罗诺沃铜铲实际上源于克尔木齐文化。

第二类：以平底陶器为代表的遗物，如克尔木齐 M7 和 M16 的平底罐、M16 的平底牛头把石杯、M7 的石簇和 M21 的小石俑等。这类器物不见于阿凡纳羡沃文化，显然是克尔木齐文化特有之物。

克尔木齐墓地最重要的发现，莫过于那些青铜时代的墓地石人，前文列举的六座墓中有四座（M3、M16、M17 和 M24）发现墓地石人。从墓葬形制分析，另外两座不带石人的墓葬可能和罗布泊地区小河—古墓沟文化一样用木雕人像，所以未能保存下来。据调查，青铜时代的墓地石人在阿尔泰山南麓广为分布。例如，布尔津县有乌求布拉克石人、阿克扎尔森塔斯石人等十几尊石人，富蕴县有苏普特石人、巴斯克阿克喀仁石人和奶牛场石人，青河县有查干郭楞石人和萨木特石人。石人高度在 1.3—2.34 米不等。[14]青铜时代的墓地石人在天山东部亦有发现。例如，哈密市有八大石人，伊吾县有科托果勒沟石人，巴里坤县有石人子乡石人。新疆青铜时代墓地石人以前一概作为突厥石人，[15]但是它们实际上属于青铜时代。[16]因此，中亚草原石人的历史至少要从克尔木齐文化写起。

克尔木齐式尖底陶器在奇台县西地乡西坎尔孜遗址亦有发现。由于它和阿凡纳羡沃陶器相似，许多学者以前都以为是阿凡纳羡沃陶器。其实，这件陶器只是器形和阿凡纳羡沃陶器相似，而纹饰根本不见于阿凡纳羡沃文化。在奇台县西地乡某遗址（或墓地）发现了克尔木齐式石俑，[17]而阿凡纳羡沃文化并无石俑。由此可知，克尔木齐文化向南一直分布到天山东部。

此外，西坎尔孜遗址还发现过一口冶炼青铜的石坩埚，口径 19 厘米，通高 38.5 厘米，下为圆形长柄。有学者以为是祭祀用具。[18]这口坩埚竟然与河南安阳出土的晚商陶坩埚如出一辙，俗称"将军盔"。两者唯一的不同是材料，安阳坩埚用陶土烧造，而西坎尔孜坩埚用石头雕琢。克尔木齐文化的一大特征就是用石料雕琢容器，例如，M3 的双联圜底石罐和圜底石罐、M16 的牛头把石杯以及 M17 的铸造铜器的石范等。据此，西坎尔孜石坩埚无疑

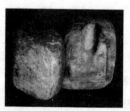

阿尔泰山南麓出土克尔木齐文化遗物,公元前 2200—前 1900 年

新疆奇台县出土克尔木齐文化遗物,公元前 2200—前 1900 年　　商后期熔铜陶坩埚,河南安阳出土,公元前 1300—前 1100 年

2-2

新疆早期青铜文化——克尔木齐文化遗物与河南安阳出土陶坩埚

属于克尔木齐文化。中国内地最早的坩埚是 1986—1989 年在辽宁凌源牛河梁红山文化后期遗址发现的坩埚残片,年代不晚于公元前 2000 年。[19]河南偃师二里头文化遗址二期地层发现过坩埚残片,时代约在公元前 1900 年左右。[20]如果我们的判断不误,西坎尔孜坩埚将是中国境内目前发现的最古老的完整坩埚。

据俄国冶金史专家车尔尼克(E. N. Chernykh)研究,欧亚大陆的冶金术可分七区三个发展时期,萨彦—阿尔泰山属于第 7 区,在第二个发展时期第二阶段开始出现冶金业。公元前 3000 年末至前 2000 年初,环里海—黑海地区冶金术走向衰退,在欧亚草原西部被洞室墓文化取代。中亚冶金术走上独自发展的道路,开始利用草原东部萨彦—阿尔泰的原生矿。在西亚冶金术影响下,青铜铸造技术有了较大变化,采用封闭式合范[21],克尔木齐文化M17 出土石范即属于这种封闭式石制合范,类似的石范亦见于黄河流域早期青铜时代遗址——二里头文化东下冯遗址。[22]

黄河流域的冶金术起步较晚,一开始就采用先进的铸造技术,没有经历过自然铜锻造阶段,所以许多研究者相信中国的冶金术起源于西亚,经欧亚草原传入黄河流域。克尔木齐文化石制坩埚的发现,为探讨这个问题提供了重要线索。

第三节　双轮战车与吐火罗人南下楼兰

现代考古学和动物遗传学的研究表明,家马是古代印欧人首先在黑海—里海北岸培育成功的,但是对世界文明史产生巨大影响的马拉战车究竟是哪一个民族的发明,却一直存在争议。然而,中亚西部草原辛塔什塔—彼德罗夫斯卡文化的发现,为解决这个问题提供了重要线索。[23] 这个文化的历史相当悠久,欧美各实验室测定的碳14资料集中在公元前2200—前1900年。俄国考古学家马松(V. M. Masson)认为这个年代偏早,并根据陶器和铜器类型谨慎地将其定在公元前1800—前1700年。尽管碳14数据有一定偏差,但是这项技术如今已相当成熟,不会偏差那么远。所以马松的建议并没有被人们普遍接受。辛塔什塔—彼德罗夫斯卡文化延续时间较长,可分为三个发展阶段。

早期为形成期,多种文化因素相互融合,在乌拉尔山以西颜那亚文化强烈影响下,最终创造出独具特色的辛塔什塔—彼德罗夫斯卡文化。有防御措施的椭圆形居址首次出现,独特的葬仪初步形成,铜矿冶炼进一步发展,经济形态是牧牛业与农业相结合的混合型经济。辛塔什塔—彼德罗夫斯卡类型的圆城在小亚的安纳托里亚、叙利亚—巴勒斯坦和外高加索亦均有发现,此外,辛塔什塔人的葬俗、铜器和陶器与上述城址及遗物有许多相似之处,或说明它们之间有渊源关系。[24] 值得注意的是,圆形城垣和塔里木盆地早期城市的建筑风格完全一致,如克里雅河流域的圆沙古城、孔雀河流域的营盘古城等。此类圆城向东一直分布到内蒙古西部额济纳河流域。无论如何,中亚原始城市的发现将为我们研究西域城邦诸国的起源带来重要启示。

中期为该文化发展的鼎盛阶段,亦称辛塔什塔期。出现多处具有强大防御功能的居址,布局严谨,有完善的供水和排水设施,采用多重防御墙。大型墓地以辛塔什塔墓地为代表,墓葬排列有序。大型墓葬位于石冢中部,

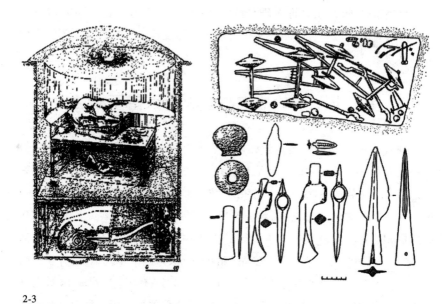

2-3

中亚草原早期青铜文化——辛塔什塔—彼德罗夫斯卡文化

通常是两座竖穴并排,地表有大型土木和日晒土坯混合构筑的地面建筑。墓葬分为多层,殉牲习俗盛行,往往随葬家马和马车。一些墓室顶部发现火烧痕迹,说明死者下葬时举行过某种点火仪式。原始国家初步形成,出现第一次向西扩张浪潮,势力可达伏尔加河流域。

晚期为衰落期,辛塔什塔东部以彼德罗夫卡墓地为代表的文化因素西侵,构成该文化的彼德罗夫卡期。城址防御功能衰退,原有宗教意义减弱。埋葬礼仪变得简单,石冢下通常只有一座墓葬,复杂的地面建筑消失,殉牲数量减少,殉马习俗不复流行。铜矿开采和青铜工具制造有了长足发展,不仅满足本地需要,而且长途贩运到欧亚草原许多地方。公元前1600年,辛塔什塔—彼德罗夫卡文化被新兴的安德罗诺沃文化所取代。[25]

辛塔什塔—彼德罗夫斯卡文化对中亚文明的重大贡献是:首次将马车引进中亚草原。正式发掘的殉葬马车墓已达14座,一般将马车置于竖穴木椁内,两轮放在预先挖好的墓底沟槽中。即便按照马松断定的年代(前1800—前1700),辛塔什塔—彼德罗夫斯卡马车仍不失为中亚乃至东亚最早的双轮马车。

　　辛塔什塔—彼德罗夫斯卡文化是中亚草原最强大的青铜文化之一，近年新疆境内不断发现该文化遗物。在巩留和哈密两地发现了辛塔什塔—彼德罗夫斯卡式青铜斧，在哈密地区天山北路文化古墓还发现了辛塔什塔式实木车轮。[26]上述发现使我们相信，辛塔什塔人一度向东方扩张，因而在天山东部留下的文化遗物。而克尔木齐人从天山北麓南下罗布泊，显然与辛塔什塔人向东方的扩张活动密切相关。

　　20 世纪 30 年代，中瑞西北科学考察团的瑞典考古学家伯格曼（Folke Bergmann）在新疆罗布泊地区小河流域发现一处早期青铜时代墓地，因维族向导奥尔德克首次发现而称"奥尔德克墓地"，今称"小河五号墓地"。

2-4

小河五号墓地

小河五号墓地坐落在一座小山包上，墓地放置许多牛头、公羊角，墓内随葬公牛角和公羊角，有的墓多达 26 个，木棺用整张牛皮或羊皮覆盖，表明墓主人生前以畜牧业为生。墓地中心一座女性墓上构筑了原木结构的"享堂"，充分显示了女性在当时社会中的重要地位。其余墓葬与克尔木齐墓地一样，分族而葬。每个家族墓群之间用木栏杆隔开，墓前立有与人等高的木雕人像，墓内随葬木俑，其功能分别相当于克尔木齐墓地的石板坟院、墓地石人和随葬石俑。

历史有惊人的相似之处，犍陀罗艺术在中亚本来是一种石刻艺术，传入新疆后却变成一种木雕或泥塑艺术。究其原因，主要因为新疆缺乏适合雕刻人像的优质石材。小河墓地中心有一个高达 1.43 米的大型生殖崇拜木雕，相当引人注目，使人联想起克尔木齐墓地那些性质不明的石条，不知是否为生殖崇拜对象？

由于塔里木盆地得天独厚的气候条件，小河墓地的古尸和服饰得以完好地保存下来，墓主人头戴尖顶毡帽，样式和奇台采集的克尔木齐式石俑头上戴的尖帽完全相同。尽管小河墓地未见陶器，但是古墓沟人的尖底草篓与阿凡纳羡沃和克尔木齐的尖底陶器非常相似，而古墓沟人随葬的石俑或

2-5

古墓沟墓地

木俑,再次表明它们与克尔木齐文化的渊源关系。

20世纪80年代初,罗布泊以西70公里孔雀河北岸古墓沟墓地的发现,进一步揭开了楼兰远古文化的面貌。1979年,新疆考古研究所考古队在孔雀河下游北岸第二台地沙丘上发现这个古代墓地,今称"古墓沟文化"。目前一共发掘了42座墓,墓葬形制可分两类:一类与小河墓地相同,另一类墓以木棺为中心环列7圈木桩,非常壮观。据碳14资料,第一类墓的年代大约在公元前1800—前1700年,第二类墓有打破第一类墓的现象,说明小河墓地不晚于公元前1800年。古墓沟墓地延续时间较长,从公元前1800年直迄公元前1700年。第二类墓的主人皆为男性,说明当时男性已取代女性,开始在社会中扮演重要角色。古墓沟墓地随葬品组合主要为石俑或木俑、平纹毛织物、木器、零星铜器,但是不见陶器。[27]正如发掘者王炳华指出的,古墓沟墓地无疑属于青铜时代,因为这片墓地中数以百计的木桩都有青铜斧砍凿痕迹。

从伯格曼在罗布泊采集的人类学材料,人们开始了解到古代楼兰人属于印欧人种群。[28]中国人类学家韩康信研究了古墓沟出土的人头骨,发现它们与南西伯利亚、哈萨克斯坦、伏尔加河下游以及咸海沿岸青铜时代人类学材料存在许多共性,尤其与欧洲人种北欧类型(Nordic)相似,属于原始欧罗巴人种。古墓沟地的发现相当重要,再次证明罗布泊地区的古楼兰人是欧亚大陆迄今所知时代最早、分布最靠东方的欧洲人种群。[29]

小河—古墓沟墓地普遍随葬小麦,这是中国境内发现的年代最早的小麦标本之一,这种西亚作物传入中国无疑归功于吐火罗人。然而,塔里木盆地毕竟不是印度河或美索不达米亚那样的古文明发源地,吐火罗人在塔里木盆地定居后,一时难以形成影响周围世界的大文明。

据以上讨论,小河—古墓沟文化源于阿尔泰山与天山之间的克尔木齐文化。那么,他们为什么要从天山北麓南下楼兰呢?有迹象表明,这次民族迁徙与阿尔泰语系民族在南西伯利亚的兴起以及辛塔什塔人向东方扩张活动直接相关。

公元前1800年,奥库涅夫文化为代表的阿尔泰语系部落迅速崛起,结束了阿凡纳羡沃文化为代表的印欧人部落在南西伯利亚的统治。同时,辛塔什塔—彼德罗夫斯卡文化为代表的印欧人部落在西西伯利亚发展到鼎盛时期,并积极从事对外扩张活动。阿凡纳羡沃人既不能在南西伯利亚继续生存,亦无法在西西伯利亚找到避难所,只能在相对薄弱的吐火罗人领地寻求谋生之地。这就是克尔木齐墓地为什么出现阿凡纳羡沃陶器的重要原因。

克尔木齐人分布地域的自然资源毕竟有限,养活不了日益增长的吐火罗人。同时,西方辛塔什塔—彼德罗夫斯卡人不断发动战争,掠夺阿尔泰山、天山地区。这些事件迫使克尔木齐人,可能还包括一部分加盟该部落的阿凡纳羡沃人一道南下楼兰。古墓沟墓地的人头骨具有阿凡纳羡沃人特征,有助于说明这一点。

另一方面,汉藏语系的羌人正在河西走廊悄然兴起,东有齐家文化,西有四坝文化,这两个文化的创造者皆属于蒙古人种的羌人集团。四坝文化尤为强大,向西一直扩张到新疆哈密盆地,今称"天山北路文化"。该文化是1988年在哈密附近首次发现的,主要材料出自雅林苏满矿区和林场办事处附近一处青铜时代墓地。70年代末在哈密五堡发现的青铜时代墓地亦属于这个文化,迄今已发掘了700多座墓葬。根据陶器类型及其与周边地区青铜时代文化比较,天山北路文化绝大多数古墓可断在公元前1500年左右,少数墓葬则早至公元前1800—前1600年。墓葬形制可分竖穴土坑墓和竖穴土坯墓两类,葬式以侧身屈肢为主;随葬陶器多为彩陶,青铜器以小型工具和装饰品为主,也有锛、镜、镞和形体较大的弧背刀、短剑等。其他遗物还有金耳环、银簪、骨牌、石杵、石珠、海贝、羊骨、权杖头和一个残破的实木车轮。[30]

2-6

新疆哈密出土辛塔什塔—彼德罗夫斯卡文化遗物

据分析，天山北路陶器群可以分成甲、乙两组。其中，甲组与四坝文化中期陶器接近，年代可定在公元前1800—前1600年，而乙组可能与新疆北部阿尔泰山地草原青铜时代的文化相关。[31]这个分析无疑是正确的。需要补充的是，天山北路文化的外来因素至少有两个，一个是中亚草原奥库涅夫文化，如弧背铜刀、空首凿、铜锥等；另一个是辛塔什塔—彼德罗夫斯卡文化，如青铜短剑、日晒土坯、实木车轮和权杖头等。从出土情况看，这个实木车轮似为报废后，又在五堡墓地一座古墓当作棺盖使用的。[32]它的形制与中亚草原发现的实木车轮非常相似，引起海内外研究者的广泛关注。正如前文指出的，这个残破的车轮可能属于战车业发达的辛塔什塔—彼德罗夫斯卡文化，是辛塔什塔人劫掠天山地区时报废而丢弃在哈密的。

伯格曼和英国考古学家斯坦因在罗布泊地区发现过石制权杖头。众所周知，权杖头起源于近东，埃及（前3200）和美索不达米亚（前3000）遗址大

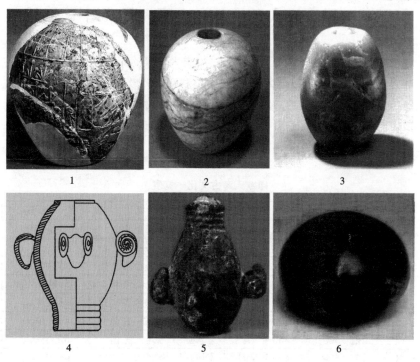

2-7

埃及、美索不达米亚河四坝文化权杖头

量出土这种表示权力的标志物。美国宾夕法尼亚大学博物馆收藏了许多苏美尔文化的权杖头,有的刻有楔形文字,说明是献给神的。埃及、以色列和中东的博物馆收藏了许多权杖头,分别用斑岩、石灰岩或青铜制成。

权杖头传入中亚草原后,成了辛塔什塔—彼德罗夫斯卡文化的典型器物。权杖头在甘肃西部四坝文化墓地亦有发现,可分玉石和青铜两类。塔里木盆地的尼雅北方青铜文化遗址发现了玉石制作的权杖头,这是继楼兰小麦之后又一个近东文明影响塔里木盆地古文化的实例。不过,尼雅权杖头并非直接来自近东,这个文化一个重要来源是天山北路文化,近年在焉耆和哈密等地发现的权杖头就属于这个文化。正由于四坝文化为代表的甘青地区汉藏语系羌人的崛起,有力地阻挡了印欧人的大举东进。否则,中国文明将像印度河古文明或美索不达米亚古文明一样,毁于印欧人的大举入侵。

第四节　雅利安人迁徙与吐火罗人再下塔里木盆地

公元前1500年,欧亚大陆面临一场更大规模的印欧人迁徙浪潮,史称"雅利安人迁徙"。和以前入侵小亚、讲赫梯语的印欧人不同,他们讲雅利安语,故称"雅利安人"。美索不达米亚文明和印度河文明在公元前1500—前1400年相继毁于雅利安人大举入侵,旧大陆的四大古文明当中,只有中国文明幸免于难。

印欧人考古文化一览表

	时代	区域	文化/古国	民族
1	公元前3200—前2200年	黑海—里海北岸	颜那亚文化	原始印欧人
2	公元前1650—前1190年	小亚	赫梯王国	印欧人
3	公元前2200—前1700年	中亚草原	辛塔什塔文化	印欧人
4	公元前2200—前1900年	南西伯利亚	阿凡纳羡沃文化	印欧人
5	公元前2200—前1900年	阿尔泰山	克尔木齐文化	吐火罗人
6	公元前1800—前1700年	罗布泊地区	小河—古墓沟文化	吐火罗人
7	公元前1500—前1400年	美索不达米亚	米坦尼王国	雅利安人
8	公元前1500—前1400年	印度河流域	灰色彩陶文化	雅利安人
9	公元前1600—前1400年	中亚草原	安德罗诺沃文化	雅利安人

公元前1450年，雅利安人驾马御车从中亚草原南下，首先控制了本来属于胡瑞安人的美索不达米亚北部，随后兼并叙利亚和伊朗山地，定都瓦世疏坎尼（Washshukanni），建立了近东历史上第一个雅利安国家——米坦尼王国。米坦尼王国强盛时一度控制亚述，不仅对埃及产生军事威胁，而且与北方的赫梯王国战事频繁。公元前1450年，埃及法老图特摩斯进军幼发拉底河大获成功，米坦尼王不得不称臣纳贡，才使埃及法老停止军事进攻。雅利安人统治米坦尼的历史长达140年，公元前1360年灭于亚述。

米坦尼遗址最重要的发现，莫过于公元前1380年赫梯和米坦尼两国订立的协约，今称"米坦尼协约"（Mitanni Treaties）。这份协约的最后罗列了一系列胡瑞安宗教的神名，接着记录了一组雅利安神，计有mi-it-ra（光明之神）、in-da-ra（雷神）、a-ru-na（水神兼司法神）和na-sa-at-ti-ya（双马神）。米坦尼雅利安神的发现对研究印欧人原始宗教具有重要的学术价值，不仅可以和古代印度、波斯宗教文献记录的诸神直接进行语言学比较，而且有助于探索吐火罗人的宗教渊源。

我们在《吐火罗神祇考》一文中，首次论证了吐火罗语的"神"字（ñakte）相当于米坦尼雅利安语的"双马神"（na-sa-at-ti-ya）以及印度雅利安语"双马神"（nāsatya），并指出吐火罗人崇祀的双马神就是中部天山康家石门子岩画、巴里坤草原八墙子岩画以及内蒙古阴山岩画上的双马神图像。[33]

耐人寻味的是，叙利亚青铜时代晚期乌加里特遗址也发现了印欧人早期宗教的双马神。这个遗址曾发现一尊阿舍罗赫（Asherah）女神的象牙雕像，年代约在公元前1300年，现藏巴黎卢浮宫博物馆。阿舍罗赫是古老的迦南宗教中的爱情、丰育和战争女神，雷神巴勒的妻子。现代地名"巴勒斯坦"即源于后者。值得注意的是，这尊阿舍罗赫女神像上居然有雅利安宗教的双马神。乌加里特王国与米坦尼王国相邻，所以迦南人与雅利安人有着广泛的文化交流。例如，在乌加里克青铜时代晚期遗址发现过米坦尼式滚筒印章，亦称"叙利亚—米坦尼类型滚筒印章"。这尊阿舍罗赫女神与双马神象牙雕像，则为米坦尼雅利安文化如何影响近东文明提供了新的实例。

公元前1500—前600年，雅利安人从里海—黑海北岸分批南下，在伊朗高原相继建立米坦尼、米底、波斯三大雅利安王朝。另一支雅利安人远征

南俄草原双马神，
约公元前 3200 年

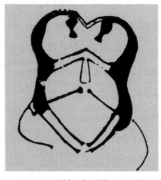

叙利亚双马神，约公元前 1400 年，巴黎卢浮宫藏品　　天山双马神，公元前 1800 年

2-8

印欧人原始宗教崇拜对象——双马神

印度河流域，开创了印度文明史上的雅利安时代。而中亚草原兴起的安德罗诺沃文化，则是留在故乡的雅利安文化。阿尔泰山和天山地区近年不断发现安德罗诺沃文化遗物，证明了雅利安人的到来。正由于雅利安人迁徙浪潮，迫使另一批吐火罗人从阿尔泰山、天山南下塔里木盆地，形成"新塔拉文化"和"尼雅北方青铜文化"等绿洲文明。中日尼雅联合考察队在尼雅北方遗址采集到安德罗诺沃陶器，有助于证明这一点。

吐火罗人南下天山之后，不可避免地与羌人直接交锋，不久便发生融合。两者相互融合的一个实例在天山南麓和硕县新塔拉遗址和曲惠遗址相继发现，今称"新塔拉文化"。这个文化和尼雅北方青铜文化有许多相似之处。为便于比较，我们把这两个文化的器物群制成一图。

新塔拉文化遗物亦分两类，一类以筒形杯、带把石杯、玉斧等为代表，与克尔木齐文化一脉相承；另一类以双耳罐、彩陶残片、空首铜斧、粟粒等为代表，在很大程度上源于天山北路文化。所以新塔拉文化实际是吐火罗文化与羌文化融合的产物。从时间上看，新塔拉文化比克尔木齐文化和天山北路文化晚二三百年，碳14年代集中在公元前1500年左右。尤为重要的是，新塔拉遗址上层堆积发现了土坯城墙，或以为是城堡遗迹。土坯在天山北路墓地也有发现，只是用来建造墓室。就目前所知，中亚地区用土坯筑城始于辛塔什塔—彼得罗夫斯卡文化。限于资料，目前尚不清楚新塔拉文化与辛塔什塔—彼德罗夫斯卡文化是否存在文化交流。无论如何，塔里木盆地的绿洲文明至少要从公元前1500年写起。[34]

20世纪80年代末，在塔克拉玛干沙漠腹地发现一处青铜时代文化遗

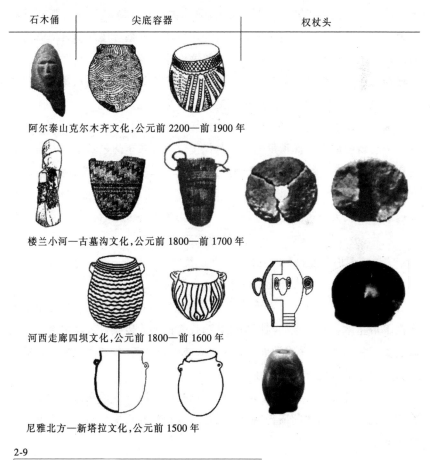

石木俑	尖底容器		权杖头

阿尔泰山克尔木齐文化，公元前2200—前1900年

楼兰小河—古墓沟文化，公元前1800—前1700年

河西走廊四坝文化，公元前1800—前1600年

尼雅北方—新塔拉文化，公元前1500年

2-9

尼雅北方青铜文化与中亚考古文化比较

址,南距民丰绿洲约200公里。地表遍布陶片,新疆石油勘探队用推土机挖出许多文物,包括权杖头、玉石珠、青铜刀和陶器残片等。事后,他们派专车将文物送到乌鲁木齐新疆文物考古研究所。[35]中日联合尼雅考察队根据这条线索于1993年和1996年两次派人实地考察,查明这里有两处遗址,相距两三公里,文化内涵相同,今称"尼雅北方青铜文化"。地表采集到大批遗物,包括各类陶器、马鞍形石磨盘、弧背青铜小刀、骨珠、料珠等,但是不见铁器。[36]

尼雅北方遗址的陶器也分两类:第一类以筒形陶杯、平底罐为代表,源于克尔木齐文化为代表的吐火罗文化;第二类以双耳罐、腹耳罐、弧背青铜刀为代表,源于天山北路文化为代表的羌文化。发掘者注意到第二类陶器的纹饰和小河—古墓沟文化尖底草篓的纹饰非常相似,其实,与尼雅北方文化最相似的是新塔拉文化。这两个遗址都出筒形杯、平底罐、双耳罐等相同器物,陶器纹饰亦有相似之处,可能属于同一个文化。[37]

综合全文的讨论,我们似乎可得出以下几点认识:

一、新疆境内年代最早的青铜时代文化是分布于阿尔泰山与天山之间的克尔木齐文化,由于它和阿凡纳羡沃文化有明确的共存关系,时代应在公元前2200—前1900年。该文化源于里海—黑海北岸的颜那亚文化,后来称霸西域的月氏人很可能是留守阿尔泰山的克尔木齐人的后裔;随着中亚草原游牧化,最终发展成吐火罗系统的游牧部落。

二、南西伯利亚奥库涅夫文化兴起以及西西伯利亚辛塔什塔—彼德罗夫斯卡文化的扩张,迫使一部分克尔木齐人南下楼兰,形成小河—古墓沟文化。

三、公元前1500年,雅利安人新一轮迁徙浪潮,迫使另一批克尔木齐人南下塔里木盆地。他们与四坝文化为代表的羌人以及进入塔里木盆地的雅利安人相互融合,最终发展为吐火罗系统农业部落,早期代表性文化有新塔拉文化和尼雅北方青铜文化。

四、匈奴兴起以前,月氏人一度为西域霸主,吐火罗语在这个时期得以推广,成为天山南北的通行用语。塔里木盆地的吐火罗化在很大程度上归功于月氏人。

2-10
巴泽雷克地毯上大月氏骑士觐见斯基泰女神塔比提

注 释

〔1〕 G. Daniel, *The First Civilazation: The Archaeology of their Origins*, London: Thames and Hudson, 1968.

〔2〕 H. Pedersen, "Hittite and Tocharian," *Language* 9, 1933, pp. 13-34; A. Meillet, "Le Tokharien," *Indo-germanisches Jahrbuch* I, 1914, pp. 1-19; D. Q. Adams, "The Position of Tocharian among the other Indo-European Languages," *JAOS* 104, 1984, pp. 395-402.

〔3〕 W. B. Henning, "The First Indo-Europeans in History," *Society and History, Essays in Honor of Karl August Witfogel*, ed. by G. L. Ulmen, The Hogue: Mouton Publishers, 1978, pp. 215-230.

〔4〕 T. V. Gamkrelidze and V. V. Ivanov, *Indo-European and the Indo-Europeans*, trans. by Johanna Nicholas, Berlin: Mouton De Gnoyter, 1995.

〔5〕 A. K. Narain, "Indo-Europeans in Inner Asia," D. Sinor (ed.), *Cambridge History of Early Inner Asia*, Cambridge University Press, 1990, pp. 152-176;

445-449.

〔6〕 J. P. Mallory, *In Search of the Indo-Europeans: Language, Archaeology and Myth*, London: Thames and Hudson, 1989.

〔7〕 M. Gimbutas, "The Beginning of the Branze Age in Europe and the Indo-Europeans 3500-2500 BC," *JIES* 1, 1973, pp. 163-214; M. Gimbutas, "The Kurgan Wave 2 (c. 3400-3200 BC) into Europe and the Following Transformation of Culture," *JIES* 8, 1980, pp. 273-315.

〔8〕 J. P. Mallory, *In Search of the Indo-Europeans: Language, Archaeology and Myth*, London: Thames and Hudson, 1989, pp. 208-209.

〔9〕 夏鼐、王仲殊主编:《中国大百科全书·考古学》,北京:中国大百科全书出版社, 1986 年,页 2—3;吉谢列夫著、莫润先译:《南西伯利亚古代史》上册,乌鲁木 齐:新疆社会科学院民族研究所,1985 年,页 12—34。

〔10〕 正式报告至今仍未发表,我们见到的材料只有两份发掘简报和各种图录中零 星的文物照片,参见李征:《阿尔泰地区石人墓调查简报》,《文物》1962 年 7— 8 期合刊;易漫白、王明哲:《新疆克尔木齐古墓发掘简报》,《文物》1981 年第 1 期,页 22—32;王林山、王博:《中国阿尔泰山草原文物》,乌鲁木齐:新疆美术 摄影出版社,1996 年。

〔11〕 颜那亚文化参见 J. P. Mallory, *In Search of the Indo-Europeans: Language, Archaeology and Myth*, London: Thames and Hudson, 1989, pp. 177, 209, 212, 220;阿凡纳羡沃文化参见林沄译,马克西缅科夫著:《关于米奴辛斯克青铜时 代分期问题的现状》,中国社会科学院考古研究所编:《考古学参考资料》6,北 京:文物出版社,1983 年,页 81—103;吉谢列夫著,莫润先译:《南西伯利亚古 代史》上册,乌鲁木齐:新疆社会科学院民族研究所,1985 年,页 203;辛塔什 塔—彼德罗夫斯卡文化参见王海城:《中国马车的起源》,《欧亚学刊》第 3 辑, 北京:中华书局,2002 年,页 1—75。

〔12〕 关于阿凡纳羡沃文化的年代,参见马克西缅科夫著、林沄译:《关于米奴辛斯 克青铜时代分期问题的现状》,中国社会科学院考古研究所编《考古学参考资 料》6,北京:文物出版社,1983 年,页 81—103。

〔13〕 李肖:《新疆塔城市考古的新发现》,《西域研究》1991 年第 1 期;图版见新疆文 物局、新疆考古文物研究所和新疆博物馆等单位合编:《新疆文物古迹大观》, 乌鲁木齐:新疆美术摄影出版社,1999 年,页 350。

〔14〕 王林山、王博：《中国阿尔泰山草原文物》，乌鲁木齐：新疆美术摄影出版社，1996 年，页 34—38 和页 82—83。

〔15〕 刘国瑞、祁小山：《哈密古代文明》，乌鲁木齐：新疆美术摄影出版社，1997 年，页 52—53。

〔16〕 王林山、王博，前揭书，页 34—38 和页 82—83。

〔17〕 薛宗正：《新疆奇台发现的石器时代遗址与古墓》，《考古学集刊》第 2 辑，北京：文物出版社，1983 年；张海峰等编：《庭州文物集萃》，乌鲁木齐：新疆美术摄影出版社，1993 年，页 14 和页 39。

〔18〕 新疆文物局、新疆考古文物研究所和新疆博物馆等单位合编：《新疆文物古迹大观》，乌鲁木齐：新疆美术摄影出版社，1999 年，页 298。

〔19〕 韩汝玢：《近年来冶金考古的一些进展》，《中国冶金史论文集》，北京：北京科技大学，1994 年，页 6。

〔20〕 中国社会科学院考古研究所：《偃师二里头：1959 年—1978 年考古发掘报告》，北京：中国大百科全书出版社，1999 年，页 81。

〔21〕 E. N. Chernykh, *Ancient metallurgy in the USSR*, Cambridge University Press, 1992；藤川繁彦编：《中央コーラッアの考古学》，东京：同成社，1999 年。

〔22〕 林梅村：《青铜时代的造车工具与中国战车的起源》，收入《古道西风——考古新发现所见中外文化交流》，北京：三联书店，2000 年，插图 11。

〔23〕 辛塔什塔—彼德罗夫斯卡文化是 20 世纪 80 年代末发现、90 年代初确认的一种青铜时代早期文化。1972—1974 年，苏联考古学家基宁(V. F. Gening)在哈萨克斯坦北部车尔雅宾斯克附近辛塔什塔河畔首次发现该文化而定名为"辛塔什塔文化"，后与文化内涵相同的彼德罗夫斯卡文化并称"辛塔什塔—彼德罗夫斯卡文化"。分布地域主要在俄罗斯南乌拉尔山东部，哈萨克斯坦北部车尔雅宾斯克以南，托博勒河与伊辛河之间草原地带，南北长 400 公里，东西宽 150—200 公里。《中国大百科全书·考古卷》没有提到这个文化，联合国教科文组织编写的《中亚文明史》把它当作公元前 8 世纪西西伯利亚分布的一种青铜时代文化。参见丹尼、马松：《中亚文明史》第 1 卷，北京：中国对外翻译出版公司，2002 年，页 256—258。

〔24〕 S. A. Grigoryev, "The Sintashta Culture and Some Questions of Indo-Europeans Origins," An online article cited in: http：//www. sci. urc. ac. ru/news/1998_2/2-11-1. pdf.

〔25〕 王海城：《中国马车的起源》，《欧亚学刊》第 3 辑，北京：中华书局，2002 年，页

1—75。

〔26〕 梅建军、刘国瑞、常喜恩：《新疆东部地区出土早期铜器的初步分析和研究》，《西域研究》2002 年第 2 期，页 1—10。

〔27〕 王炳华：《孔雀河古墓沟发掘及其初步研究》，《新疆社会科学》1983 年第 1 期；收入《新疆文物考古新收获（1979—1989）》，乌鲁木齐：新疆人民出版社，1995 年，页 92—102。

〔28〕 C. H. Hjrtsjo und A. Walander, "Das Schudel und Skelettgut der Archaologischen Untersunchngen in Ostturkistan," in: *Reports from the Scientific Expedition to the North-Western Province of China*, vol. 7, Archaeology 3, Stockholm, 1942.

〔29〕 韩康信：《新疆孔雀河古墓沟墓地人骨研究》，《考古学报》1986 年第 3 期，页 361—384。

〔30〕 梅建军、刘国瑞、常喜恩：《新疆东部地区出土早期铜器的初步分析和研究》，《西域研究》2002 年第 2 期，页 1—10。

〔31〕 李水城：《从考古发现看公元前二千纪东西方文化的碰撞与交流》，《新疆文物》1999 年第 1 期，页 60—61。

〔32〕 王毅民、刘国瑞等编：《哈密文物志》，乌鲁木齐：新疆人民出版社，页 145。

〔33〕 林梅村：《吐火罗神祇考》，《国学研究》第 5 卷，北京：北京大学出版社，1998 年；收入《古道西风——考古新发现所见中外文化交流》，北京：三联书店，2000 年，页 3—32。

〔34〕 新疆考古研究所：《新疆和硕新塔拉遗址发掘简报》，《考古》1988 年第 5 期；张平、王博：《和硕县新塔拉和曲惠遗址调查》，《考古与文物》1989 年第 2 期，页 23—25。

〔35〕 于志勇、阿和买提：《民丰县北石油物探发现文物介绍》，《新疆文物》1998 年第 3 期，图版肆。

〔36〕 张铁男、于志勇：《1993 年尼雅遗址北方考古调查》，《中日共同尼雅遗迹学术调查报告书》第 1 卷，中村印刷株式会社，1996 年，页 73—79；岳峰、于志勇：《北方地区遗址的调查》，《中日共同尼雅遗迹学术调查报告书》第 2 卷，东京：中村印刷株式会社，1999 年，页 35—41。

〔37〕 于志勇、阿和买提：《民丰县北石油物探发现文物介绍》，《新疆文物》1998 年第 3 期，图版肆；岳峰、于志勇：《北方地区遗址的调查》，《中日共同尼雅遗迹学术调查报告书》第 2 卷，东京：中村印刷株式会社，1999 年，页 39，图 9。

第三讲

草原之路

阿尔泰语系民族的原始故乡

阿尔泰山的大石冢

阿尔赞"国王谷"

巴泽雷克的斯基泰王陵

第一节　阿尔泰语系民族的原始故乡

　　阿尔泰语系民族属于蒙古人种，公元前 1800—前 1700 年在南西伯利亚形成独特文化，通称"奥库涅夫文化"，属于青铜时代早期文化，分布地域从俄罗斯叶尼塞河中游米努辛斯克盆地至阿尔泰山。奥库涅夫人以畜牧经济为基础，墓中常见绵羊距骨，并在石板上刻牛图，渔猎仍起辅助作用。随葬品有骨制鱼镖、红铜鱼钩、结网用的匕首形骨器、鸟骨制品和石镞等渔猎工具。金属加工在经济活动中占有重要地位，红铜或青铜器相当常见，器形有锻造鱼钩、刀、锥、针筒、鬓环。[1]

　　奥库涅夫文化的冶金技术比阿凡纳羡沃文化（南西伯利亚金石并用时代的文化）更为先进，奥库涅夫人采用先进的锡青铜铸造技术，红铜斧也采用铸造工艺。这个文化有两种典型的青铜器：单钩矛头和空首铜斧。单钩红

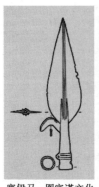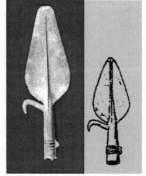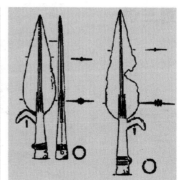

塞伊马—图宾诺文化 　　　　马厂文化 　　　　　奥库涅夫文化

3-1

东西方青铜时代早期的带钩青铜矛头

铜或锡青铜矛头广布欧亚东部草原，乌拉尔山塞伊马—图宾诺墓地发现四件，在阿尔泰山发现一件，在中国西北马厂文化（前2350—前2050）遗存中发现两件。无论制作技术还是艺术风格，这种铜矛都与奥库涅夫式单钩铜矛大同小异。马厂文化分布范围与半山文化大体相当，只是东界和南界有所收缩，东界至兰州附近，不过西界可达哈密盆地。[2]

空首铜斧是奥库涅夫文化另一典型铜器，在河西走廊齐家文化和四坝文化遗址或墓葬屡有发现。这两个文化还有奥库涅夫的典型铜器——木柄铜锥。尽管齐家文化（前2200—前1800）和四坝文化（前1950—前1550）起始年代早于奥库涅夫文化（前1800—前1600），但是出土铜器文化层或古墓却属于晚期阶段，与奥库涅夫文化年代基本相当。

青铜器还不能完全取代石器，所以奥库涅夫时代仍大量使用石器，包括斧、杵、臼等。陶器主要为平底器，大致可分为两类：一类是大小不一的筒形器，纹饰较简单，有押印窝纹、杉针纹、纵列篦纹等；另一类是罐形器，纹饰多样，有棋盘纹、波浪纹、弦纹等。此外，还有香炉形器、多棱形器和圈足器。和阿凡纳羡沃文化不同是，奥库涅夫古墓开始随葬小石俑、骨雕人像、鸟禽像等颇具巫术含义的艺术品，一般采用写实的圆雕和线刻。

奥库涅夫墓地大多靠近河流，并在墓前立石。坟墓表面用石板砌筑方形围垣，高度一般为30—50厘米，面积最大者达400平方米；石垣内西部或西

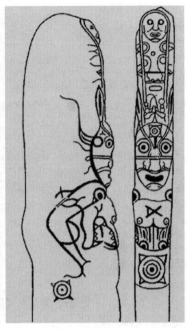

3-2

奥库涅夫石人

南部有石棺墓,一般为单座墓或少数几座墓,最多达 23 座,同时也有无石垣的单个石棺墓。每个墓穴埋葬死者 1—3 人,常见男女或妇幼合葬墓,葬式采用仰身屈膝葬,头多向西,头下一般垫以石"枕",脚下墓底略倾斜。人骨或见身首分离现象。随葬品不多,没有明显财产分化迹象,一般随葬陶罐和生产工具,女性骨架旁常见青铜或骨制针筒及骨针、红铜丝鬓环等物。

公元前 2000 年前后,欧亚大陆各民族不约而同地在各地树起大型永久纪念性建筑,似乎反映了一个时代的特征。英国索尔兹伯里城以北约 11 公里的巨石建筑遗址——巨石阵(Stonehenge)就属于这个时代,始建于新石器时代晚期,后经青铜时代陆续增建和改筑。

奥库涅夫人也在墓前、居址或祭祀地建造大型石雕,一般利用天然碑形大石,高 0.5—2 米,上面用简单线刻雕琢出面目狰狞的鬼神或怪兽,个别采用圆雕技术。有的石雕在下半部刻兽角兽耳的人面像,少数系人面浮雕。一

3-3
巨石阵

般为男性形象，个别表现女性特征，有学者以为是神或祖先像，可能和南西伯利亚古代萨满巫术有关。类似的神怪石刻在奥库涅夫遗址或墓地附近古代岩画上亦有发现，有些被归入奥库涅夫文化。

第二节　阿尔泰山的大石冢

早在 1965 年，阿尔泰深山这个巨大的石冢就始为中国考古学家所知，但是它对新疆考古的重要性直到最近才被真正认识到。这座大石冢位于新疆青河县城东北 70 公里查干郭楞乡一个小湖旁，乌伦古河上游支流——小青格河就在此地发源。这个东西向的山谷中有三座湖泊,当地牧民将第三座湖称为"三道海子"。这个高寒地带海拔 2690 米,生活环境相当恶劣。每年 8 月开始下雪,全年只有 3 个月时间适于放牧。大石冢建在三道海子东岸,一条规模巨大的人工护陵河环绕石冢,河道宽 15—20 米,深 1.5—2 米,河水从三道海子引入。河床底部铺满了 30—40 厘米的石块,这些石块和大石冢所用的石块尺寸完全相同。毫无疑问,这条人工河和大石冢是同一时期建造的。[3]

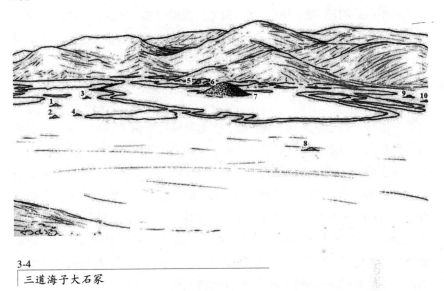

3-4

三道海子大石冢

三道海子墓地东西长一两公里,一共建有 10 座石冢。护陵河内只有大石冢(7 号)单独一座,护陵河外分布着 9 座规模较小的石冢。这 9 座小石冢环绕大石冢而建,西面有四座(1—4 号),北面有两座(5—6 号),东面有两座(9—10 号),南面只有一座(8 号)。

三道海子大石冢,由圆形石冢堆和双重石墙两部分组成。圆形冢堆用石块砌筑,十分雄伟,高 15 米,直径 76 米。20 世纪 70 年代,当地牧民将石冢北坡拆毁,在那儿砌了一个牛圈。从拆毁部分看,整个冢堆都是用 30—40 厘米大石块垒砌而成,估计有 15 万到 20 万立方米堆石。石冢堆外环绕内外两重石墙,也用 30—40 厘米的石块垒砌而成的。石冢和石墙使用的石块均系片麻岩,显然采自北山。据说这两重石墙原来高于地表,石冢也比现在高得多。1931 年,阿尔泰山发生里氏 8 级地震,造成石冢向下塌陷,双重石墙则双双陷入地下,顶部几乎与地表平行。内石墙直径 92 米,墙宽 5 米;外墙直径 210 米,墙宽 3 米。双重石墙之间砌有 4 条石隔墙,长 70 米,宽 3 米。从平面看,像个四轮辐大车轮。在石墙外侧 2—3 米处,遍布直径 1—2 米的圆形石堆,估计是祭祀坑之类的遗迹。

由于 1931 年大地震,南面和北面的石隔墙的一部分深陷地下。我们测量了其中两条隔墙,基本呈正方向,南北向隔墙仅偏差 5 度。2000 年在美国加州洛杉矶分校访问时,一位美国同行告诉我,这条隔墙原来也许是正方向的,偏差是由于地球磁偏角发生变化。同样,埃及金字塔的方向也存在偏差。地球磁偏角的变化有一定规律,根据这些规律,可以推算出金字塔始建年代。

三道海子墓地原来有 6 块鹿石,当地蒙族牧民谓之 Olenniye Kamni(鹿石),现在大石冢附近只剩下三块鹿石。一块在大石冢东面 10 多米处,上面刻有乡字形斜线,下面为断续连线,中部刻了一把宝剑,其下是一匹马;侧面上端有个圆圈,其下为断续连线。另外两块鹿石在大石冢南面,双双扑倒在石冢下。其中一块较大,估计有 2—3 米,宽约 0.4 米,上端刻大圆圈,下面是断续连线,可惜连线下面的图案已经漫漶不清。据说大石冢北边 300 米处原来还有一块鹿石,通高 3 米,宽约 0.23 米,上面刻有图案化鹿纹和一把宝剑。这块鹿石后来被运到阿勒泰市博物馆收藏。

据俄国学者沃尔可夫(V. V. Volkov)研究,广布欧亚草原的鹿石可以分为三个类型:那些雕刻写实动物的鹿石被划归萨彦—阿尔泰类型,那些刻有图案化动物的鹿石被归入蒙古—外贝加尔类型,没有动物图案的鹿石则被归入欧亚类型。三道海子墓地发现的鹿石几乎全都属于萨彦—阿尔泰类型,但是搬进阿尔泰市博物馆的那块鹿石是个例外,属于蒙古—外贝加尔类型。从当年拍摄的照片看,这块鹿石原在护陵河北岸 6 号石冢的东面。鹿石一般位于石冢东面。所以这块与众不同的鹿石可能属于 6 号石冢,不一定和大石冢直接相关。

新疆境内的鹿石主要分布在阿尔泰山区,诸如青河、富蕴和塔城等地。

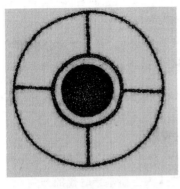

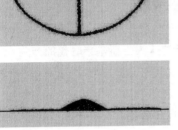

3-5

三道海子大石冢及其鹿石

在天山地区,鹿石较为罕见,只在吉木萨尔、温宿、昭苏和温泉发现五例。据
说新疆西境昭苏地区发现过蒙古—外贝加尔类型的鹿石,吉木萨尔大龙口
发现过萨彦—阿尔泰类型的鹿石,其余三件皆为不带动物图案的欧亚类
型。

三道海子大石冢和周围9座小石冢尚未正式发掘,我们只能根据邻近
地区考古资料来认识其年代。在中国境内,类似的大石冢主要分布在阿尔泰
山和天山,绝大多数是在天山地区发现的,诸如吉木萨尔、和静、温宿、巩留
和温泉等地;在中国境外,外蒙古的科布多和哈萨克斯坦的七河流域也发现
过类似的石冢。

科布多大石冢在石冢堆和环形石墙之间竖有两块鹿石,皆属于萨彦—
阿尔泰类型。一块刻有塔加尔文化的短剑和鹤嘴锄,研究者原以为属于公元
前1000年中期。近年的发现与研究表明,其年代应在公元前8—前7世纪
之交。由于阿尔赞大石冢出土了鹤嘴锄,说明公元前8—前7世纪这种兵器
业已出现。据我们观察,阿尔赞和科布多鹿石上雕刻的短剑十分接近卡拉苏
克式短剑,那么两石冢发现的鹿石皆属于卡拉苏克时代。阿尔赞鹿石是废弃

后作为建筑材料埋在石冢内的,年代晚于科布多石冢出土鹿石。阿尔赞石冢的年代不早于公元前 7 世纪初,而科布多石冢可能建于公元前 8 世纪末。

广布欧亚草原的大石冢可大致分为 A、B 两种类型。两者主要差别在于地表是否有鹿石。A 型石冢地表往往立有鹿石,B 型石冢则不带鹿石,某些 B 型石冢或将鹿石埋入墓中。在新疆境内,无论 A 型还是 B 型石冢,绝大多数使用萨彦—阿尔泰类型的鹿石。A 型石冢主要分布在阿尔泰山地区,如三道海子大石冢。这类石冢在中国境外也有发现。

阿尔泰山和天山的大石冢自然不是同一时期建造的。有证据表明,A 型石冢早于 B 型石冢。在以往的研究中,鹿石被认为是斯基泰时代的产物。20世纪 70 年代以来的新发现却表明,鹿石其实属于卡拉苏克文化。例如,鹿石上往往刻有商周时期的弓形器。

有学者以为,鹿石上的弓形器可能是西周晚期至春秋中期流行的一种青铜挂钩,但是林沄认为所谓"青铜挂钩"不过是弓形器的一种晚期形式。正如南西伯利亚和蒙古考古所揭示的,在石冢旁立鹿石的习俗起源于卡拉

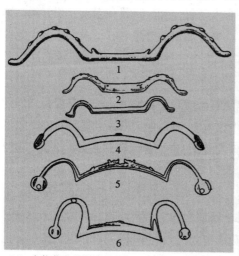

1-3. 卡拉苏克文化弓形器;4-5. 殷墟妇好墓出土弓形器;6. 甘肃灵台百草城西周墓出土弓形器

7. 卡拉苏克文化的战车牌饰

3-6

商周时期的弓形器与卡拉苏克文化青铜牌饰

苏克晚期文化（前 1300—前 800），这个习俗一直沿用到塔加尔文化初期（前7 世纪）。有些地方后来出现将鹿石埋入石冢的习俗，如阿尔赞大石冢就埋有萨彦—阿尔泰类型鹿石残片。所以 A 型石冢的年代不晚于阿尔赞大石冢，至少建造于公元前 7 世纪初以前。

近年在和静县的巴音布鲁克草原发现一个手持牛角形酒器（Rhyton）的墓地石人（蒙古语 Babal）。这个石人的造型和黑海北岸发现的斯基泰石人几乎完全一样，说明斯基泰石人向东一直分布到天山地区。公元前 6 世纪起，鹿石开始被墓地石人取代。所以 B 型石冢的年代不晚于公元前 6 世纪。

总之，新疆大石冢起源于阿尔泰山，公元前 8 世纪发展到鼎盛阶段，三道海子和科布多大石冢属于这个阶段，约在公元前 8—前 7 世纪之交，大石冢的建造者从阿尔泰山南下，占据了天山地区。B 型大石冢显然是他们入侵天山之后的产物。在此后几个世纪，天山地区乃至中亚七河流域一直在他们的统治之下。

第三节　阿尔赞"国王谷"

2001 年 7—8 月间，英美记者从莫斯科和圣彼得堡相继发布消息，报道了俄联邦图瓦共和国首都克孜尔附近的重大考古发现。一个由德国和俄国考古学家组成的联合考古队，在克孜尔西北阿尔赞附近山谷发现了距今2700 多年的古代游牧人王陵，从中发掘出数以千计的金器、铁器、青铜器以及古代纺织品。单是黄金艺术品，就多达 4700 多件，世界考古学界为之震惊。[4]

这座古墓靠近俄蒙边境，由此往南，翻越燕然山（今蒙古中部的杭爱山）和阴山（今内蒙古大青山），可达黄河流域。举世闻名的万里长城，就是为防御这些游牧人南下黄河流域而建造的。阿尔赞附近的山谷分布着许多欧亚草原年代最早、规模最大的游牧人陵墓。20 世纪 70 年代初，格里亚兹诺夫（M. P. Griaznov）领导的苏联考古队在这个山谷发现一座巨大的游牧人王陵，今称"阿尔赞 1 号墓"。这个庞然大物直径长达 120 米，墓室用原木构筑，内有 70 个呈放射状排列的墓室，部落酋长及家人埋在中央墓室，其他墓室

3-7

阿尔赞 2 号墓发掘现场

随葬从属部落酋长的贡物或友好邻邦的各类赠物。据统计,墓中一共随葬了160多匹马,另外还有300多匹马在葬礼宴席上被吃掉,仅将马骨架随葬墓中。根据墓中随葬的黄金艺术品、鹤嘴锄、马镳和青铜锾残片等文物,年代约在公元前8世纪。

阿尔赞1号墓规模之大,远远超过阿尔泰山的古代游牧人王陵——巴泽雷克冻土墓。由于早年被盗劫,墓中没留下什么文化遗物。否则,我们很难想象如此巨大的陵墓会出多少重要文物。为此,俄联邦文化部文化与自然遗产科学研究所圣彼得堡分所与柏林的德意志考古研究所欧亚考古部拟定了一项国际合作计划,联手发掘"国王谷",旨在寻找未遭盗劫的游牧人王陵。阿尔赞新发现的巨石冢就属于德俄学者合作发掘"国王谷"计划之一,编为"阿尔赞2号墓"。发掘工作由俄国考古学家楚古诺夫(K. V. Chugunov)主持,德国方面则派考古学家帕金格尔(H. Parzinger)、马格勒(A. Magler)博士参与合作发掘。

阿尔赞2号墓位于图瓦共和国北境西萨颜岭支脉土兰诺—乌尤克盆地,这里有大片草原,分布着许多庞大的古代陵墓,当地人俗称"国王谷"。

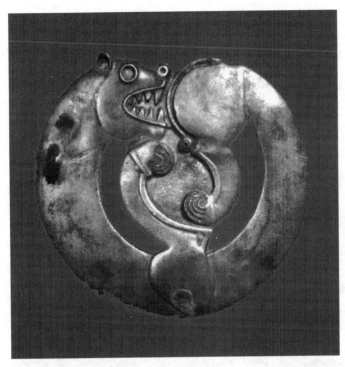

1916 年,俄国学者阿德里诺夫(A. V. Adrianov)曾到"国王谷"发掘过古墓。"国王谷"大部分陵墓早就被盗劫一空,值得庆幸的是,阿尔赞 2 号墓从未遭遇盗劫。

据报道,这座陵墓的地面坟丘高约 2 米,直径约 80 米;其下为竖穴土坑墓,平面呈正方形,墓室内用原木构筑木椁,椁内有男女古尸各一具;皆为屈肢葬,头向西北,属于乌尤克文化(Uyuk Culture)时期图瓦流行的典型墓葬。随葬品相当丰富,各类黄金艺术品就达 5700 余件,表明墓主人生前的身份即便不是国王,也属于大贵族阶层。由于年代久远,墓主人的服装早已朽烂,但是上面布满各种猫科食肉动物纹的小金饰,根据它们的原始位置,完全可以复原墓主人生前穿服装样式。

随葬品散落在木椁内各个角落里。男主人的头冠全是金马、金鹿、金雪豹等动物纹饰件。女主人的穿戴更是"珠光宝气",头巾上插了一个金鹿簪,这种簪具有典型的斯基泰艺术风格;脖子和胸部有金耳环、黄金坠饰、黄金珠饰、绿松石、红色玉髓、琥珀等无数珍宝。男主人的脖子上套着象征权力的黄金大项圈，和其他黄金艺术品一样，这个项圈上有鹿、野猪、骆驼、雪豹、狼等各种动物纹，内容之丰富，堪称中亚游牧人的"动物百科全书"。男主人的裤子上全是金光闪闪的小金珠，靴子也布满了小金片，尸体上方还放着一面青铜镜。女主人身边是一个镶嵌金花的皮囊，里面放着谷物，附近还发现了一个木勺和一个青铜和宝石制作的熏香炉。男主人身边放着武器，如短剑、弓箭和战斧等。

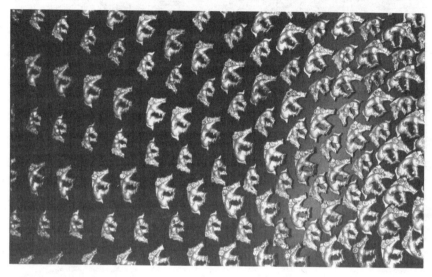

3-9
阿尔赞2号墓出土黄金艺术品

　　墓中出土兵器皆为铁制品。一般来说，最好的材料往往首先用来制造武器。墓主人广泛用铁造兵器，说明铁在当时比黄金更为名贵。铁器传入黄河流域可能不早于春秋初期（前8世纪中），在甘肃永昌沙井文化遗址发现了铁铧犁，属于春秋早中期。这种农具在中国使用了2000多年。铁器最初是锻造的，中国最早发明了铸铁技术。尽管冶铁技术是从中亚传入中国的，但是西汉时期中国冶铁技术已经超过西域（参见《汉书·西域传》）。

　　这些铁兵器如短剑、匕首、战斧乃至箭头等都镶嵌着黄金，一共发现44磅（约20公斤）黄金艺术品，说明墓主人同时还是一个狂热的拜金主义者。

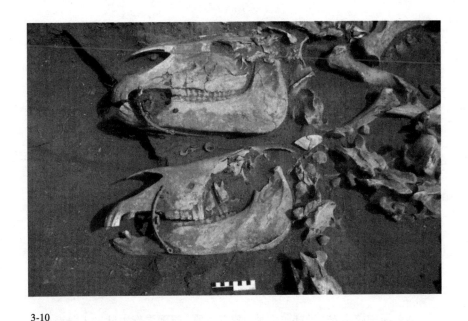

3-10

阿尔赞2号墓随葬战马遗骸

阿尔赞2号墓属于乌尤克文化早期文化,比阿尔赞1号墓年代稍晚,约在公元前7世纪,相当于中国春秋时期。

乌尤克人终生与战马相伴,死后往往在墓中殉马,而贵族大墓殉马更是数以百计。由于图瓦当地没有像样的博物馆,这些重要发现都被运到圣彼得堡埃米塔什博物馆保存和研究。据说俄联邦正计划在图瓦建造大博物馆,以便将来把这些珍贵文物运回图瓦保存和展览。

考古发现表明,青铜时代的中亚草原经历了三个主要发展阶段,分述于下:

第一阶段(前2200—前1900):克尔木齐文化在阿尔泰山南麓兴起,与此同时,阿凡纳羡沃文化在南西伯利亚米努辛斯克盆地出现,二者皆为原始印欧人文化。

第二阶段(前1800—前1700):以奥库涅夫文化为代表的阿尔泰部落和以四坝文化为代表的羌人部落,在南西伯利亚和河西走廊同时兴起,有力地遏止了印欧人东进的步伐。

第三阶段（前1600—前900）：安德罗诺沃文化和卡拉苏克文化相继兴起，重新恢复了印欧人在中亚草原的统治，并与黄河流域的商周文化频繁交流。安德罗诺沃文化与郑州二里岗早商文化大致相当，而卡拉苏克文化与安阳殷墟晚商文化和周原的周文化相始终。卡拉苏克人擅长车战，商代的鬼方、西周的犬戎皆为驾马御车部落，和卡拉苏克人密切相关。甘肃灵台白草坡西周墓有浓郁的北方草原文化特征，出有卡拉苏克晚期青铜器，或许包括融入周文化的卡拉苏克人。

公元前8—前7世纪，中亚各地陆续进入早期铁器时代。卡拉苏克人退出历史舞台，而阿尔赞游牧人在萨颜—阿尔泰山崛起，阿尔赞王陵就是这支游牧人留下的遗物。

第四节 巴泽雷克的斯基泰王陵

从黄河中游出发，经鄂尔多斯、蒙古草原，越阿尔泰山脉进入哈萨克草原；再经里海北岸、黑海北岸可达多瑙河流域。这条横贯欧亚北陆的东西孔道是古代游牧民族开拓、发展起来的。世界史上几次民族大迁徙浪潮，诸如雅利安人向东方发展、匈奴、嚈哒等突厥系民族向西方迁徙，都发生在这条路上。这条横穿欧亚北方草原的东西孔道在丝绸之路发展史上曾起过极其重要的作用，学界称为"草原之路"。人们对草原之路早期历史的认识完全凭借考古发现。20世纪30年代末至50年代阿尔泰山北麓巴泽雷克冻土墓发现了战国时期的丝绸；20世纪初叶以来又在贝加尔湖沿岸、米努辛斯克盆地的坚昆、丁零墓地和蒙古草原的匈奴墓发现大批汉代丝绸。这些发现表明草原之路是坚昆、丁零、匈奴等阿尔泰语系游牧人和操东伊朗语的塞人联合开拓的。

巴泽雷克位于南西伯利亚阿尔泰山北麓。18世纪初叶这一地区不断出土野兽纹图案的黄金艺术品，形成所谓"西伯利亚宝藏"。1716年，俄国西伯利亚总督加加林公爵献给沙皇彼得大帝西伯利亚宝藏中的一对透雕双龙纹的黄金带具，引起这位沙皇的极大兴趣。于是他下令这位西伯利亚总督收购这批古代黄金艺术品，入藏冬宫（今埃米尔塔什博物馆），所以西伯利亚宝藏

3-11

彼得大帝宝藏

又称"彼得大帝宝藏"。

为寻找"西伯利亚宝藏"出土地点,苏联考古学工作者多次到南西伯利亚进行实地调查,终于在丘雷什曼河及其支流巴什考斯河之间的巴泽雷克谷地发现。原来,这些黄金艺术品出自巴泽雷克的古代游牧人建造的巨大的石冢中,属于广布欧亚草原所谓"Kurgan Culture"(库尔干文化)。巴泽雷克古墓的黄金艺术品早被盗掘一空,但是从西伯利亚宝藏中可以了解巴泽雷克古代游牧人的黄金艺术品的创作情况。其中著名的精品有带翼怪兽噬马纹金带具、带翼双羊金手镯、透雕圆形金盒以及透雕双龙纹金带具。[5]

1929—1950 年,苏联考古学家拉德洛夫(W. W. Radlov)、格里亚兹诺夫(M. P. Gryaznov)、鲁金科(S. I. Rudenko)和吉谢列夫(S. V. Kiselev)先后主持了巴泽雷克墓地的考古发掘,一共揭开 6 座大墓。这些古墓由南至北一线排列,说明它们属于同一王族。其中 1 号墓最大,直径 47 米,高 2.2 米,而建墓用的石块多达 1800 立方米;5 号墓直径 42 米,高 4 米;方形墓坑,中埋

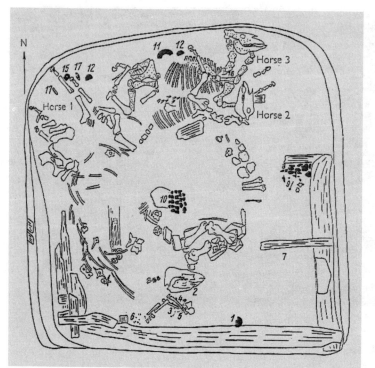

　　木棺椁，墓上积石以筑冢。巴泽雷克地处永久冻土地带，随葬品保存非常
好。但是墓中所有黄金制品全被盗墓者洗劫一空，这从许多文物残流包金
痕迹可以清楚地看到。[6]

　　巴泽雷克墓地的发现，揭开了长期不解的印度和中亚黄金产地之谜，人
们终于知道印度河古文明和阿姆河宝藏中黄金艺术品的原料来自阿尔泰山
区。大夏不产黄金，西伯利亚宝藏中一些黄金艺术品显然在大夏加工后运
回巴泽雷克。盗墓者只取黄金制品，因而留下了极其有意义，能反映阿尔泰
地区古代游牧民族上层社会生活的大量用品，包括西亚、中亚各类毛织物、
战国丝绸以及反映草原艺术和东西文化交流的木雕。

　　20世纪80年代库巴列夫(V. D. Kubalev)进一步调查了巴泽雷克的平
民小墓，为了解阿尔泰山区古文化的全貌提供了新材料。发掘者鲁金科起
初认为，这批古墓的年代大约在公元前5—前4世纪，也有学者认为属于公
元前3—前1世纪。

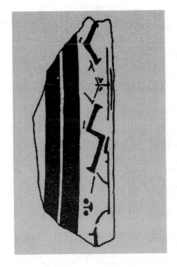

3-13

巴泽雷克出土秦代漆器残片与湖北江陵出土秦代漆盘

1. 战国楚镜,公元前4—前3世纪　　2. 巴泽雷克出土四山纹镜

3-14

巴泽雷克出土战国铜镜与战国楚镜

3-15
巴泽雷克出土马鞍垫局部

巴泽雷克墓中随葬品表明,阿尔泰山区与外界的交往相当频繁。其中一座墓出土了中国漆器残片,原来可能属于一个秦代漆盘。由此可见,早在先秦时期,中国漆器就传入欧亚大陆东部草原。

巴泽雷克6号墓所出"四山纹"铜镜的年代大约在战国中期,也就是公元前3世纪。据碳14年代测定,5号墓的年代是公元前290年;2号墓是公元前400年。由此可知,巴泽雷克文化的年代在公元前5—前2世纪左右。

6号墓出土的"四山纹"铜镜,大多出土于战国中晚期楚国遗址。例如,《湖南出土铜镜图录》著录的54长仰M25四山纹镜就和巴泽雷克6号墓的铜镜类型十分接近。

巴泽雷克所出文物反映了公元前4—前3世纪左右东西方文化交流的大致情况。波斯文化、中国文化和本地斯基泰草原艺术在阿尔泰山区交相辉映。

巴泽雷克文物所见大量的有翼狮身人面像和狮身鹰头怪兽像与阿姆河宝藏中同类的大夏艺术有关,而后者渊源于古波斯文化中的有翼动物。那些鹿纹和野兽纹则是斯基泰草原艺术的代表作。

注 释

〔1〕 马克西缅科夫(G. A. Maksimenkov)著,林沄译:《关于米努辛斯克青铜时代分期问题的现状》,中国社会科学院考古研究所编:《考古学参考资料》6,北京:文

物出版社，1983 年，页 81—103（原载《西伯利亚原始时代考古》，列宁格勒，1975 年）。

〔2〕 H. Parzinger, "Sejma-Turbino und die Anfänge des sibirischen Tierstils," *Eurasia Antiqua*, Bd. 3, 1997, pp. 223-247.

〔3〕 林梅村:《阿尔泰山的大石冢》,《欧亚学刊》第 3 辑,北京:中华书局,2002 年,页 101—115;收入《丝绸之路散记》,北京:人民美术出版社,2005 年。

〔4〕 Mike Edwards, "Seberias Scythians: Masters of Gold," *National Geography*, vol. 2, 2003.

〔5〕 K. Jettmar, *Art of the Steppes*, New York: Crown Publishers, INC, 1964.

〔6〕 S. I. Rudenko, *Frozen Tombs of Siberia*, London: J. M. Dent and Sons Ltd, 1970.

第四讲

中国与西域的最初接触

昆山之玉

罽宾的珠玑

蜻蜓眼玻璃珠的东传

隋侯之珠

第一节　昆山之玉

在世界文化史上有这样一个现象：西方重金而中国重玉。黄金和玉石甚至被视为以欧洲为代表的地中海文明和以中国为代表的东亚文明的分野。因此，古玉研究历来受到海内外研究者的高度重视。在中国文明发展史上，每个时代的艺术都有各自时代的代表作，例如，商周青铜器、汉代丝绸和漆器、唐代金银器和宋元瓷器。有一种艺术品却能亘古不变，这就是玉器。纯正的玉石是两种链状硅酸盐单斜晶系辉闪石矿物集合体，可分两类。一类是角闪石族钙角闪石组透闪石—阳起石系列的变种玉石，通称"软玉"（Nephrite）。另一类是辉石族钠辉石组的硬玉，俗称"翡翠"（Jadeite）。翡翠产于缅甸、泰国等东南亚国家，中国不产翡翠。中国古书说的"玉"，多指软玉而言。[1]

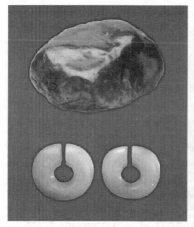

4-1

大英博物馆藏和田玉和翡翠

中国文化的一大特色就是用玉。玉不琢，不成器，早在新石器时代，中国人就学会了雕琢玉器，黄河和长江流域的新石器时代遗址不断出土精美的玉石雕刻。除了用作装饰品外，这种耗时费工的艺术品往往作为财富的象征。商周王公贵族则把玉器作为燎祭先祖的祭品。

中国美玉以"昆山之玉"最为著名，指新疆昆仑山—阿尔金山一带成因特殊，以微晶—隐晶透闪石为主的玉石，主要产于和田河流域。新疆和田古称"于阗"，宋应星说："凡玉入中国，贵重用者尽出于阗（汉时西国号，后代或名别失八里，或统服赤斤蒙古，定名未详）、葱岭……凡玉映月精光而生，故国人沿河取玉者，多于秋间明月夜，望河候视。玉璞堆聚处，其月色倍明亮；凡璞随水流，仍错乱杂石，浅流之中，提出辨认而后知也。白玉河流向东南，绿玉河流向西北……其地有名望野者，河水多聚玉，其俗以女人赤身没水而取者，云阴气相召，则玉留不逝，易于捞取。此或夷人之愚也。"[2]

和田玉按颜色分为羊脂玉、白玉、青白玉、青玉、碧玉、黄玉、墨玉，凡七大类。《新五代史·四夷附录》说于阗"东曰白玉河，西曰绿玉河，又西曰乌玉河，三河皆有玉而色异。每岁秋水涸，国王捞玉于河，然后国人得捞玉"。白玉河今称"玉龙喀什河"，绿玉河今称"喀拉喀什河"。两河自南向北流，在麻扎塔格山以南汇流为和田河。乌玉河在和田西部，今称"墨玉河"。白玉河

4-2

和田女采玉图（选自宋应星《天工开物》）

出产的白玉品质优良，又分普通白玉和籽玉两类；籽玉洁白如羊脂，俗称"羊脂玉"，是品质最优的和田玉。

中亚帖木儿帝国开国君主帖木儿的棺材就是用一整块和田出产的墨玉制作而成。[3]1941年6月22日，苏联考古学家发掘了帖木儿陵墓。就在发掘帖木儿墓的同一天，德军发动了入侵苏联的战争。

1976年，殷墟发现商王武丁（前13世纪）嫔妃妇好墓，从中发掘出750多件玉石雕刻，雕琢之美，种类之多，令人叹为观止。经鉴定，这批商代古玉中有相当一部分是和田出产的籽玉，也就是"昆山之玉"。[4]1989年发掘的江西新干大洋洲商代墓，出土150余件各类玉器以及近千件小玉珠、玉管、小玉片等，经初步鉴定，许多采用新疆出产的和田玉。大量和田玉器在商代帝王墓出现，预示了以和田玉为主流的玉器工艺美术新时代的到来。[5]另一方面，商代青铜器也在和田与安阳殷墟之间的古遗址中有所发现。殷墟妇好

4-3

帖木儿大帝的墨玉石棺，1405 年

墓出土的鹿首刀，就和新疆哈密南湾文化鹿首刀的造型几乎完全相同。塔里木盆地的尼雅北方青铜文化、新塔拉文化以及哈密盆地天山北路文化的空首铜斧，又与中原流行的空首铜斧大同小异，显然不是偶然的巧合。

　　关于先秦时代昆仑山的方位，《山海经·海内东经》说："国在流沙中者，墩端、玺唤，在昆仑墟东南。"又说："西胡白玉山在大夏东，苍梧在白玉山西南，皆在流沙西，昆仑墟东南。"故知先秦时代"昆山"或"昆仑山"指汉代"祁连山"，今天新疆哈密北部的天山。追求不死之药的先秦方士认为服食金玉和无机盐可使人长生不死。[6]这种观念由来已久。楚国诗人屈原《九章·涉江》说："登昆仑兮食玉英，与天地兮同寿，与日月兮同光。"东晋葛洪援引古代《玉经》说："服金者寿如金，服玉者寿如玉。"又说："玉亦仙药，但难得耳……当得璞玉，乃可用也，得于阗玉尤善"。[7]因此，昆仑山在中国方士心目中变得十分神秘，不仅是不死之药的著名产地，而且成为中国神话传说的两大中心之一。昆仑山是北方草原游牧人——月氏人的原始故乡，他们是西域

4-4

新疆出土殷商青铜器

霸主,控制了和田至中原的东西交通路线。[8]

比较明确地讲西域交通路线的先秦文献是《战国策·赵策》。该书有一封纵横家苏秦替齐王写给赵王的书信。信中说:假如秦兵占领了勾注山,切断恒山(今山西北部)一线,则昆山之玉不复为赵王所有。这样,代马、胡犬和昆山之玉三种西域宝物,就到不了赵国了。赵国北境在雁门关,坐落于山西北部北岳恒山之中,当时是鄂尔多斯草原进入中原的门户,也是古代中原农业区与草原游牧区的分界线。从妇好墓出土和田玉雕看,这条路恐怕在公元前13世纪就开通了。那么,我们可以复原一条从新疆和田到安阳殷墟,为贩运"昆山之玉"而开辟的东西交通路线。

为了满足王公贵族对和田玉石的贪欲,上千上万的采玉者翻山越岭,穿越戈壁沙漠,到昆仑山采玉。由于路途遥远,充满艰难险阻,这些采玉者十之八九客死他乡。先秦思想家尸子对此慨然叹道:"玉者,色不如雪,泽不如雨,润不如膏,光不如烛。取玉甚难。越三江五湖,至昆仑之山,千人往,百人反(返),百人往,十人至。中国覆十万之师,解三千之围。"[9]

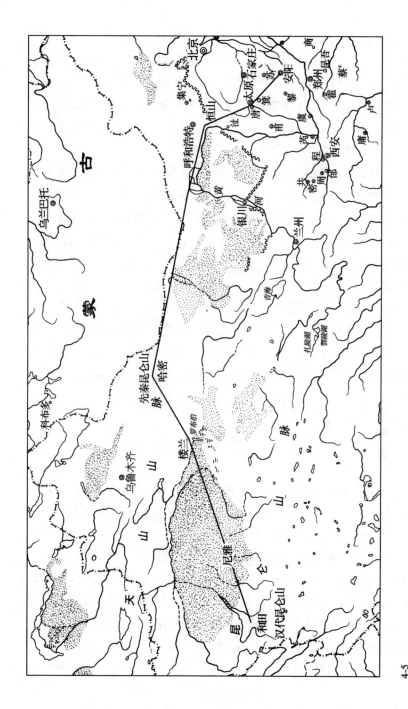

4-5

先秦时代"昆山之玉"贸易易路线,公元前13—前4世纪

公元前128年,张骞从西域返回长安,途经塔里木盆地南缘,终于查明和田玉的真实产地。据张骞考察,"于阗之西,则水皆西流,注西海;其水东流,注盐泽。盐泽潜行地下,其南则河源出焉。多玉石,河注中国。"[10]张骞认为黄河源头就在于阗,于是根据《禹本纪》等先秦文献把于阗河发源的深山定名为昆仑山,《史记·大宛列传》说:"汉使穷河源,河源出于阗,其山多玉石,采来,天子案古图书,名河所出山曰昆仑云。"

和田玉原产地的发现,为汉代艺术家提供了最好的原材料。新石器时代以来兴起的中国玉器加工艺术,在汉代进入鼎盛时期。汉元帝渭陵祭祀坑出土的一批和田羊脂玉雕琢的皇家玉器,堪称汉代玉器的代表作。正如夏鼐先生评述的,"汉代在中国玉器史上,是一个结束了殷商以来传统的过渡阶段,而在其后的各朝代,就是玉器史上的一个新时代了"。他还写过一本专著讨论汉代玉器,可见汉代玉器在中国考古史上的重要地位。[11]

东汉末年,两京爆发"董卓之乱",许多技艺精湛的皇家玉匠死于战乱,因而沉重打击了中国传统玉石加工业。陕西何家村金银器窖藏中有许多唐代羊脂玉雕,但工艺相当粗糙。同样是皇家宝藏,与汉元帝渭陵祭祀坑出土羊脂玉雕不可同日而语。美国大都会艺术博物馆亚洲部主任屈志仁甚至认为,汉代玉石加工艺术一直到明永乐年间才得以恢复。[12]

第二节　罽宾的珠玑

罽宾是汉代文献对北印度犍陀罗地区的称谓,位于印度河西部,以巴基斯坦的白沙瓦为中心,属于古印度十六大国之一。《汉书·西域传》记载:"罽宾国,王治循鲜城(今巴基斯坦北部塔克西拉),去长安万二千二百里。不属都护。户口胜兵多,大国也。东北至都护治所(新疆轮台)六千八百四十里,东至乌秅国(今巴基斯坦的洪扎河谷)二千二百五十里,东北至难兜国九日行,西北与大月氏(今阿富汗西北)、西南与乌弋山离(今阿富汗西境法拉)接。"故知罽宾以阿富汗喀尔布尔河中下游及其各支流河谷平原为中心,包括迦毕试、犍陀罗、呾叉始罗、乌苌等地。在西方史料中,通称"犍陀罗"地区。关于罽宾的物产,《汉书·西域传》说"出封牛、水牛、象、大狗、沐猴、孔爵、珠玑、珊瑚、虎魄、壁流离。它畜与诸国同。"罽宾出产的"珠玑",是一种经人工加工处理的红色小石髓珠(Carnelian bead),今称"蚀花肉红石髓珠"。

这种工艺起源于古老的印度河文明,它的矿物成分与玛瑙相近,属于玉髓类。它与玛瑙的主要区别在于花纹经过化学处理着色,而玛瑙花纹完全是天然形成的。据英国学者麦凯研究,蚀花肉红石髓珠源于印度哈拉帕文化(前2600—前1500),后来传入美索不达米亚。它们有着同一来源,因为两地的蚀花方法和珠形基本相同,有的甚至连花纹也一样。这种经人工处理的小石髓珠,向西最远分布到罗马时代的埃及,向北最远分布到伊朗西部的泰培希萨。英国考古学家马歇尔在印度河附近发掘昌胡达罗遗址时,发现过制作蚀花石髓珠的古作坊,尤其以巴基斯坦塔克西拉发现的蚀花石髓最多,近代巴基斯坦仍有工匠能够制造这种人造宝石珠。

20世纪初,英国考古学家斯坦因在新疆和田发现了几颗古代石珠,上面有白色花纹。正如夏鼐指出的,制作这种石珠的原料是肉红石髓(Carnelian),上面花纹经过一种特殊的化学腐蚀、加热处理后形成,可称"蚀花肉红石髓珠"。这种人造宝石的早期花纹以圆圈纹为主要特征,云南李家

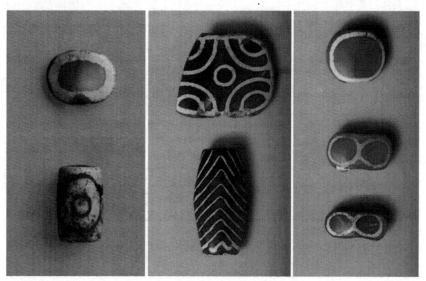

4-6

印度河流域出土肉红蚀花石髓珠,公元前2600—前1900年

山春秋晚期墓发现的就属于此类;中期以十字纹或平行直线纹为特征,斯坦因在和田发现的肉红蚀花石髓珠采用后一种纹样。

据伦敦大学艺术史系韦陀(R. Whitefield)教授研究,斯坦因收集品的年代大约在公元前1世纪至公元4世纪。不同时代的肉红蚀花石髓珠采用不同花纹,可以进行断代研究。中亚锡尔河斯基泰古墓、新疆群巴克8号墓、新疆大龙口5号墓出土蚀花石髓珠采用圆圈纹,年代在公元前7—前6世纪。费尔干纳盆地斯基泰墓、新疆伊犁穷科克古墓的肉红蚀花石髓采用网格和横线纹样,与古波斯蜻蜓眼玻璃珠共出,时代约在公元前5—前3世纪。阿富汗大月氏王陵、新疆和田和阿克苏包孜东西汉晚期墓随葬肉红蚀花石髓珠,年代在公元1世纪;如下表所示。

中亚和中国出土肉红蚀花石髓统计表[13]

出土地点	类型	年代	资料出处
中亚维加罗克古墓	圆圈纹	公元前7—前6世纪	Kimball 1995
新疆吉木萨尔大龙口5号墓	圆圈纹	公元前7—前6世纪	郭物 2005
轮台群巴克8号墓	圆圈纹	公元前7—前6世纪	郭物 2005
云南江川县李家山24号春秋晚期墓	圆圈纹	公元前5世纪	云南省博物馆 1975
费尔干纳盆地斯基泰墓	水波纹、圆圈十字纹	公元前5—前3世纪	Kimball 1955
新疆伊犁穷科克墓	平行直线纹	公元前5—前3世纪	郭物 2005
四川巴县冬笋坝战国船棺	平行直线纹	公元前4世纪	夏鼐 1979
四川重庆市区西汉中期墓	平行直线纹	公元前2世纪	夏鼐 1979
石寨山13号西汉墓	平行直线纹	公元前2世纪	夏鼐 1979
广州西汉后期墓	平行直线纹	公元前1世纪	夏鼐 1979
阿富汗西北大月氏王墓	网格纹、平行直线纹	公元1世纪	Sarianid 1985
新疆阿克苏包孜东汉墓	网格纹、平行直线纹	公元1世纪	岳峰 1999
新疆和田	方框十字纹、网格纹	公元前1世纪—公元4世纪	Whitefield 1982—1985
新疆沙雅	方框十字纹	公元前1世纪—公元4世纪	Whitefield 1982—1985

肉红蚀花石髓珠在云南战国至西汉墓中时有发现。例如,20世纪70年代初,云南江川李家山24号墓中发现了蚀花肉红石髓珠和浅绿色透明六棱柱状玻璃珠,这座墓的碳14测定年代为距今2500±105年,相当于战国早期。在云南石寨山西汉13号墓还发现一条红玛瑙项链,其中几颗是肉红蚀

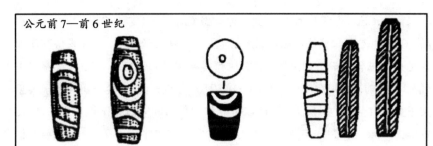

公元前 7—前 6 世纪

1. 锡尔河流域斯基泰墓出土　　2. 新疆群巴克 8 号墓出土　　3. 新疆大龙口 5 号墓出土

公元前 5—前 3 世纪

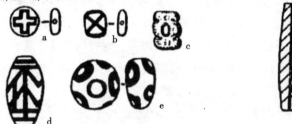

a　b　c　d　e

1. 费尔干纳斯基泰墓出土蚀花石髓珠　　　　2. 穷科克 13A 号墓出土蚀花石髓珠

4-7

西域出土肉红蚀花石髓珠

花石髓珠,年代公元前 175—前 118 年。

　　据史书记载,早在张骞通西域前,云南和四川就与印度有贸易往来。《史记·西南夷列传》说:"元狩元年(前 122),博望侯张骞使大夏来,言居大夏时,见蜀布、邛竹杖。使问所从来,曰:'从东南身毒国可数千里,得蜀贾人市。或闻邛西可二千里有身毒国。'骞因盛言大夏在汉西南,慕中国,患匈奴隔其道;诚通蜀,身毒道便近,有利无害。"

　　在印度古籍中,"中国"一词始见于《政事论》(Arthaśāstra)和《摩奴法典》(Manuśmrti)。《摩奴法典》成书于公元前 2 世纪至公元 2 世纪之间,而《政事论》成书年代颇有争议。一种意见认为,《政事论》是印度孔雀王朝月护王(Candragupta,前 321—前 297)的侍臣侨胝厘耶(Kauṭilṛya)的作品。据印度古史传说,侨胝厘耶帮助月护王结束了希腊人在北印度的统治。这本书不仅把中国称为 Cina（支那），而且提到一种叫做 Cinapatta（支那帕特）的中国纺织品。在印度俗语和梵语文献中，该词通常用来表示"丝绸"。[14]如果侨胝厘耶真是孔雀王朝月护王的侍臣，那么他和秦惠文王（前337—前311）、秦武王（前310—前307）、秦昭王（前306—前250）为同时代人。秦将司马错于秦惠文王更元九年（前316）灭蜀。所以劳菲尔和伯希和等西方汉学家主张，印度古籍的 Cina（支那）来自汉语"秦"字。罗马人或称中国为 Thin，现代英语作China，皆源于印度人对中国的古称。[15]

先秦时代中国丝绸生产中心在中原和楚国，闻名遐迩的蜀锦是汉代以后的产物。张骞在大夏只见到"蜀布"和"邛竹杖"，都是从印度辗转贩运到中亚的。此前，中亚与中国之间的贸易往来不十分发达，所以张骞见到中亚诸国，"其地无漆、丝"。[16]中国与印度之间有一定民间贸易往来，中国丝绸从中印缅之路贩运到了时称"身毒"的印度，并被印度古籍《政事论》记录在

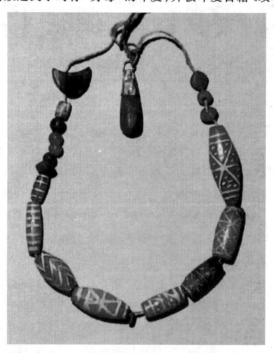

4-8

新疆出土肉红蚀花石髓珠项链，公元2世纪

案。云南、四川春秋战国墓出土肉红蚀花石髓珠，则以实物资料证明中国与印度或中亚大夏之间的民间贸易，在印度孔雀王朝时代业已开始。

第三节　蜻蜓眼玻璃珠的东传

公元前 519 年，波斯王大流士一世远征锡尔河，讨伐中亚草原游牧人——尖帽斯基泰部落。古波斯阿契美尼德王朝（Achaemenid）贝希斯敦铭文第五栏对此有明确记载。波斯军队大获全胜，斯基泰酋长斯昆哈（Skunxa）为首的九个斯基泰战俘被带到波斯王宫献俘。这九个斯基泰战俘还被雕刻在摩崖上，斯基泰人从此称臣于波斯。

公元前 519—前 329 年，犍陀罗、大夏以及锡尔河畔的斯基泰部落在波斯帝国统治之下。波斯军队的主要武器是斯基泰的蛇形弓，在波斯对外战争中，斯基泰骑兵发挥了突出作用，并与波斯、米底和大夏士兵并肩作战，构成了古波斯军队的核心。[17] 同时，波斯人还通过斯基泰商人开始与中国交

4-9

向波斯王献俘的贝希斯敦浮雕

4-10

伊朗北部波斯古墓出土蜻蜓眼玻璃珠项链,公元前5世纪初

4-11

曾侯乙墓出土西方蜻蜓眼玻璃珠,公元前4世纪

往。这段鲜为人知的历史,被中亚各地以及黄河和长江流域出土西亚生产的蜻蜓眼玻璃珠所揭示。

蜻蜓眼玻璃珠是埃及的一大发明,最早的标本为埃及公元前1400—前1350年的玻璃珠项链。这项技术后来为腓尼基人和波斯人掌握,地中海东岸和伊朗西部的吉兰发现了许多蜻蜓眼玻璃珠,年代在公元前5—前3世纪。从类型看,中国出土西方蜻蜓眼玻璃珠主要为腓尼基和伊朗吉兰两地的产品。日本东京大学东洋文化研究所西亚考古队,在伊朗北部加勒库提(Ghalekuti)墓地发掘了一批古波斯时代的墓葬,其中5号墓随葬了一条完整的蜻蜓眼玻璃珠项链,时代大约在公元前5世纪初。[18]

百年之后,西方风格的蜻蜓眼玻璃珠开始在中国战国时期的古墓中出现。1978年,曾侯乙墓在湖北省随县擂鼓墩发现。值得注意的是,墓中随葬了许多西方生产的玻璃珠串,其中一串为典型的蜻蜓眼玻璃珠,呈大小不等扁圆体,以浅蓝色或绿色为基色,表面饰以数个白色、浅蓝色的类同心套环,心部位略高于四周,呈凸起状。这串玻璃珠采用缠丝法制胎,再分别蘸取白料和浅蓝色料,呈环状点于珠胎上,在两者未完全凝结时黏接而成。[19]

据统计,西域和中国蜻蜓眼玻璃珠出土地点自西而东为:费尔干纳盆地

4-12

曾侯乙墓出土玻璃珠（上）与埃及玻璃珠（下）比较

的斯基泰古墓——新疆轮台穷巴克古墓——山西长子牛家坡——山西太原赵卿墓——山西长治分水岭——河南洛阳中州路——河南郑州二里冈——湖北随州曾侯乙墓。每个地点少则一颗，多则17颗（赵卿墓），而曾侯乙墓竟然发现了173颗。[20]根据这些西方玻璃珠的出土地点，完全可以复原一条从古波斯统治中心——波斯波利斯到长江流域楚国的交通路线。

波斯王阿塔薛西斯（前405年在位）有一位希腊籍太医，名叫克泰西亚斯（Ctesias of Cnidus），他在埃兰首府苏萨王宫见过波斯宫廷档案。公元前398—前397年，他回到希腊，并著书立说，写有《旅行记》、《亚洲的贡赋》和《印度记》三部书。在西方史料中，克泰西亚斯最早提到中国。他在《印度记》中说："赛里斯人（Seres）及北印度人，相传身体高大，达十三骨尺云，寿逾三百岁……"[21]赛里斯一词源于粟特语 syg，本义为"大厅"或"宫殿"。[22]义净《梵语千字文》有个地名作"沙咯哦"，注曰："一名洛"。据此，法国汉学家伯希和认为粟特语 syg 当即西方人对洛阳的称谓。[23]

西方玻璃制作技术经历了琉璃、原始玻璃和玻璃（glass）三个发展阶段：早在公元前5000年，两河流域的苏美尔人就把玻璃当作釉面涂料，发明了琉璃器（glazed ceramics），进而制造出原始玻璃（faience）。公元前 2000 年，西方玻璃进入第三个发展阶段。玻璃的主要成分是硅酸盐，如果加入微量的铁元素可使玻璃产生绿松石一样美丽的颜色。玻璃原料——石英石到处都有，但是制造玻璃还需纯碱作为助熔剂。地中海东岸的腓尼基（今黎巴嫩）具备上述造玻璃的一切条件，所以玻璃制造业起源于腓尼基，公元前 2000 年传入埃及。腓尼基玻璃制造技术被埃及人发挥得淋漓尽致，代表作是 18 王朝（前 1584—前 1343）的玻璃制品，品种有玻璃珠、玻璃管、玻璃支架。埃及人后来又发明了透明玻璃。公元前 1000 年末，埃及玻璃几乎占领了整个西亚市场，两河流域古遗址到处可见埃及玻璃。[24]

中国古玻璃与西方玻璃完全不同。中国玻璃是为模仿玉石，采用不透明的铅钡玻璃；而西方玻璃则是模仿青金石或绿松石，采用透明度较高的钙钠玻璃，直到 19 世纪后期，西方才出现含氧化钡的玻璃。[25]中国玻璃经历了原始玻璃和玻璃两个发展阶段：中国最早的玻璃属于含碱钙硅酸盐玻璃，以草木灰中氧化钾为助熔剂，从原始瓷釉演变而来，起源于春秋战国之交（前 800—前 500）。中国第一阶段的古玻璃从原始瓷釉发展而来，与西方费昂斯玻璃外形相似，目前尚不清楚两者是否有文化交流。

西方玻璃早就传入西域，新疆拜城和塔城近年发现一批西方工艺传统的玻璃珠，年代可追溯到西周或春秋时期（前 1100—前 500）。中国科学院上海光学精密机械研究所用质子激发 X 荧光技术和电感耦合等离子体发射光谱，分析了这批玻璃珠的化学成分，它们的成分可分钠钙（Na_2O-CaO-SiO_2）和钠钙钡（Na_2O-CaO-PbO-SiO_2）两个系统，皆属于西方钠钙玻璃。尽管这批古玻璃珠借鉴了中亚或西亚玻璃制造技术，但是可能采用当地原料制作。[26]

中国古玻璃进入第二阶段后，制作工艺与青铜冶炼和炼丹术密切有关，采用氧化铅（红丹为原料）和氧化钾（硝石为原料）为主要助熔剂，玻璃成分为中国特有的铅钡硅酸盐玻璃以及钾硅酸盐玻璃。[27]

西方玻璃传入黄河和长江流域比西域晚得多，最早在春秋末战国初年。例如，河南固始侯古堆春秋末 1 号墓随葬蜻蜓眼玻璃珠，[28]山西长冶分水岭春秋末 270 号墓随葬蜻蜓眼玻璃珠与琉璃管，[29]河南辉县琉璃阁所出吴王夫差剑格上镶嵌的透明度较高的硅酸盐玻璃块，[30]湖北江陵望山一号

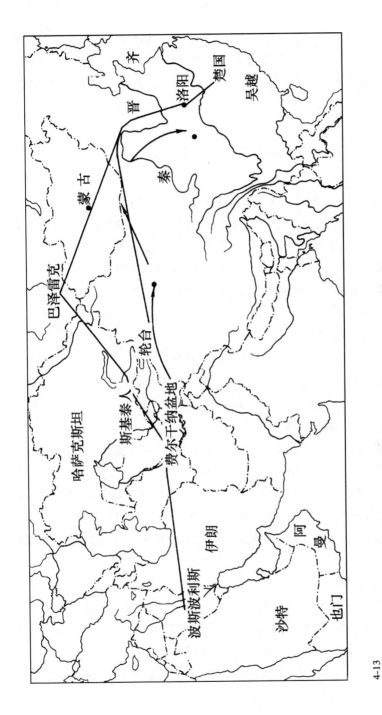

4-13 西方蜻蜓眼玻璃珠东传中国路线图

墓随葬的越王勾践剑格上镶嵌的玻璃块,[31] 云南李家山春秋晚期 22 号墓出土六棱柱形琉璃珠,[32] 湖北随县曾侯乙墓中随葬的战国初蜻蜓眼玻璃珠,[33] 河南辉县固围村战国 1 号墓出土的蜻蜓眼玻璃珠。这些西方玻璃仅随葬于王公贵族墓,说明西方玻璃在当时仍是稀有珍贵之物。

第四节　隋侯之珠

隋侯是西周初年分封在汉水以北及以东地区的诸姬诸侯之一。西周早期建国,一度颇为强盛,史称"汉东之国随为大",战国中后期灭于楚国。在青铜器铭文中,隋国往往称作"曾国"。1978 年湖北随州市郊擂鼓墩发现的曾侯乙墓,就是隋侯之墓。墓主身份和下葬年代十分明确,就在战国初期(前 4 世纪),所出文物被作为战国早期墓葬断代标尺。

随着楚国的崛起,隋国在春秋中期以后逐渐沦为楚国的附庸,但是这个弱小的楚国附庸却非常富有。曾侯乙墓出土文物达 15000 多件,包括举世闻名的曾侯乙墓青铜编钟,而单是墓中出土青铜器的总重量达 10.5 吨。究竟什么原因使隋侯富可敌国?我们以为,显然与"隋侯之珠"密切相关。春秋战国时代中国有六种宝物,俗称"六国之宝",隋侯之珠乃其中之一。先秦诸子常提到"隋侯之珠"。例如,

一、《庄子·让王篇》说:"今且有人于此,以隋侯之珠,弹千仞之雀,世必笑之。是何也? 则其所用者重,而所要者轻也。"

二、《韩非子·解老篇》说:"礼为情貌者也,文为质饰者也。夫君子取情而去貌,好质而恶饰。夫恃貌而论情者,其情恶也;须饰而论质者,其质衰也。何以论之? 和氏之璧,不饰以五采(彩);隋侯之珠,不饰以银黄,其质至美,物不足以饰之。"

三、《墨子》卷十一:"子墨子曰:'和氏之璧,隋侯之珠,三棘六异,此诸侯之所谓良宝也。可以富国家、众人民、治刑政、安社稷乎? 曰:不可。……而和氏之璧、隋侯之珠、三棘六异,不可以利人,是非天下之良宝也。今用义,为政于国家,人民必众,刑政必治,社稷必安。'"

四、《淮南子·览冥训》高注:"隋侯,汉东之国,姬姓诸侯也。隋侯见大

蛇伤断,以药傅之,后蛇于江中衔大珠以报之,因曰隋侯之珠。'"

在中国历史上,隋侯之珠颇负盛名。尽管隋国灭亡多年,秦汉政治家仍引隋侯之珠为例,解释他们的政治观点。例如,李斯《谏逐客书》说:"今陛下致昆山之玉,有随、和之宝,垂明月之珠,服太阿之剑,乘纤离之马,建翠凤之旗,树灵鼍之鼓。此数宝者,秦不生一焉,而陛下说之,何也?"

曾侯乙墓发现后,有学者把墓中随葬的蜻蜓眼玻璃珠当作"隋侯之珠"。据化学成分检测,这些蜻蜓眼玻璃珠皆为西方钠钙玻璃,根本不是中国本土造的,而隋侯之珠应为中国自产玻璃,所以王充《论衡·率性篇》才会说"隋侯以药作珠"。

中国有着和西方完全不同的制作玻璃的工艺体系,在战国时期,以氧化铅(红丹为原料)和氧化钾(硝石为原料)作为主要助熔剂,制造铅钡硅酸盐玻璃和钾硅酸盐玻璃。战国方士采用这个技术,模仿西方蜻蜓眼玻璃珠制作了许多玻璃珠,例如湖南湘乡市牛形山战国楚墓出土蜻蜓眼玻璃珠。除了铅钡玻璃珠外,战国晚期中国还出现一种模仿西方蜻蜓眼玻璃珠制作的琉璃珠(釉陶珠)。在河南郑和二里冈战国晚期墓和山西咸阳市塔儿坡

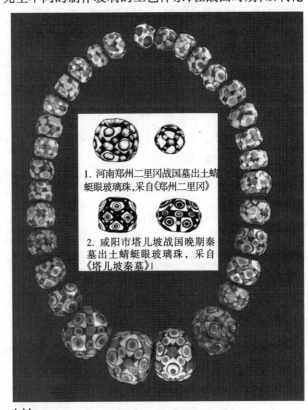

1. 河南郑州二里冈战国墓出土蜻蜓眼玻璃珠,采自《郑州二里冈》

2. 咸阳市塔儿坡战国晚期秦墓出土蜻蜓眼玻璃珠,采自《塔儿坡秦墓》I

4-14

战国时期模仿西方蜻蜓眼玻璃珠制作的陶心釉陶珠

战国晚期秦墓皆有发现。[34]这类蜻蜓眼琉璃珠饰,可能亦属于先秦诸子所谓"隋侯之珠"。

注 释

〔1〕 闻广、荆志淳:《沣西西周玉器地质考古学研究》,《考古学报》1993 年第 2 期,页 251—279。

〔2〕 宋应星:《天工开物·珠玉十八·玉》。

〔3〕 Susan Witefield (ed.), *The Silk Road: Trade, Travel, War and Faith*, London: Serindia Publication Inc., 2004, p. 45 and fig. 3.

〔4〕 中国社会科学院考古所:《殷墟玉器》,北京:文物出版社,1982 年。

〔5〕 赵朝洪:《先秦玉器和玉文化》,《中华文明之光》,北京:北京大学出版社,1999 年,页 150—152。

〔6〕 胡孚琛:《魏晋神仙道教》,北京:人民出版社,1989 年,页 235。

〔7〕 《抱朴子内篇·仙药》。

〔8〕 林梅村:《昆山之玉》,《古道西风——考古新发现所见中外文化交流》,北京:三联书店,2000 年,页 77—84。

〔9〕 《二十二子·尸子下》,上海:上海古籍出版社,1985 年,页 380。

〔10〕 《史记·大宛列传》。

〔11〕 夏鼐:《汉代的玉器——汉代玉器中传统的延续与变化》,《考古学报》1983 年第 4 期,页 137。

〔12〕 承蒙屈先生指教,谨致谢忱。

〔13〕 Kimball1995 = Davids Kimball (ed.) *Nomads of the Eurasian Steppes in the Early Iron Age*, Berkeley: Zinat Press, 1995, p. 219 and p. 237;郭物 2005 = 郭物:《新疆天山地区公元前一千纪的考古学文化研究》,中国社会科学院研究生院博士学位论文,2005 年,页 33 和 156;云南省博物馆:《云南江川李家山古墓发掘报告》,《考古学报》1975 年第 2 期,页 145;夏鼐 1979 = 夏鼐:《考古学和科技史》,北京:科学出版社,1979 年,页 130—134;Sarianid1985 = V. Sarianidi, *The Golden Hoard of Bactria, from the Tellya-tepe Excavations in Northern Afghanistan*, New York: Harry N. Abrams, Inc., Publishers/ Leningrad: Aurora Art Publishers, 1985, p. 244;岳峰 1999 = 岳峰等编:《新疆文物古迹大观》,乌鲁木齐,新疆美术摄影出版社,1999,页 74—75;Whitefield 1982-1985 = R.

Whitefield, *The Art of Central Asia: The Stein Collection in the British Museum*, vol. 3 (Textiles, sculpture and other arts), Tokyo, 1982-1985, pl. 83.

〔14〕 季羡林:《中印文化关系史论文集》,北京:三联书店,1982 年,页 76—78;蒋忠新:《对于〈川滇缅印古道初考〉的一点意见》,《中国社会科学》1981 年第 6 期。

〔15〕 关于这个问题的讨论,参见张星烺:《中西交通史料汇编》第 1 册,北京:中华书局,1973 年,页 450—460。

〔16〕《史记·大宛列传》。

〔17〕 哈尔马特等编,徐文堪等译:《中亚文明史》第 2 卷,北京:中国对外翻译出版公司,2001 年,页 20—23。

〔18〕 松谷敏雄:《ガガレクライ 1 号丘 5 号墓出土の装身具》,奈良:奈良县立美术馆编:《ツルケロードオアッスょ》,奈良:奈良县立美术馆,页 224—225,彩版 103。

〔19〕 谭维四:《曾侯乙墓》,北京:文物出版社,2001 年,页 192—198。

〔20〕 安家瑶:《中国的早期玻璃器皿》,《考古学报》,1984 年第 4 期,页 413—447;关善明:《中国古代玻璃》,香港:香港中文大学文物馆,2001 年,页 17—22。

〔21〕 保罗·佩迪什著,蔡宗夏译:《古代希腊人的地理学》,北京:商务印书馆,1983 年,页 49—51。

〔22〕 粟特人起初用这个词称呼长安,东汉迁洛后改指洛阳,并将长安称作 xwmt'n,并为西方国家广泛采用。例如,叙利亚景教徒在《大秦景教流行中国碑》称洛阳为 Saragh,称长安为 Khumdan。

〔23〕 W. B. Henning, "The date of the Sogdian Ancient Letters," *BSOAS* XII, 1948.

〔24〕 S. Frank, *Glass And Archaeology*, Academic Press, 1982, p. 17.

〔25〕 张福康等:《中国古琉璃的研究》,《硅酸盐学报》第 11 卷第 1 期,1983 年,页 67—76。

〔26〕 新疆文物考古研究所:《新疆拜城县克孜尔吐尔墓地第一次发掘》,《考古》2002 年第 6 期,页 14—28;刘学堂、托呼提:《额敏河流域发掘早期游牧民族墓》,《中国文物报》2002 年 7 月 19 日版。

〔27〕 干福熹主编:《北京国际玻璃学术讨论会论文集》,北京:中国建筑工业出版社,1986 年,页 138—143。

〔28〕 固始侯古堆一号墓发掘组:《河南固始侯古堆一号墓发掘简报》,《文物》1981

年第 1 期,页 1—8。

〔29〕 山西省文物工作委员会晋东南工作组等:《山西省长冶分水岭 267、270 号东周墓》,《考古学报》1974 年第 2 期。

〔30〕 崔墨林:《河南辉县发现吴王夫差铜剑》,《中原文物》,1981 年特刊;崔墨林:《吴王夫差剑的研究》,《文物》1976 年第 11 期。

〔31〕 湖北省文化局文物工作队:《湖北江陵三座楚墓出土大批重要文物》,《文物》1966 年第 5 期,页 33—39。

〔32〕 云南省博物馆:《云南江川李家山古墓群发掘报告》,《考古学报》1975 年第 2 期。

〔33〕 湖北省博物馆:《曾侯乙墓》,北京:文物出版社,1989 年,页 423—425。

〔34〕 关善明:《中国古代玻璃》,香港:香港中文大学文物馆,2001 年,页 160—161 和页 168—171。

第五讲

中亚的希腊化时代

亚历山大东征

中亚的希腊化城邦

希腊艺术的东传

巩乃斯河畔的斯基泰神庙

第一节　亚历山大东征

公元前 338 年，生活在希腊文明边缘的马其顿人终于征服希腊所有城邦，但是马其顿国王菲力普二世却在自己的宫殿里被人谋杀。20 岁的王子继承了王位，新王就是世界古代史上极负盛名的亚历山大大帝（Alexander the Great，前 336—前 323）。菲力普虽说是马其顿人，但是他崇尚希腊文化，不仅把哲学家亚里士多德请到王宫教他的儿子，还请来希腊最好的艺术家装修他的陵墓。他的梦想不仅是做全希腊的统治者，而且还要征服东方。

为了实现先父的梦想，亚历山大戎马一生，在位 13 年间，转战埃及、波斯、中亚乃至印度河上游，建立了世界历史上第一个横跨欧、亚、非三大洲的庞大帝国。在罗马古城庞培（Pompei）发现过一幅公元前 2 世纪晚期马赛克地板画，现藏意大利那不勒斯博物馆（Museo Nazionale, Naples）。据说根据

5-1

伊苏斯河之役,公元前2世纪

公元前3世纪的作品复制,表现公元前333年亚历山大在伊苏斯河(Issus River)大战波斯王大流士,生动再现了2400年前希波战争的壮观场面。

希腊远征军到印度后,因厌战而哗变,拒绝继续前进。亚历山大不得不班师返回巴比伦。公元前323年,亚历山大因患疟疾死在巴比伦,时年32岁,横跨欧、亚、非三洲的庞大帝国亦随之瓦解。公元前305年,亚历山大派驻埃及的部将托勒密(Ptolemy)与派驻两河流域的部将塞琉古(Seliucus)自立为王,希腊本土则在安提帕特之子卡山德控制下,基本奠定了希腊世界三分天下的格局。

第二节 中亚的希腊化城邦

尽管亚历山大征服世界的霸业未成,但是希腊远征军把古典艺术和希腊文化传入东方。希腊人有个特点,每征服一个地方就修筑一个城池,好像不住在石头城堡里他们就觉得不安全;然后希腊人在城内兴建体育场、希腊神庙、希腊式住宅和浴室等等,以解思乡之愁。

希腊人在中亚修建了许多城市,通称"亚历山大城"(Alexandria)。中国

5-2 阿伊哈奴姆宫殿遗址

1. 多利克式(Doric)

2. 柯林斯式(Corinthal)

3. 爱奥尼亚式(Ionic)

5-3 希腊艺术的三种柱头

古书有许多古译名,诸如犁靬、乌弋山离、蓝氏城等。据文献记载,东方各地以亚历山大命名的城市有70多座,目前已发现40余座。据法国考古团60年代调查,亚洲最靠东部的亚历山大城,一直建到阿富汗昆都士城东北的阿伊哈奴姆。

阿伊哈奴姆位于喷赤河与科克恰河汇流处,地当军事要冲。以伯尔纳为首的法国考古团在此进行了持续15年的发掘,逐渐揭开了这座古城的全貌。阿伊哈奴姆古城和城内建筑具有典型的希腊艺术风格,例如,垒砌石块用金属铜钉联结并浇灌熔化的铅水加固;建筑布局往往以一连串房间或柱廊环绕一个中央庭院;立柱装饰有古典式三种柱头(多利克、爱奥尼亚、柯林斯);寓所的浴室用卵石铺成古典艺术风格的马赛克地板等。

一条大街纵贯全城南北;城中央是宫殿区,面积达九万平方米,内有广场、官署和珍宝库;宫殿区的东、北、南三面分别建有神庙、体育馆和贵族的住宅。大街东侧是剧场和武器库。平民住房建在该城之东的卫城内。不过,城墙用土坯垒砌,这是吸收中亚本地的建筑艺术的特点。

阿伊哈奴姆古城出土文物相当丰富,计有:希腊人物和神像雕刻、雕塑、太阳神阿波罗神像的鎏金银盘、大夏和印度古钱,甚至亚历山大的老师亚里士多德的希腊哲学手稿。希腊人在粟特、大夏和犍陀罗等地定居后,中亚出现了一个希腊化世界。大夏统治阶层的希腊文化艺术与大夏本地传统文化艺术后来相融合,形成所谓"希腊大夏艺术"(Greco-Bactrian Art)。

阿伊哈奴姆古城年代,约在公元前4世纪末至公元前2世纪下半叶,经历了塞琉古王朝和希腊大夏王国两个发展阶段。公元前250年,塞琉古王朝的大夏郡守狄奥多塔斯(Diodotus,前250—前240)宣告独立。除大夏本郡外,大夏割据的土地还有阿姆河以北粟特郡以及阿拉霍西亚郡(Arachosia)的一部分,史称"希腊大夏王国"(Greco-Bactrian Kingdom)。大夏首都监市城(亦作蓝氏城),在阿富汗西北马扎里沙里夫,而阿伊哈奴姆古城只是大夏境内一个普通城邦。

大夏王欧提德姆斯(Euthydemus,前223—前200)和德米特里(Demetrius I,前205—前171)父子在位时期,曾经向四方广拓疆土,北达费尔干纳盆地,汉代文献称"大宛"。其名来自印度人对希腊人的称谓 Yavana

1. 大夏王弥兰德一世钱币,公元前150—前125年　　　　2.《那先比丘经》

5-4

《那先比丘经》与大夏钱币上的弥兰德头像

（耶槃那），相当于希腊语 Ionia（爱奥尼亚）。公元前2世纪,德米特里及其将军弥兰德大举南侵,一度深入到印度中部乃至恒河下游。希腊人还在北印度犍陀罗地区建立希腊化王国,史称"印度希腊王国"（Greco-Indian Kingdom）,也即中国史书所谓"罽宾国",公元前1世纪灭于来自中亚北方草原的斯基泰人。

希腊人在犍陀罗地区兴建了许多希腊城市,同时开始对印度佛教发生兴趣。汉译佛经《那先比丘经》（巴利文 Milindapañha）就有罽宾王弥兰德一世（Menander I,前155—前130）向舍竭城比丘问学的故事。文中说:"弥兰父王寿终,弥兰即立为国王。王问左右边臣言:国中道人及人民,谁能与我共难经道者?边臣白王言:有学佛道者,人呼为沙门。其人智慧博达,能与大王共难经道。"[1]

关于希腊人在印度所建城市,《那先比丘经》说:"今在北方大秦国,国名舍竭。古王之宫,其国中外安隐,人民皆善。其城四方,皆复道行。诸城门皆

雕文刻镂。宫中妇女,各有处所。诸街市里,罗列成行。官道广大,列肆成行。象马车步,男女炽盛。乘门、道人、亲戚、工师、细民及诸小国,皆多高明。人民被服,五色焜煌。妇女傅白,皆着珠环。国土高燥,珍宝众多。四方贾客卖买,皆以金钱。五谷丰贱,家有储畜。市边罗卖,诸美羹饭。饥即得食,渴饮蒲萄杂酒,乐不可言。其国王,字弥兰,以正法治国。"[2]

舍竭城在巴基斯坦东北边境的 Sialkot 城,但是尚未进行考古发掘。不过,英国考古学家马歇尔对罽宾首都循鲜城(今巴基斯坦北部塔克西拉)进行过大规模发掘,从中可以了解到希腊建筑艺术在中亚传播的盛况。

塔克西拉的西尔卡普(Sirkap)城是大夏希腊王德米特里(Demetrius,前200—前195)建造的,现存遗迹可分七层,第6—3层属于大夏希腊人统治犍陀罗时代(前189—前90),公元30年毁于大地;第2层现存建筑,属于斯基泰人和帕提亚统治时代。

第三节　希腊艺术的东传

古希腊艺术分为四个发展时期,也即荷马时期(前12—前8世纪),因荷马史诗是当时唯一文字史料而得名；古风时期（前750—前6世纪末），因这个时期雕刻艺术呈古朴稚拙的风格而得名；古典时期（前5世纪下半期—前334），指希波战争结束到亚历山大大帝开始东侵；希腊化时期（前334—前30），指亚历山大东征至罗马灭亡埃及托勒密王朝时代。

1. 古典艺术的马赛克图案

2. 阿克苏出土古典艺术风格的陶碗，公元前2世纪

3. 沙雅出土古典艺术的浪尖纹模制陶碗

5-6

古典艺术的飞马与新疆阿克苏、沙雅出土古典艺术的陶碗和模制陶碗

尽管亚历山大试图把希腊文化推向东方各地，但是文化征服却不像希腊远征军攻城占地那样容易；相反，希腊文化在许多方面被东方文化征服，演变成一种融合大量东方文化因素的希腊艺术。为了和古典艺术相区别，西方艺术史家称之为"希腊化艺术"（Hellenistic Art）。据希腊地理学家斯特拉波（Strabo）记载，大夏王国的希腊人在鼎盛时期，影响力向东最远可达时称"赛里斯"（Seres）的中国以及蒙古草原的匈奴部落（Phryni）。

中亚希腊化时代的艺术品在丝绸之路北道亦有发现。一件为通古斯巴什古城（新和县西南44公里）出土的模制陶碗的内范，口径22厘米、高8厘米，灰褐陶，主要图案为希腊飞马（Pegasus），上下两边装饰有浪尖纹等古典

5-7
榆树老河深出土古典艺术风格的鲜卑飞马铜牌饰

艺术纹饰。[3]另一件为羊达克协海尔古城(新疆沙雅县英买力乡阔什科瑞克村附近)出土的模制陶碗内范,口径 14 厘米、底径 5.5 厘米、高 4.4 厘米,主要图案为忍冬纹,边饰采用古典艺术的浪尖纹。[4]在塔里木盆地,在和田山普拉墓地和楼兰古墓发现过古典艺术的浪尖纹毛织物,皆为汉代之物。而丝绸之路北道发现的两个模制陶碗的内范都有浪尖纹,年代或在公元前 2 世纪至公元 2 世纪。

希腊飞马是古典艺术马赛克和希腊古钱流行图案,在古罗马时代一个希腊石棺内发现过用一个飞马纹青铜牌饰,年代在公元前 1 世纪至公元 1 世纪。公元前 2 世纪,匈奴在蒙古草原崛起后,取代西域昔日霸主大月氏人,控制了塔里木盆地。此后,西域一直在匈奴与中原王朝争夺之中。匈奴部落联盟中的鲜卑部落大概在这个时期接触到西域文明,所以吉林老河深鲜卑墓出土公元前 1 世纪鎏金牌饰上装饰了希腊艺术风格的飞马纹。美国大都会艺术博物馆收藏的两件鲜卑飞马纹鎏金铜牌,也是这个时代的产物。

20 世纪 70 年代,在河北平山发现两座战国年间的中山王墓,随葬品达 1.9 万余件。其中 1 号墓出土青铜列鼎 9 件、编钟 14 件、编磬 13 件以及中

1. 阿姆河宝藏出土有翼狮子，公元前 5—前 3 年

2. 腓尼基玻璃珠

3. 中山王墓出土玻璃珠

4. 中山王墓出土有翼神兽，公元前 4 世纪末

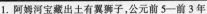

山王陵兆域图铜版、大型山字形铜杆首等青铜器。青铜列鼎中最大的中山王鼎刻铭 469 字，记载了中山王世系以及公元前 316 年中山王参与伐燕的史实。我们感兴趣的是墓中随葬的错银双翼神兽。

尽管中山王下葬年代在希腊化时代，但是这件双翼神兽却带有波斯艺术风格，可能模仿塞琉古时期波斯艺术品而制作。中山王墓中随葬有西亚

河北平山中山王墓出土波斯艺术风格的有翼神兽和玻璃珠

5-8

制作的蜻蜓眼玻璃珠,也说明中国与塞琉古王朝之间确实存在文化交流。

中亚希腊化艺术流行有翼狮子图像,法国考古队在阿富汗贝格拉姆的罽宾王宫遗址发现的象牙雕刻中,就有印度摩羯鱼吞食有翼狮子的象牙雕刻。在希腊艺术影响下,中亚草原的斯基泰艺术也流行有翼狮子图像,他们还把狮子图像传入中国内地。郭璞注《穆天子传》说:"狻猊,师子,亦食虎豹。"《尔雅・释兽》郭璞注对"狻猊"的解释是:"即师子也,出西域"。据英国语言学家贝利(H. W. Bailey)研究,于阗塞人称狮子为 *sarau*。这个词的形容词形式为 *sarvanai*;抽象名词为 *sarauna*。[5]显然,汉语"狻猊"来自塞语表示"狮子"的词 *sarvanai*(形容词)或 sarauna(抽象名词)。至于中文中的"狮子"或"师子"一词,最早出现于汉代,它是吐火罗 A 方言(焉耆语)中表示狮子的词汇 sisäk 之音译。

20 世纪 70 年代,新疆乌鲁木齐南山矿区阿拉沟东口发现四座战国时代的竖穴木椁墓,出土遗物与斯基泰文化相近。在众多随葬品中有两件表现狮子的文物,一件为对狮"高足承兽方盘",在中亚七河流域斯基泰墓中发

2. 新疆昌吉出土希腊化有翼神兽,公元前 4 世纪

1. 贝格拉姆出土有翼狮子,
公元前 2—前 1 世纪

3. 新疆阿拉沟木椁墓出土有翼狮子,
公元前 4—前 3 世纪

5-9

希腊艺术风格的有翼狮子

现过这类艺术品，另一件为狮子纹金箔饰件，采用后蹄翻转形式。[6]这个发现相当重要，为汉语"狻猊"源于斯基泰语的理论提供了重要证据。尽管中原地区尚未发现战国时期的有翼狮子，但是天山东部昌吉地区发现过一件青铜有翼狮子，年代约在公元前3世纪。从纹饰看，这件有翼铜狮相当中国化，很可能是中原工匠制作的艺术品。

第四节　巩乃斯河畔的斯基泰神庙

1983年，伊犁河支流巩乃斯河畔发现一批斯基泰艺术风格的窖藏青铜器，发现者把年代定在公元前5—前3世纪。这批青铜器一共六件，除青铜神像、铜铃和青铜容器外，还有两件大型对兽纹青铜项圈。[7]

这两件青铜项圈的直径皆在50厘米以上，正如研究者指出的，应是斯基泰人绞杀牺牲的刑具。关于斯基泰的牺牲典礼，古典作家希罗多德在《历

1-3. 巩乃斯河畔斯基泰神庙出土有翼神兽青铜项圈，公元前4—前3世纪

4. 巩乃斯河畔斯基泰神庙出土阿瑞斯铜像

5-10

巩乃斯河畔斯基泰神庙的青铜器群

史》（IV-60）中记载：“不管他们举行什么样的祭祀，奉献牺牲的方式都是一样的……在这之后，他便把一个环子套在牺牲的脖子上，环子里插进一个小木棍用来扭紧环子，这样把牺牲绞杀……”至于牺牲的种类，希罗多德又说（IV-61）：“他们用各种畜类作为牺牲，但主要是马……”希罗多德还介绍说，斯基泰人“奉献的方法是这样的。牺牲的两个前肢缚在一起，用后面的两条腿立在那里；主持献纳牺牲的人站在牺牲的背后牵着绳子的一端，以便把牺牲拉倒；牺牲倒下去的时候，他便呼叫他所祭祀的神的名字……”[8]

关于斯基泰人的马祭，希罗多德写道：“如果他们当地有大锅的话，他们便把肉放到里面去，这个大锅和列斯波司人的混酒钵十分相似，就是前者要比后者大得多。”斯基泰人煮马的“大锅”，当即巩乃斯斯基泰窖藏铜器中的三足铜锅，在巴基斯坦印度斯基泰文化遗址中也发现过类似的三足锅，而在新疆孔雀河畔营盘古城发现的则是三足铁锅。20世纪初，在南俄草原一个斯基泰古墓发现一个安弗拉银罐，年代在公元前4世纪。这个希腊艺术风格的银罐上有斯基泰人举行马祭的连环画式浮雕，内容正是希罗多德描述的斯基泰人举行马祭的场景。[9]

这批青铜器群中，最重要的发现莫过于那尊青铜武士像。通高40厘米，深目高鼻，头戴希腊头盔，半蹲在地上，双手呈握兵器状。正如研究者指出的，

5-11

俄罗斯 Chertomlyk 斯基泰古墓出土安佛拉银罐

这尊铜像应该是希腊战神阿瑞斯神像。在希腊文化影响下，欧亚草原的斯基泰人崇祀希腊诸神，但是他们只为战神阿瑞斯造像。据希罗多德《历史》（IV. 59-62）记载，"除去阿列斯的崇拜外，他们对其他诸神不使用神像、祭坛、神殿，但是在阿列斯神的崇拜上却是用这些东西的。"在希腊神话中，阿瑞斯是宙斯和赫拉之子以及阿芙洛狄忒（维纳斯）的情人，相当于罗马战神马尔斯（Mars）。在古典艺术中，神像往往采用裸体来表现，所以阿瑞斯神像有时采用裸体的艺术形象。

在希腊化艺术中，阿瑞斯神像多以英俊武士形象出现，例如，古希腊钱币（Brettian League，前215—前205）上的阿瑞斯，往往头戴希腊头盔；又如：土库曼斯坦的旧尼萨古城发现过一个帕提亚时期的阿瑞斯泥塑头像，也是头戴希腊头盔的武士形象，年代在公元前2世纪。

从艺术风格看，巩乃斯的阿瑞斯青铜像与古典艺术绘画中的阿瑞斯像更为接近。例如，意大利佛罗伦萨考古博物馆（Archaeologic Museum, Florence）收藏了一幅公元前570年的阿瑞斯壁画，头戴希腊头盔，一手持矛，一手持盾，半蹲在地上。[10]此外，巩乃斯青铜武士像的头盔，与亚历山大的父亲菲利普二世墓出土希腊头盔非常相似，再次表明这批斯基泰艺术风格的青铜器，实乃中亚希腊化时期的产物。

公元前3世纪末，匈奴在蒙古草原崛起，匈奴质子自月氏王庭逃回蒙古草原，杀父自立为冒顿单于，并在公元前205—前202年间发兵，击败西域霸主月氏人。从这时起，月氏放弃河西地区而向西方迁徙。公元前177或前176年，冒顿单于再次击败月氏。据冒顿单于在公元前174年写给汉文帝刘恒的书信，"故罚右贤王，使至西方求月氏击之。以天之福，吏卒良，马力强，以夷灭月氏，尽斩杀降下定之。楼兰、乌孙、呼揭及其旁二十六国皆已为匈奴，诸引弓之民并为一家，北州以定"。月氏战败后，向西迁徙到伊犁河流域塞人故地。据此，这批斯基泰艺术风格的青铜器，或为大月氏人西迁伊犁河时（前205—前174）埋藏的。

斯基泰人崇祀希腊诸神之风，似乎对秦文化也产生影响。史载"秦始皇二十六年（前221），有大人长五丈，足履六尺，皆夷狄服，凡十二人，见于临洮。天戒若曰，勿大为夷狄之行，将受其祸。是岁始皇初并六国，反喜以为

1. 帕提亚希腊神庙出土阿瑞斯神像，
公元前 2 世纪

2-3. 阿瑞斯头像的古希腊钱币，
公元前 215—前 205 年

5-12

帕提亚艺术的阿瑞斯头像与古希腊钱币上的阿瑞斯像

瑞，销天下兵器，作金人十二以象之"[11]。古书所谓"金"是对金属的泛称，不一定指黄金，那么青铜像亦可称"金人"。据希罗多德（IV-59、62）记载，斯基泰人"除去阿列斯的崇拜外，他们对其他诸神不使用神像、祭坛、神殿，但是在阿列斯神的崇拜上却是用这些东西的。"自古以来，秦人就与西域诸戎频

5-13

巩乃斯出土希腊战神像、古希腊黑瓶画上的战神和马其顿王陵出土希腊头盔

繁交往，必会接触到斯基泰神庙崇祀的阿瑞斯神，那么，秦始皇十二金人或为模仿希腊战神阿瑞斯神像铸造的十二尊青铜像。

在斯基泰文化影响下，蒙古草原的匈奴人似乎也铸造过希腊战神阿瑞斯像。史载汉武帝元狩二年（前 121）"春，汉使骠骑将军去病将万骑出陇西，过焉支山千余里，击匈奴，得胡首虏（骑）八千余级，破得休屠王祭天金人"。[12] 关于这尊金人来龙去脉，三国时孟康著《汉书音义》说："匈奴祭天处本在云阳甘泉山下，秦夺其地，后徙之休屠王右地，故休屠王有祭天金人像，祭天主也。"[13] 由此可知，这尊金人像本来在甘泉山义渠戎神庙内，秦军击败义渠后，随义渠一起从甘泉山迁到漠北休屠王右地。霍去病很可能在休屠王宗庙中缴获这尊金人像。

佛家或以为休屠王金人是中国最早的佛像，[14] 但是佛像起源地——犍陀罗当时尚无任何佛像，其说不足信。《汉书·地理志》左冯翊条记"云阳，有休屠、金人及径路神祠三所"。扬雄《甘泉赋》提到云阳甘泉宫有"金人"。看来，休屠王金人又被迁回甘泉山义渠戎祭天处。甘泉山在今陕西淳化县城西北的好花疙瘩山，山上有西汉甘泉宫遗址。据考古调查，甘泉山秦汉遗址分山上和山下两部分。山下有一小城，城内有若干建筑遗址和水道遗迹。秦直道从甘泉山上经过，峰顶有一圆锥形夯土台，南坡为一阶梯状三层平台，东坡也有一层平台。两遗址内出土了许多铺地砖、空心砖、板瓦、筒瓦和

5-14

陕西淳化县甘泉宫遗址的石熊

5-15

陕西淳化县甘泉宫遗址全景

陶片,并发现石熊、石鼓以及"甘林"铭文的瓦当。[15]甘林,是"甘泉上林"或"甘泉林光"的省称,那么甘泉宫遗址就在此地。

甘泉山遗址附近环绕许多汉代建筑和祭祀遗址,金人祠也许就在附近某个汉代遗址中,有待于今后的发现。

注 释

〔1〕 E. G. Pulleyblank, "The Roman Empire as Known to Han China, " *Journal of the American Oriental Society* 119. 1, 1999, p. 77.

〔2〕 《大正藏》第 32 册,页 705。

〔3〕 新疆维吾尔自治区文物事业管理局主编:《新疆文物古迹大观》,乌鲁木齐:新疆美术摄影出版社,1999 年,图 233。

〔4〕 同上书,图 616。

〔5〕 H. W. Bailey, *Dictionary of Khotan Saka*, Cambridge: Cambridge University Press, 1979, p. 421.

〔6〕 王炳华:《新疆阿拉沟竖穴木椁墓发掘简报》,《文物》1981 年第 1 期,页 18—22。

〔7〕 穆舜英、王明哲:《新疆古代民族文物》,北京:文物出版社,1985 年,页 6。

〔8〕 景骞(李滔):《管窥伊犁巩乃斯河青铜器窖藏的功用与性质——观〈天山·古

道・东西风〉有感〉(http: //www. wangf. net/vbb/showthread. php)。

〔9〕 参见斯基泰考古网站(http: //vm. kemsu. ru/en/skyth/ skyth-chertomlyk. html)。

〔10〕 参见希腊艺术网站（http: //www. timelessmyths. com/ classical/ olympians. html#
Ares)。

〔11〕 《汉书・五行志下》。

〔12〕 此事并见《史记・匈奴列传》、《汉书・匈奴传》和《汉书・金日磾传》。

〔13〕 本文为《史记集解》所引，但是《汉书・匈奴传》注引孟康曰的文字略有不同，
最后一句作"故休屠王有祭天金人像也"。

〔14〕 任继愈：《中国佛教史》第一卷，北京：中国社会科学出版社，1981年，页60—63。

〔15〕 姚生民：《汉甘泉宫遗址勘查记》，《考古与文物》1980年第2期，页51—60；王
根泉：《甘泉考辩》，《考古与文物》1990年第1期；王根泉、姚生民：《淳化县古甘
泉山发现秦汉建筑遗址群》，《考古与文物》1990年第2期，页1—4；姚生民：《关
于汉甘泉主体建筑位置问题》，《考古与文物》1992年第2期，页93—98转67。

第六讲

古代中国与西方的海上交通

入海求仙

鸡骇之犀

东西方海上交通的开辟

海路来华的近东艺术品

第一节　入海求仙

中国文明起源于黄河流域，夏商周三代都是内陆国家。中国虽然拥有18000公里的海岸线，却不像地中海文明所表现的那样，国家完全或部分地依赖大海而生存。由于这个原因，中国对海洋的开发，比起其他文明古国要晚得多。最初对海洋产生兴趣的中国人竟然是一些巫师。为了占卜的需要，他们到处搜罗龟背壳，尤其是那些稀有的大龟。据美国龟类学家鉴定，河南安阳殷墟出土的大型龟版中有马来半岛的亚洲大陆龟（Testudo Emys）。[1]《尚书·大诰》说"宁王（即周文王）遗我大宝龟"，就指这类来自远方的大型龟版。

自战国以来，中国方士为寻找"不死之药"到处炼丹求仙。所谓"求仙"，就是派方士入海寻找"不死之药"。据《史记·封禅书》记载，"自威、宣、燕昭使人入海求蓬莱、方丈、瀛洲。此三神山者，其传在渤海中，去人不远；患且

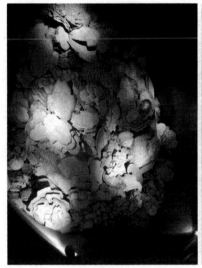

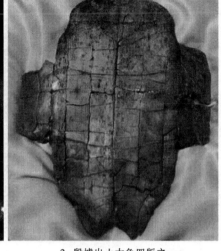

1. 殷墟出土甲骨　　　　　　　　2. 殷墟出土大龟四版之一

6-1

河南安阳殷墟出土甲骨

至，则船风引而去。盖尝有至者，诸仟人及不死之药皆在焉。"可知中国远洋航海发祥于燕（河北）、齐（山东）等沿海地区，率先造船入海的是战国时代的方士。

据《山海经》记载，中国古代神话传说有两大系统：一为西域昆仑山系统，另一为东海蓬莱系统。后一系统即源于战国以来"入海求仙"运动。江苏连云港的孔望山，有许多与神仙道术相关的摩崖石刻。这个地方毗邻齐地，尽管绝大多数石刻属于汉魏隋唐时代，但是文化传统肇源于齐国方士"入海求仙"。

在孔望山摩崖造像群之东 70 米处，有一个巨大的汉代圆雕石象，长4.8 米，高 2.6 米。在石象前腿右边雕刻的象奴左下方内侧竖刻东汉流行的隶书铭文一行。据考证，这行铭文的纪年为"永平四年四月"。[2]

西汉大型石雕一般不雕透，如汉元帝渭陵祭祀坑出土的有翼玉狮子，东汉时开始采用透雕形式，如洛阳白马寺附近的东汉石象。孔望山大型圆雕石象纪年铭文的发现相当重要，它说明了大型地面石雕的透雕艺术风格始于东汉永平四年（61）。

6-2

江苏连云港孔望山圆雕石象

第二节　鸡骇之犀

先秦文献记载了这样一则故事:纵横家张仪替秦国游说楚怀王,怀王终于被说服,便派人给秦王送礼品,"乃遣使车百辆,献鸡骇之犀、夜光之璧于秦王"[3]。鸡骇是一种印度宝石,学名"金绿宝石"(Chrysoberyl),梵语作Karketana(猫眼石),主要产于斯里兰卡和南印度西海岸。[4]

金绿宝石硬度为 8.5,比重 3.5—3.8,具有玻璃光泽,颜色有淡绿白、淡绿黄、淡绿褐色及黄色等,透明或半透明,参差状或贝壳状断口。在古代中国,被视为最名贵的宝石之一。印度人还把"猫眼石"称作 vairdūya(猫眼石、水晶),汉代文献或称"璧琉璃"。《汉书·地理志》说"罽宾国出璧琉璃",有学者解释为"罽宾国出产玻璃",这是不正确的。汉语"玻璃"一词来自波斯语,相当于婆罗钵语 belur/bylwl(水晶)。[5]"玻璃"一词在梵文中是 silā,在婆罗钵语中是 jām。为什么古汉语不直接用这两个词呢?看来,波斯胡商最初用玻璃冒充水晶与中国人进行交易。商人之奸诈,古亦有之。

顾名思义,"鸡骇之犀"指的是一种镶嵌印度猫眼石或玻璃的青铜犀牛。犀牛品种很多,印度犀牛个体较大,而东南亚的苏门答腊犀牛个体较

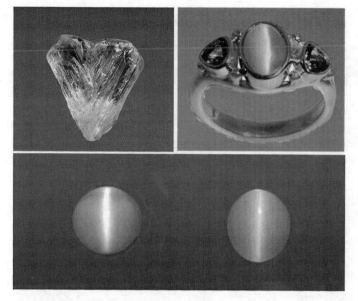

小。《尔雅·释兽》说"兕似牛，犀似豕"，将两者加以区别，那么"鸡骇之犀"似指模仿苏门答腊犀牛铸造的青铜犀牛。

早在殷商时代，犀牛形象就进入中国青铜器艺术。清道光（一说咸丰）年间，在山东梁山发现小臣艅犀尊，属于晚商作品，现藏美国旧金山亚洲艺术博物馆。《中国青铜器全集》第三册著录了一件"四祀邲其卣"，实际上是犀牛青铜卣，据说出自安阳殷墟，现藏北京故宫博物院。

战国时代流行铜犀牛。1973年，河北平山战国中山王墓出土一件错金银青铜独角犀。1954年，四川省昭化县发现一件战国错金银犀牛铜带钩，通体布满花纹，长17.5厘米、高6.5厘米。美国赛克勒博物馆也收藏了这样一件带钩。[6]战国时代，犀牛还进入中国玉雕艺术。据中国文物学会文博学院网站调查，目前已发现四件战国玉雕犀牛。一件在美国旧金山亚洲艺术馆，一件在洛阳市文物考古工作队，一件在北京故宫博物院，另一件收藏单位不详。旧金山亚洲艺术馆藏品，长25厘米、宽7.9厘米，体扁平，镂雕、浮雕和阴线饰纹，背上有横列三孔，可供穿挂使用。洛阳文物考古工作队藏品，长13.1厘米、宽6.5厘米，体扁平，以镂雕、浅浮雕和线纹法琢制，两面纹饰相同，与旧金山亚洲艺术馆藏品非常相似。[7]

1. 山东梁山出土商代晚期小臣艅犀尊，现藏美国旧金山亚洲艺术博物馆

2. 河北平山战国中山王墓出土错金银的青铜独角犀

3. 四川省昭化县出土战国错金银犀牛铜带钩

4. 战国玉犀牛，河南洛阳出土

6-4

山东梁山出土晚商犀尊和河北平山县战国墓出土错金银独角犀等

楚怀王时代，中国流行在青铜器上镶嵌宝石或玻璃珠。例如，河南辉县固围村战国墓出土镶嵌玻璃珠的鎏金铜带钩就镶嵌有玻璃珠；洛阳西工区战国晚期墓出土的一面山字纹铜镜，也镶嵌有蜻蜓眼玻璃珠，十分精美。[8]

楚怀王送给秦王的"夜光之璧"似乎比镶嵌猫眼石的青铜犀牛更为珍贵，秦朝大臣李斯甚至把它与六国之宝（昆山之玉、随和之宝、明月之珠、太阿之剑、纤骊之马、翠凤之旗、灵鼍之鼓）相提并论。[9]一般认为，"夜光之璧"指夜明珠，而夜明珠是什么却一直是个谜。

1954年，英国学者李约瑟首倡夜明珠为荧石之说，认为古代中国人喜爱的叙利亚产品——夜明珠，别名"孔雀暖玉"（Pyrosmaragd），实际上是一种能发磷光的月长石（Feldspar），或称荧石（Calcium Flouride）。1974年，李约瑟的《中国科学技术史》汉译本出版，其说在中国学界广为流传。[10]但这

1. 河南辉县固围村镶嵌玻璃珠的
鎏金铜带钩

2. 洛阳西工区 CIM3943 战国墓出土镶嵌
玻璃珠的铜镜

6-5

镶嵌玻璃珠的战国铜器

个说法一直遭到中国宝石专家的质疑。因为中国盛产荧石，根本不必从印度进口。此外，荧石太廉价，一吨才几百元钱。楚怀王不会把这么便宜的东西当作礼物送给秦王，李斯也不会把一种普通宝石列为六国之宝。

最名贵的宝石是金刚石，印度盛产金刚石，所以章鸿钊早就提出夜光璧或夜明珠指金刚石。[11]这个说法得到中国科学院广州地球化学研究所王春云博士的进一步论证，认为夜明珠可能是印度金刚石。1928 年，大军阀孙殿英部下从慈禧太后墓中盗走的夜明珠，就是由印度莫卧儿王朝沙·贾汗（Shah Jahan）国王命名，并且已遗失将近 350 年的"莫卧儿大帝金刚石"。据说这颗夜明珠被孙殿英送给了蒋介石，曾经镶嵌在宋美龄的拖鞋上，如今下落不明。不过，可与之毗美的金刚石还有印度名钻——Koh-i-Nur（光明之山）和波斯名钻 Koh-i-Dariya（光明之海）。

印度国宝"光明之山"后来落入英国人手中，原来镶嵌在伊丽莎白女王的王冠上，现藏英国伦敦塔。[12]如果"夜光之璧"真是金刚石，那么从印度名钻"光明之山"或波斯名钻"光明之海"，仍可一睹"夜光之璧"的风采。

6-6
印度名钻"光明之山"和波斯名钻"光明之海"

第三节　东西方海上交通的开辟

公元前525年,古波斯王冈比斯二世(Cambyse II,前530—前522)征服埃及。红海成了古波斯帝国的内海。

据古典作家希罗多德记载,为开辟埃及与印度之间的国际航运,古波斯王大流士(Darius,前522—前486)开通了"从尼罗河到红海的尼科运河",并越过萨巴人,直航波斯湾。然而,埃及对卡特拉盟、也门的乳香和没药的贸易,对印度和马来西亚的桂皮贸易,则全部操纵在纳巴提(Nabateens)、米内(Mineens)、哥尔赫(Gerrheens)等地的阿拉伯人手中。巴林(Bahrein)的哥尔赫人横穿阿拉伯半岛,与米内人合作,他们将阿拉伯商队带到叙利亚境内的皮特拉城(Petra),而桂皮则由印度船队负责贩运。

古波斯王大流士一世的石雕立像在埃及的发现,再现了波斯帝国昔日的辉煌,但是大流士下诏修建的尼科运河究竟在什么地方,长期以来一直是个谜。1866年,开凿苏伊士运河时终于揭开了这个谜,在苏伊士以北20英里处发现一块古碑,这块红色花岗岩石碑上刻有波斯文、巴比伦文、埃兰文

1. 苏伊士运河   2. 大流士一世石雕像

和埃及象形文字。这四种不同文字的内容完全相同，是大流士一世颁布的一道诏书。这位不可一世的波斯王宣称："我下令开凿了这条运河，它贯通了埃及境内奔流的尼罗河和通往波斯的大海。"[13]尼罗河至红海的古运河的开通，极大地加强了埃及与阿拉伯、波斯、印度之间的海上贸易。公元前4—前3世纪，埃及和地中海东岸生产的玻璃制品，经红海—印度洋航线，大批贩运到南印度以及斯里兰卡岛。

　　希腊人统治埃及时代，红海贸易变得异常繁忙。亚历山大大帝征服了一部分印度国土，在双方交战过程中，甚至动用了象群，威力巨大无比。为了对付美索不达米亚塞琉古王国（Seleucus，前305—前280），埃及国王托勒密二世（Ptolemy，前308—前246）想用埃塞俄比亚象群充实军队。为运输象群，他下令在红海之滨修建贝勒尼斯港，并且开辟了从沙漠中部通往伊德富（Idfu）的道路。

希腊帆船已经相当先进，希腊人将无甲板开敞式帆船作了改进。船体最大长度由 30 米增加到 45 米。老式帆船在每边船使用一排 25 桨，而新式帆船改装为突出舷外的桨架，上面有固定桨叉，每一舷有两三层桨架。英国考古学家麦克·卡茨夫（Michael Katzev）在塞浦路斯北部海域发现一条古希腊沉船，命名为"克里尼亚沉船"（Kyrenia wreck）。这条船用 32 条龙骨固定船体，沉没于公元前 310—前 300 年。[14]

公元前 3 世纪末，军事纷争已不占主导地位，红海贸易集中于东方香料。虽然希腊人在索科特拉岛（Socotra）站稳了脚跟，但是无法越过亚丁湾。在那里，阿拉伯人迫使印度人和希腊人向他们交纳关税。

公元前 4 世纪中叶，印度军人月护（Chandagupta）在印度西北起兵，首

6-8
克里尼亚沉船

先向中亚进军，结束了希腊人在北印度和中亚南部的统治；然后向南扩张，推翻恒河流域难陀王朝，印度孔雀王朝在公元前 324 年正式建立。印度人与波斯人或希腊人的统治术不一样，他们向被征服者输出的是宗教思想，而非物质文化。孔雀王朝第三代君主阿育王笃信佛教，为了在国内外推行佛教，派人在印度各地立碑铭、石柱，颁布法敕，弘扬佛法。不仅如此，阿育王还派佛教使团到世界各地传教。

阿育王第十三碑铭记载："王惟正法之胜利，即最上之胜利，而王复于其领土

相距六百由旬之邻国——希腊（Yona）王安堤阿（Antiochos）之所在，于其北则托勒密（Ptolmy）、安提峨那斯（Antigonos）、马加斯（Magas）及亚历山大（Alexander）四王之所在，于其南，则绰那（Chola）王国、判达雅（Pandya）王国及锡兰，皆遍被正法。"[15]

安堤阿，指以安条克为首都的塞琉古王国，领有叙利亚和小亚，汉代称"条枝"。公元前303—前292年，塞流古一世派使臣麦家斯梯尼（Megasthene）多次出访印度国都华氏城，拜见孔雀王朝月护王。他从巴比伦出发，取道犍陀罗（白沙瓦附近），经过阿姆利，到加尔，沿西瓦利克山麓进入恒河平原，到达了亚历山大用武力未能到达的恒河流域。[16]在阿富汗的坎大哈发现了阿育王佛教团所立希腊文和阿拉美文双语碑铭，说明阿育王确实向西方派遣过佛教使团。[17]

托勒密，指以亚历山大城为首都的托勒密王国，领有埃及和地中海东岸，汉代称"黎轩"；锡兰指斯里兰卡岛，汉代称"巳程不国"（狮子国）。公元前117年，印度水手向托勒密八世披露了一个秘密，可以借助于初夏季风航行到印度，并利用初冬季风从印度返航。托勒密八世立即派人前往印度，与印度直接贸易由此发展起来。

在阿富汗贝格拉姆遗址，法国考古团发掘出许多埃及亚历山大生产的玻璃器。一件带有亚历山大灯塔的浮雕，另一件绘有埃及女神埃西斯（Isis）像。在希腊罗马统治时代，埃西斯家喻户

6-9

鹿野苑出土阿育王残石柱

晓,备受崇拜。在艺术品中,她身穿一套紧身衣,头戴一顶埃及式皇冠。[18]这种彩绘玻璃器流行于托勒密王朝,在埃及本土亦有发现。[19] 大夏出土的埃及玻璃器就可能经阿拉伯海,运到印度河口,然后贩运到大夏。

阿育王从首都华氏城派往到锡兰(斯里兰卡)和地中海东岸的佛教使团,显然是从恒河入海,然后走海路到达斯里兰卡和地中海东岸。无论如何,印度洋至红海航线在阿育王时代已全面开通。

罗马人进入印度洋以前,印度人主宰了印度洋乃至南中国海的海权。希腊水手希帕罗斯漂泊到斯里兰卡岛后,在那里逗留了半年,后来随斯里兰卡使臣拉西亚斯(Rachias)一道乘船返回欧洲。据罗马作家老普林尼《自然史》记载,拉西亚斯的父亲曾经从斯里兰卡岛向东航行,经印度恒河河口到金洲(今马来半岛),最远航行到时称"赛里斯国"的中国。[20]

6-10
大夏与埃及出土的埃及玻璃器

1-2. 阿富汗出土埃及希腊化时代彩绘玻璃器,公元前 3—前 1 世纪

3. 阿富汗贝格拉姆出土埃及玻璃器 4. 埃及出土希腊彩绘玻璃瓶,公元前 1 世纪

据《红海航行记》记载,在斯里兰卡岛附近海域航行的船队,是"由单一的横梁装配而成的很大的船只组成的船队,人称这种船为'桑伽拉'(Sangara),至于那些驶往金洲(今马来半岛)或恒河河口的帆船,十分庞大,人称为'科兰迪亚'(Kolandia)。"[21]"桑伽拉",是斯里兰卡的别称,一般译作"僧伽罗",那么僧伽罗船指斯里兰卡古帆船,而航行于恒河与中国之间"科兰迪亚"船则为印度古帆船。

千百年来,印度古帆船几乎没有什么变化。我们从爪哇岛波罗浮屠的公元8—9世纪浮雕上,仍可见到这种印度古帆船。公元前2世纪,汉武帝派使者到南印度的"黄支国"采买奇珍异宝。据《汉书·地理志》记载,汉朝使者到印度,由"蛮夷贾船,转送致之"。所谓"蛮夷贾船",当即往来于印度和中国之间的印度商船——"科兰迪亚"大帆船。

第四节　海路来华的近东艺术品

公元前3世纪末,匈奴人在蒙古草原崛起,西域霸主大月氏人被迫从敦煌以北草原西迁伊犁河流域。在乌孙和匈奴的打击下,又西迁到阿姆河北岸。公元1—3世纪,大月氏人在中亚和北印度建立贵霜王朝。自古以来,印

6-11

山东半岛出土近东埃兰艺术品,公元前3世纪

度人就从中亚阿尔泰山输入黄金,大月氏人入主中亚后,切断了印度与阿尔泰山之间的黄金之路。在印度传说中,马来半岛素有"金洲"之称,印度人转而从东南亚进口黄金,从而推动了印度与东南亚乃至中国东南沿海的海上国际贸易。就在这个时期,近东艺术品在山东半岛出现。

1978年,山东临淄西汉齐王墓1号随葬坑内发现一件列瓣纹银豆。器高11厘米、口径11.4厘米。这个银豆是在一个异国情调的银盒上加工改造而成,圈足和豆盖上三个卧兽是后来附加的。据发掘者分析,这座汉墓可能是西汉齐王刘襄之墓,随葬坑年代在公元前179年左右。[22]中国国家博物馆的孙机最先注意到这件银器可能来自近东,以为源于古波斯或帕提亚艺术。然而,南俄草原斯基泰王陵出土了类似的黄金艺术品,与斯基泰早期文物共存,时代在公元前7—前6世纪。当时波斯尚未立国,这种近东艺术品产生时代无疑早于古波斯艺术。

关于这个银盒的年代,香港中文大学的饶宗颐注意到银盒上刻有"三十三年"铭文,而汉代皇帝在位年代没有一个超过这个年数,所以他认为这个纪年应是秦始皇三十三年(前214)。[23]

无独有偶,山东青州西辛村最近又发现两个近东艺术风格的列瓣纹银盒,出自战国时代齐王墓。这个发现把近东艺术传入山东半岛的年代,从秦

6-12

伊朗出土埃兰列瓣纹银盒

代提前到战国时期（前475—前221）。就目前所知，这种列瓣纹金银器最早见于近东埃兰文明，工艺传统后来为波斯人、帕提亚人所传承。伊朗近年发现一件埃兰银器，艺术造型与山东青州战国齐王墓出土银盒以及西汉齐王墓出土秦始皇三十三年银盒如出一辙。据说出自伊朗，器高17.8厘米，口沿刻有埃兰文，年代大约在公元前9—前6世纪。[24]那么，山东半岛出土的公元前3世纪的埃兰银盒，显然从海路传入中国。

除了埃兰银盒外，山东半岛战国古墓不断出土西方玻璃珠。例如，山东曲阜鲁国故城战国中晚期58号墓出土的西方玻璃珠；[25]山东临淄郎家庄战国初1号墓出土的西方玻璃珠。[26]这些西方玻璃珠有一个共同特点，皆为蜻蜓眼玻璃珠，与希腊化时代埃及或腓尼基生产的同类玻璃珠大同小异。耶路撒冷的以色列博物馆就收藏了许多埃及或腓尼基等地中海东岸国家生产的蜻蜓眼玻璃珠，年代在公元前6—前3世纪。[27]山东半岛战国墓出土蜻蜓眼玻璃珠，属于地中海东岸产品，无疑也来自海路。

至秦，入海求仙运动愈演愈烈。秦始皇听信燕国方士卢生"亡秦者胡"之图谶，北击匈奴，南开五岭，"发诸尝逋亡人、赘婿、贾人略取陆梁地，为桂

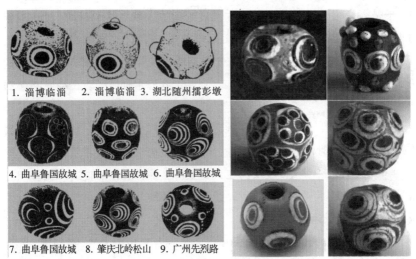

1. 淄博临淄　2. 淄博临淄　3. 湖北随州擂彭墩

4. 曲阜鲁国故城　5. 曲阜鲁国故城　6. 曲阜鲁国故城

7. 曲阜鲁国故城　8. 肇庆北岭松山　9. 广州先烈路

1. 中国东南沿海出土蜻蜓眼玻璃珠，战国时期　　2. 地中海东岸蜻蜓眼玻璃珠，公元前4—前3世纪

6-13
中国东南沿海和地中海东岸出土地中海东岸玻璃珠

6-14

湖北随县曾侯乙墓出土地中海东岸蜻蜓眼玻璃珠

林、象郡、南海，以适遣戍"。南海郡治番禺在今天的广州，象郡在越南北方，于是入海求仙运动由此从北方发展到南方。就在这个时期，广东战国时期的古墓出现地中海东岸的蜻蜓眼玻璃珠，例如，广东肇庆北岭松山战国晚期墓出土的西方玻璃珠；广州先烈路战国晚期墓出土西方玻璃珠。这两座战国晚期墓出土的西方玻璃珠，成为"入海求仙"运动在岭南兴起的证据。

地中海东岸生产的玻璃珠还从海路传入长江中流地区。湖北省博物馆陈列了一批战国时代的西方玻璃珠，[28]这种玻璃珠是埃及希腊化时代的产品，罗马时代(1—2世纪)埃及仍在大量生产。这种类型的玻璃珠在丝绸之路沿线古城或墓葬罕有发现，所以湖北发现的埃及玻璃珠可能从亚历山大城，经海路辗转贩运到长江中游。

据以上讨论，我们似乎可以复原一条从埃及亚历山大港，经印度、东南亚到山东半岛的古代海上交通路线。

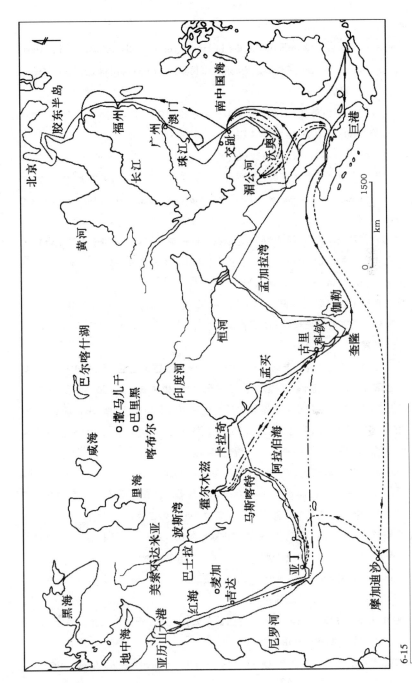

公元前 4—前 3 世纪东西方的海上交通

第六讲 古代中国与西方的海上交通

地图内文字标注：
黑海、地中海、亚历山大港、红海、尼罗河、吉达、麦加、亚丁、摩加迪沙、美索不达米亚、巴士拉、波斯湾、霍尔木兹、马斯喀特、阿拉伯海、卡拉奇、孟买、卡里卡特、卡里、奎隆、伽勒、科伦坡、孟加拉湾、印度河、恒河、咸海、里海、喀布尔、巴里黑、撒马尔罕、巴尔喀什湖、黄河、北京、胶东半岛、福州、长江、广州、珠江、澳门、交趾、南中国海、湄公河、沃奥、巨港、0 1500 km

注 释

〔1〕 James F. Berry, "Identifiction of the Inscribed Turtle Shells of Shang," in: David N. Keightley, *Sources of Shang History*, California: University of California Press, 1978, pp. 157-164.

〔2〕 李洪波:《孔望山佛教'石象'发现东汉纪年铭刻年代早于敦煌三百年》,《中国文物报》2005 年 9 月 28 日第 2 版。

〔3〕《战国策·楚策一》。《汉书·西域传》说大秦国(罗马帝国)亦产"鸡骇犀"。

〔4〕 荻原云来等编:《梵和大辞典》上册,台北:新文丰出版公司,1979 年,页 321。

〔5〕 D. N. MacKenzie, *A Concise Pahlavi Dictionary*, Oxford: Oxford University Press, 1971, p. 18.

〔6〕《中国青铜器全集》第八册称为"错金云纹牛形带钩",其实应为错金银犀牛带钩。

〔7〕 参见《古玉的断代与辨识——玉犀牛·玉辟邪·玉麒麟》,《收藏家》杂志网络版 (http://www.wenbo.net.cn/ wbkt27. htm)。

〔8〕 西周晚期工匠已掌握在青铜器上镶嵌宝石或玻璃的技术,河南洛阳西周晚期青铜鼎上就镶嵌有玻璃珠;参见高至喜:《论我国春秋战国的玻璃器》,《文物》1985 年第 12 期,页 54—65。

〔9〕 关于西域与六国之宝,李斯对秦王说:"今陛下致昆山之玉,有随和之宝,垂明月之珠,服太阿之剑,乘纤骊之马,建翠凤之旗,树灵鼍之鼓,此数宝者,秦不生一焉,而陛下说之,何也? 必秦国之所生然后可,则是夜光之璧,不饰朝廷;犀象之器,不为玩好;郑卫之女,不充后宫;而骏良駃騠,不实外厩;江南金锡不为用,西蜀丹青不为采"(《史记·李斯列传》)。

〔10〕 Joseph. Needham, *Science and Civilization in China*, vol. I, London: Cambridge University Press, 1974, pp. 199-200; 李约瑟著、袁翰青等译:《中国科学技术史》第 1 卷,北京:科学出版社,1976 年(1990 年第二版)。

〔11〕 章鸿钊:《石雅·宝石说》,上海:上海古籍出版社,1993 年重印本,页 102—103。

〔12〕 王春云:《廉价萤石不可能是夜明珠》网络版,21 世纪珠宝网(http://www.21gem.com/ news/sc/news.asp);原文刊于《珠宝科技》2004 年第 5 期,本文引自《香港大公报》2004 年 2 月 17 日版的报道。

〔13〕 戴尔·布朗主编:《波斯人——帝国的主人》,北京:华夏出版社/ 南宁:广西人民出版社,页 99—100。

〔14〕 参见康奈尔大学艺术网站 (www.arts.cornell.edu/dendro/96adplet. html)。

〔15〕 羽溪了谛著,贺昌群译:《西域之佛教》,北京:商务印书馆,1999 年重印本,页 34。

〔16〕 保罗·佩迪什:《古代希腊人的地理学》,北京:商务印书馆,1983 年,页 77—78。

〔17〕 F. R. Allchin and K. R. Norman, *Guide to the Asokan Inscriptions, South Asian Studies*, vol. 1, 1985, pp. 43-50.

〔18〕 何芳川、宁骚主编:《非洲通史古代卷》,上海:华东师范大学出版社,1990 年。

〔19〕 关于埃及出土希腊彩绘玻璃器,参见埃及考古网站(http://www.scotthaddow.com/egypt/dakhleharch/pages/glass1_jpg.htm)。

〔20〕 戈岱司编,耿昇译:《希腊拉丁作家远东古文献辑录》,北京:中华书局,1987 年,页 11—12。

〔21〕 同上书,页 17。

〔22〕 孙机:《中国圣火》,沈阳:辽宁教育出版社,1996 年,页 139—155;罗森:《中国的统一:一个宇宙的新图像》;齐东方:《唐代以前的外来金银器》,《远望集》下册,西安:陕西人民美术出版社,1998 年,页 453—490;林梅村:《汉唐西域与中国文明》,北京:文物出版社,2000 年,页 307—321。

〔23〕 2005 年 3 月访问香港中文大学时,承蒙饶宗颐先生告知此铭文,谨致谢忱。

〔24〕 国家文物局主编:《2004 中国重要考古发现》,北京:文物出版社,2005 年,页 77;图 6 - 11 所引埃兰银器正在美国加利福尼亚州巴拉卡特美术馆(Barakat Gallery)展出,参见林梅村:《汉帝国艺术所见近东文化因素》,叶奕良编:《伊朗学在中国》第三集,北京:北京大学出版社,2003 年,页 60—66。

〔25〕 山东省文物考古研究所、山东省博物馆等:《曲阜鲁国故城》,济南:齐鲁书社,1982 年,页 178。

〔26〕 山东省博物馆:《山东临淄郎庄一号东周殉人墓》,《考古学报》1977 年第 1 期。

〔27〕 M. Spaer, *Ancient glass in the Israel Museum: beads and other small objects*, Jerusalem: the Israel Museum, 2001, p. 93, no. 105; E. Stern, *Marianne and Schlick-Nolte Birgit, Early Glass of the Ancient World 1600 BC-AD 50 Ernesto Wolf Collection*. Germany: Gerd Hatje, Ostfildern, 1994, p. 198, no. 41;埃及虚拟博物网站(http://www.virtual-egyptian-museum.org/Glass/FullVisit/Glass.FullVisit-FR.html)。

〔28〕 湖北省博物馆编:《曾侯乙墓》,北京:文物出版社,1989 年,页 423—425。

汉朝与西方三大帝国的交往

张骞通西域

黎　轩

安　息

大　秦

第一节　张骞通西域

张骞是西汉著名外交使节,中国历史上第一个中亚地理探险家,汉中成固人。今陕西成固县西 4 公里黎何村西有一汉墓,相传即张骞墓。这座墓的范围南北 170 米,东西 80 多米;墓地中心是一巨大的方形土丘,南北长 20.60 米,东西宽 16 米,高 2.3 米;墓前有汉代石虎一对以及清乾隆、光绪年间所立墓碑数通。[1]

张骞早年事迹,史无明载。他应招时的身份是"郎",也就是宫廷侍从。出使西域成功之后,荣升"太中大夫",后来封为"博望侯"。张骞的宦海生涯不太顺利,随李广出征匈奴时兵败,犯下死罪;将功折罪,赎为庶人。不久,汉武帝派他第二次出使西域,再获成功,官拜"大行",列入九卿。张骞似乎无缘享受高官厚禄,从西域回来仅一年多(前 114)便与世长辞。[2]司马迁对张骞出使西域给予极高评价,誉为"张骞凿空"。1877 年,德国地理学家李希霍芬提出"丝绸之路"一词,他把丝绸之路的开通定在公元前 114 年,就是以张骞出使西域为开端。

第一次出使西域

丝绸之路以张骞通西域为开端,他采用的东西交通路线就是最早的丝绸之路。汉武帝建元三年(前 138),张骞率领百余人的庞大使团从长安出发,取道陇西,踏上通往遥远的中亚阿姆河的征程。河西走廊和塔里木盆地当时在北方草原匈奴人控制下,张骞一行被匈奴人扣留。匈奴王给他提供了优厚的生活条件,许配胡女予他为妻,但是张骞念念不忘自己肩负的使命,一直保留着汉朝使者身份的凭证符节。在匈奴人监禁下,张骞过了 13 年的囚徒生活,终于找到机会从匈奴逃脱,西行数十日来到费尔干纳盆地的大宛国。

张骞第一次出使西域取道天山南麓,也就是后来的丝绸之路中道。《史记·大宛列传》提到罗布泊西岸的楼兰和塔里木盆地北部库车东边的仑头(今新疆轮台),但是没提到喀什噶尔河的疏勒。故知张骞是从楼兰,途经今天库车、阿克苏、温宿等地,在别迭里山口越天山到纳伦河,然后南行费尔干纳盆地的大宛国。问题是,张骞被匈奴人扣在什么地方?他从匈奴逃脱后,一帆风顺到了大宛,可见他是从匈奴控制下的塔里木盆地逃脱的。此外,张骞以日而不是月计算他从匈奴到大宛的时间,亦表明张骞被囚地点距离大宛不远,很可能在匈奴控制西域的中心——僮仆都尉,也即今天新疆的轮台县。大宛王早就听说汉帝国的广阔富饶,但是苦于匈奴人的阻碍,无法和汉朝通使。张骞的到来令他大喜过望。当他得知张骞要出使大月氏后,便派翻译和向导护送张骞取道康居到大月氏。

康居是锡尔河北岸一个斯基泰部落,锡尔河南岸的粟特人在康居统治下,所以汉代文献称粟特人为"康居人"。粟特人起源于乌兹别克斯坦的泽拉夫善河流域,以艾萨克马尔干城为中心。公元前 329 年,亚历山大远征粟特、大夏和北印度,但在锡尔河流域遭到粟特人顽强地抵抗。亚历山大征服粟特后,娶粟特公主 Roxane(禄珊妮)为妻,安史之乱的风云人物安禄山也叫这个名字。康居王对张骞相当友好,派人护送他到阿姆河北岸大月氏王庭。

7-1
亚历山大与粟特公主禄珊妮的婚礼

大月氏当时由前王夫人(一说太子)当政,他们已征服阿姆河南岸富饶的大夏国(Bactria)。大夏王黑黎欧克里(Heliocles,前145—前130)统治时,大夏不断发生内乱,大部分国土被安息王国侵占,只剩下大夏本土和粟特的南半部。在匈奴和乌孙打击下,大月氏人从伊犁河迁入中亚,首先占有河中地区,迫使当地斯基泰人南迁安息和大夏。大约公元前140—前130年间,大月氏征服了大夏,但是"都妫水北为王庭"。张骞出访大夏时(前128),大月氏人仍在阿姆河北岸"臣畜大夏"。

张骞归国不久,大月氏王便跨过阿姆河灭亡大夏,占领了它的全部国土。此后,西方史料称大月氏人为"吐火罗人",并把他们居住的地方通称作"吐火罗斯坦",不过中国史家长期以来仍采用传统称谓"大月氏"。张骞称大夏国都为"蓝氏城",其名来自希腊语 Alexandria(亚历山大城)。据法国和美国考古队20世纪20—50年代的调查和发掘,大夏古都在阿富汗北境马扎里沙里夫城西23公里的沃济拉巴德附近。

据欧美考古队调查,蓝氏城总面积达550公顷,分上下两城。上城在北,

7-2

古波斯王宫浮雕上的大夏人

占地面积约 150 公顷,平面呈椭圆形,四周有城墙和护城沟;下城在南,面积约 400 公顷。这座古城沿用时间很长,从公元前 1000 年下半叶直至公元 13 世纪。古城内废墟的堆积分几个时期,公元前 3—前 2 世纪的堆积属于大夏国都蓝氏城,希腊人称为"巴克特拉城"(Bactra)。[3]大月氏人已在大夏安居乐业,不愿再和匈奴厮杀。张骞在大夏住了一年多,未能说服大月氏与汉共攻匈奴,只得带着遗憾回国。

为了避开匈奴,张骞选择昆仑山北麓丝绸之路南道,打算从瓦罕走廊、塔什库尔干、于阗(今新疆和田)、扞弥(今新疆克里雅),再经青海羌人部落返回长安,不幸在青海羌人地区又落入匈奴之手。一年多后,匈奴单于去世,张骞趁匈奴大乱,携胡妻和胡仆堂邑父逃回长安。汉代天山以南有婼羌,昆仑山有葱茈、黄牛以及西夜无雷,依耐、蒲犁等羌人所建小国。公元前 138 年,张骞从大月氏(阿富汗西北)归国,"并南山,欲从羌中归"。"从羌中险,羌人恶之,少北,则为匈奴所得。会伊稚斜逐单于,匈奴国内乱,(张)骞乃与堂邑氏奴甘父逃归。"[4]南山即今新疆昆仑山,可见西汉时羌人已经广

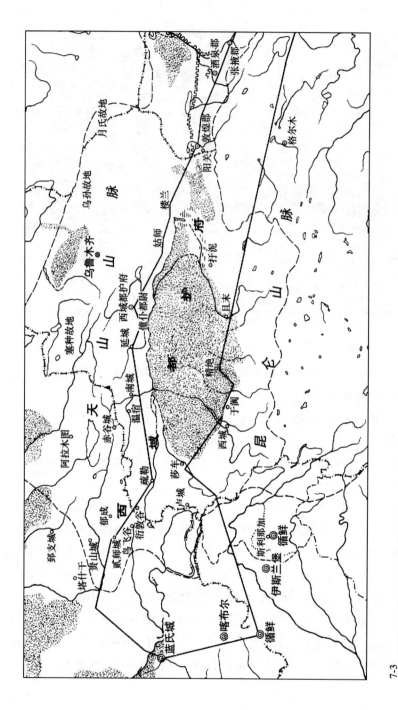

7-3 张骞第一次出使西域路线图

布于新疆昆仑山至葱岭（今帕米尔高原）一带。

尽管张骞没能说服大月氏和汉朝共同攻打匈奴，但他的中亚之行有许多意外收获。中国人终于了解到帕米尔以西还有另一个文明世界。张骞详细介绍了帕米尔以西的大宛、康居、大月氏、大夏等中亚国家的风土人情。他在大夏时还了解到汉帝国南边是身毒国（今印度）。身毒国和四川、云南已有民间贸易往来，四川的"蜀布"和"邛竹杖"运到身毒后，又转运到大夏。张骞对中亚诸国的描述非常详细，司马迁的《史记·大宛列传》和班固的《汉书·西域传》就是根据张骞的报告撰写的。

第二次出使西域

张骞未能说服大月氏与汉结盟，又向汉武帝献计派使团和伊犁河流域的乌孙联盟，得到汉武帝的支持。乌孙本来也是敦煌、祁连间的一个游牧部落，但是和月氏有世仇。匈奴击败月氏王后，月氏人逃到伊犁河流域。后来，乌孙寻机报仇，联合匈奴共攻月氏，迫使月氏人西迁阿姆河流域，而乌孙此后就在伊犁河流域定居。

汉武帝元鼎元年（前116），张骞率领一个由三百人组成的使团出访伊犁河流域的乌孙。此前霍去病和卫青率领汉军大败匈奴军队，匈奴人逃亡蒙古草原以北地区。天山南北通往西域之路已不存在匈奴的威胁。所以张骞出访乌孙取道天山北麓，也即丝绸之路北道。这条路从长安出发，经敦煌和楼兰，向北到吐鲁番盆地，然后沿天山北麓西行，经伊犁河谷、昭苏草原，最后抵达乌孙国首都——赤谷城。这座古城目前尚不知所在，但乌孙王墓在伊犁河流域发现。这是一种大型土墩墓，从新疆昭苏草原一直分布到伊塞克湖沿岸。

张骞受到乌孙王热情欢迎，但是乌孙王惧怕匈奴，不敢和汉朝联盟，只派使者随张骞回长安答谢汉武帝。张骞本人第二次出使，最远只到乌孙，但是张骞的副使分别访问了大宛、康居、大月氏、大夏、安息、条支、奄蔡、身毒、于阗、扜弥等西方国家。张骞第一次出访西域时了解到中亚诸国"其地无漆、丝"。所以他第二次出使带给西域诸王的礼品中特地带上了中国特有的丝绸。据《汉书·西域传》记载，张骞这次出使所带礼品包括"牛羊以万数，赍金币帛直数千巨万，多持节副使，道可便遣之旁国"。丝绸就这样被大批运往中

7-4

伊犁河畔乌孙土墩墓

亚和西亚各国,这也是经丝绸之路西传、有案可稽的第一批中国丝绸。

　　1842 年,在东欧克里米亚半岛刻赤遗址发现了许多中国文物,包括一种平纹地暗花的汉代丝绸,也就是汉文史籍所谓"绮"。魏晋之后,绮不见于文献,并非因为绮的制作技术在汉代以后失传了,而是改名为绫罗绸缎的"绫"。张骞副使出访了北高加索库班河流域的奄蔡,唐代文献称"阿兰",在今北高加索库班河流域。奄蔡之西就是克里米亚。张骞副使和奄蔡回访中国的使节,两次丝绸带入奄蔡人所居高加索北部,所以克里米亚出土汉代丝绸,正是张骞时代传入欧亚草原的。

　　由于骑兵力量不足,汉初几个皇帝都对匈奴的入侵无能为力,只得向匈奴供奉数以万计的金银和名贵的丝绸,甚至把公主送给匈奴王以求"和亲"。张骞从中亚引进优良的马饲料苜蓿和优良马种大宛马,这对加强中国骑兵的作战能力无疑将起到革命性的作用。汉武帝因得到大宛马,兴奋不已,并题诗《西极天马歌》一首,抒发他得到中亚良马的心情。其诗曰:"天马来兮从西极,经万里兮归有德。承灵威兮障外国,涉流沙兮四夷服。"西汉时期中亚良马初传中国,数目不多,对改良中国骑兵的作用还不太明显。东汉时期中原骑兵已拥有中亚良马繁殖出的大批后代。东汉将军窦宪在燕然山(今杭爱山)、伊吾卢(今哈密)和金微山(今阿尔泰山)三战北匈奴,迫使匈奴人远徙西方。这里应有张骞引进优良马种、改良中原战马之功。汉代文学家竭力讴歌大宛马,而汉代艺术家更是精心塑造大宛马的形象。比较秦、汉和唐三代艺术家对马的不同表现手法,可知大宛马的基本形态。

秦兵马俑的秦马体格较小,形态似驴骡,属于蒙古马系统的河曲马。虽然汉唐良马都属于中亚马,但是马种不同。唐代壁画和唐三彩俑表现的唐马,马体高,马头小,颈细长;汉代艺术的中亚马体型高大,马头宽博,当即"大宛马"。1969年,甘肃武威雷台西晋墓出土大批铜兵马仪仗俑和一匹蹄踏飞燕的铜奔马,堪称"天马"形象的杰出代表作之一。[5]

第二节 黎 轩

公元前323年,希腊雄主亚历山大猝死巴比伦,横跨欧、亚、非的希腊大帝国随即土崩瓦解,并被亚历山大的部将瓜分。埃及总督托勒密在埃及建立新王朝(前323—前30)。托勒密王朝上层统治者是希腊人,下层百姓则是埃及土著居民。美国影片《埃及艳后》的女主人公克丽奥佩特拉就是托勒密王朝的末代君主。其实,这位埃及王后并非埃及人,而是希腊人。托勒密王国定都亚历山大城(Alexandria),汉代称"黎轩"。世界七大奇迹之一"亚历山大灯塔"(Pharos of Alexandria)就建在亚历山大城,公元前290年竣工。它以白色大理石建造而成,共分为三层:最低的一层为四角柱,高55.9米,第二层为八角柱,高18.30米,而最高一层为圆柱,高7.30米,顶端立有海神波塞冬(Poseidon)雕像。整座灯塔高达117米,相当于一幢四十层的现代建筑物。一位阿拉伯旅行家在游记中写道:"灯塔是建筑在三层台阶之上,在它的顶端,白天用一面镜子反射日光,晚上用火光引导船只。"亚历山大灯塔在14世纪毁于大地震,我们只能从希腊陶器或玻璃器上,一睹亚历山大灯塔的风采。

公元前116年,张骞派副使从乌孙出访印度、西亚和埃及。"其后岁余,骞所遣使通大夏之属者皆颇与其人俱来,于是西北国始通于汉矣。"《史记·大宛列传》又说："汉始筑令居以西，初置酒泉郡以通西北国。因益发使抵安息、奄蔡、黎轩、条枝、身毒国。"埃及亚历山大里亚城素以商业发达而著称，该城商人的足迹遍及世界。黎轩商人到中国各地经商，并在中西交通孔道河西走廊形成聚落，则是在情理之中。张骞副使出访亚历山大里亚城，将黎轩使者带回长安；安息使者访华时，将黎轩人带到长安。这些交往促进了长安城与亚历山大城之间的文化交流。[6]

就在这个时期，沙罗毗斯神像、希腊双面神像、费昂斯玻璃项链等埃及亚历山大城的产品纷纷传入丝绸之路南道的于阗。

1. 亚历山大灯塔复原

2. 希腊化时代亚历山大灯塔模型

3. 贝格拉姆出土希腊模制玻璃上的亚历山大灯塔

4. 希腊海神波塞冬

7-5 埃及亚历山大灯塔，始建于公元前290年

20 世纪初，日本大谷探险队在新疆和田采集到一个红陶俑，据说出自和田附近的约特干遗址，现藏首尔国立中央博物馆。这个小陶俑居然是一个埃及沙罗毗斯神的坐像，很可能是模仿托勒密商人传入于阗的沙罗毗斯铜像复制的。此外，约特干遗址还出土一件希腊双面神（Janus）陶塑像，近年在和田山普拉汉墓内还发现埃及出产的"费昂斯"玻璃项链，与埃及本土发现的同类玻璃珠完全相同，估计也是埃及商人传入的。

随着中国与埃及托勒密王国贸易往来的发展，许多亚历山大城的埃及商人客居西域乃至中原地区。《崔氏易林》多次提到定居中原的黑色皮肤西域人。该书卷九《恒》说："蜗螺生子，深目黑丑，似类其母；虽或相就，众人莫

1. 埃及出土沙罗毗斯像

2. 约旦出土沙罗毗斯铜像，公元前 2—前 1 世纪

3. 约特干出土沙罗毗斯像，公元前 2—前 1 世纪

4. 希腊钱币上的双面神，公元前 344—前 317 年

5. 叙利亚出土双面神模制玻璃壶，公元前 2 世纪

6. 约特干出土双面神小陶塑，公元前 2—前 1 世纪

7-6

埃及、叙利亚与和田约特干遗址出土埃及沙罗毗斯和希腊双面神塑像

取。"同书卷十《蛊》说:"三斑六黑,同室共食,日月长息,我家有德。"据杨希
枚考证,《崔氏易林》的作者崔篆与王莽是同时代人,出身经学世家,久居长
安城。崔篆笔下的黑皮肤西域人可能指客居长安的黎轩人。

20 世纪初,河南一座汉墓中发现了一件亚历山大城生产的模制玻璃
瓶。据罗斯托夫编《罗马帝国社会经济史》介绍,"早在希腊化时代,亚历山
大里亚生产的玻璃器就被输往印度,并从印度输入中国。多伦多皇家安大
略博物馆(Royal Ontario Museum)就搜集到一只精美的亚历山大城生产的玻
璃瓶。这个玻璃瓶是在中国(河南省一座古墓中)发现的,无疑属于希腊化
时代。这个玻璃瓶刻有若干圆形装饰图案(其中一个图案是雅典娜头像)采
用模制法制成,而非吹制法。此种玻璃制作技法表明它的年代不会晚于公
元前 2 世纪。"[7]模制玻璃是埃及希腊化时代特有的产品,往往在玻璃器上
制作宙斯、阿西娜、双面神(Janus)等希腊神话人物头像。公元前 1 世纪,腓
尼基人发明的玻璃吹制技术被古罗马人发扬光大,玻璃制品成为当时最重

7-7
埃及托勒密王国生产的模制玻璃器,公元前2世纪

要的日常用品。公元前 1 世纪,地中海东岸发明吹制玻璃技术后,模制玻璃逐渐被淘汰。[8] 因此,罗斯托夫认为河南汉墓随葬的埃及模制玻璃器的年代,当不晚于公元前 2 世纪。

《汉书·地理志》还提到河西地区有骊靬县,所谓"骊靬"就是《史记·大宛列传》和《汉书·西域传》中的所谓"黎轩"。顾名思义,这个地方是外国侨民黎轩人聚居地。公元前 30 年,罗马皇帝屋大维占领埃及,埃及托勒密王国从此沦为罗马帝国东方行省,所以《魏略·西戎传》说"大秦国,一号犁靬"。有些研究者将骊靬与大秦完全等同,是不正确的。实际上,骊靬或黎轩指埃及托勒密王国,而大秦则指欧洲的罗马共和国以及后来的罗马帝国。罗马帝国兼并托勒密王国之前,两者不可混为一谈。[9]《汉书·张骞传》颜师古注:"鼜靬即大秦国。张掖郿靬县,盖取此国为名。"这个说法基本上是正确的。关于张骞副使是否抵达埃及的亚历山大城?汉代骊靬县是否真有外国移民?不少人深表怀疑。居延汉简的发现为揭开这个不解之谜提供了重要线索。

居延汉简著录了一些汉代流寓中国的黑皮肤西域人,大约 46 枚汉简提到了黑皮肤的西域人,散居于河西走廊。[10]居延发现的一件过所文书(编号334.33)读作:"骊靬万岁里公乘儿仓年卅,长七尺二寸,黑色,剑一,已入,牛车一辆。"[11]骊靬万岁里的黑皮肤的西域人疑即来自埃及亚历山大里亚城的非洲人,也就是汉代文献所谓"黎轩"或"骊靬"人。除了骊靬县外,居延汉简还提到张掖郡的居延、乐得、昭武三县乃至中原河南县也有黑皮肤的西域人杂居。居延汉简(157.24)曰:"正月癸酉,河南都尉忠丞下郡大守诸侯相,承书从事,下当用者。实,字子功,年五十六,大状,黑色,长须。建昭二年(公元前 37 年)八月庚辰,亡过。客居长安当利里者,洛阳上商里范义。壬午,实买所乘车马,更乘梓牡马、白蜀车、漆布并涂载布。"[12]这枚汉简是河南都尉忠为黑皮肤的西域商人实某出具的通行证件,证明他乘坐的马车及贩运的布匹都是从客居长安的洛阳人范义手中合法购买的,请居延边塞戍卒予以放行。

近年新出敦煌悬泉汉简披露了更多的河西骊靬史料。最早提到骊靬的悬泉简为两枚神爵二年(前 60)户籍简,可知公元前 60 年亚历山大城的埃及商人已在此地形成聚落,汉朝为其置骊靬县。[13]直到魏晋时期,河西走廊仍有骊靬人活动。《魏名臣奏》记雍州刺史张既表文云:"张掖番合、骊靬二县吏民及郡杂胡弃恶诣兴,兴皆安恤,使尽力田。"[14]《晋书·张祚传》还提到张祚"遣其将和昊率众伐骊靬戎于南山,大败而还"。骊靬杂胡和骊靬戎就是西汉以来从埃及亚历山大里亚城移居河西走廊的埃及侨民。

第三节　安　息

安息在今天伊朗,西方史籍称"帕提亚",而中国史书则按帕提亚王族姓氏称为"安息",并将安息人冠以安姓。东汉末年来华传教的安世高、安玄皆为安息人。

公元前 246 至公元 227 年间,帕提亚人称雄西亚,建立了东到大夏,西至幼发拉底河的庞大帝国。张骞第二次出使西域,曾派副使出访安息。据《史记·大宛列传》,"初,汉使至安息,安息王令将二万骑迎于东界。东界去王都数千里。行比至,过数十城,人民相属甚多。汉使还,而后发使随汉使来观汉广大,以大鸟卵及黎轩善眩人献于汉。及宛西小国獾潜、大益,宛东姑师、扜弥、苏薤之属,皆随汉使献见天子"。随着丝绸之路国际贸易的发展,帕提亚物产不断传入中国。

近年在新疆且末县扎滚鲁克汉代墓葬中发现一件完整的木箜篌,年代约在公元 1 世纪前后,属于鄯善王国时期。[15]据《隋书·音乐志》记载,箜篌为西亚胡乐,"今曲项琵琶,竖头箜篌之徒,并出自西域。非华夏旧器"。其实,箜篌起源于北非埃及,最早出现在公元前 3000—前 2000 年间法老墓,埃及人称作 harp(哈卜)。公元前 2004—前 1595 年,箜篌从埃及传入巴比伦,美国芝加哥大学考古队在巴比伦遗址发现一个演奏箜篌的乐师浮雕泥版,与且末出土箜篌几乎完全相同。

两河流域的古文明后为亚述人继承,亚述人把这种古乐器改称 Cank(箜篌)。苏联考古学家马松在乌兹别克斯坦的铁尔梅兹城以北 18 公里埃尔塔姆(Airtam)遗址发现一座公元 1—2 世纪的佛教寺院遗址。这所佛寺石柱头浮雕上雕刻了一个演奏箜篌、琵琶和皮鼓的乐队,上面的女乐师衣着打扮,与波斯王宫浮雕上帕提亚女子相同。这个发现说明公元 1—2 世纪箜篌

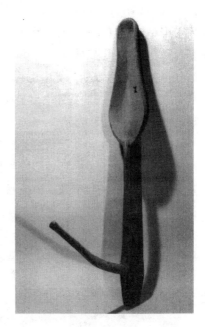

7-8

埃及和且末出土箜篌

已从帕提亚传入中亚。

据《汉书·郊祀志上》记载,汉武帝年间,箜篌从西域传入中原。汉武帝的"嬖臣李延年以好音见……益召歌儿,作二十五弦及空侯瑟自此起"。[16]箜篌有卧箜篌、竖箜篌、凤首箜篌等多种类型,汉代传入中国的是竖箜篌。《旧唐书·音乐志》亦载:"竖箜篌,胡乐也。汉灵帝好之。体曲而长,二十有二弦,置抱怀中,用两手齐奏,俗谓之'臂箜篌'。"且末汉墓出土的木箜篌,正是汉代传入长安的那种竖箜篌,为研究西亚古乐器如何沿丝绸之路传入中国提供了重要实物证据。汉语"箜篌"之名与亚述语 Cank 读音相近,表明汉代箜篌直接来自称雄西亚的帕提亚帝国。

尼雅墓葬和孔雀河三角洲中期墓葬中都出土有较完整的复合弓,这类复合弓与早期欧亚草原流行的斯基泰蛇形弓代表两种不同的系统,类似的复合弓在幼发拉底河贝格霍兹(Baghouz)古墓可以见到,[17]而且在著名的图拉真石柱（Trajan's Column）表现罗马与帕提亚军队作战图像中，帕提亚士兵手中手持的复合弓正与尼雅东汉墓出土帕提亚式复合弓如出一辙，这类复合弓在塔里木盆地相当流行，显然是西域诸国与帕提亚帝国文化交流的结果。鄯善地区晚期墓葬中也可见沿着丝绸之路传来的帕提亚文化因素，且末扎宠鲁克第三期墓葬中出土有一件玻璃杯，原来学者多认为这属于萨珊玻璃器，年代断在公元3—6世纪。[18]

然而，且末扎宠鲁克第三期古墓随葬品不见任何萨珊波斯文物，这个说法颇多疑问。蜂窝纹是亚述和埃兰艺术的典型纹饰之一，大英博物馆藏帕提亚银钵上就装饰有蜂窝纹。帕提亚艺术后来为萨珊波斯工匠所传承，美国大都会艺术博物馆收藏了一件萨珊波斯玻璃杯上也装饰有蜂窝纹，年代定在公元5—7世纪。比较而言，且末出土蜂窝纹玻璃钵，器形高瘦，形态早于萨珊波斯那种矮胖形蜂窝纹玻璃杯。尽管罗马皇帝图拉真在公元116—117年间从帕提亚人手中夺取了叙利亚，但是叙利亚工匠此后制作的玻璃器仍保留了一

1. 帕提亚蜂窝银钵，公元前2—前1世纪

2. 且末出土帕提亚玻璃杯，公元3世纪

3. 朝鲜天马冢出土罗马玻璃杯，公元5—6世纪

4. 伊朗出土萨珊波斯玻璃钵，公元5—7世纪

7-9 帕提亚蜂窝纹银钵、玻璃器与萨珊波斯和罗马玻璃器

些帕提亚艺术风格。例如,1973 年,朝鲜新罗古墓天马冢发现的叙利亚玻璃钵就装饰有帕提亚风格的蜂窝纹,年代在公元 5 世纪末至 6 世纪初。

1971 年,在河北满城发掘出西汉中山靖王刘胜及其妻子窦绾的墓葬。刘胜是汉景帝刘启之子,汉武帝刘彻的异母兄长。景帝前元三年(前 154)封为中山王,死于武帝元鼎四年(前 113)。刘胜和窦绾墓出土文物品类繁多,数量惊人,一共出土金、银、铜、铁、玉、石、陶、漆各类文物 10000 余件,精品就达 4000 多件,尤以金缕玉衣、长信宫灯、错金博山炉等最为珍贵。我们感兴趣的是满城汉墓随葬的一个帕提亚艺术风格的有翼神兽。有翼神兽起源于亚述艺术,后为波斯人传承。著名的阿姆河宝藏汇集了许多古波斯艺术品,其中包括一个制作精美的有翼神兽黄金艺术品。帕提亚人推翻塞琉古王朝后,复兴波斯文化,大英博物馆藏有翼神兽就是帕提亚人的杰作。满城汉墓随葬的有翼神兽,与古波斯和帕提亚艺术的有翼神兽一脉相承,为汉帝国与帕提亚王朝文化交流提供了实物证据。

20 世纪初,瑞典探险家斯文赫定在楼兰 LB.Ⅱ佛寺遗址发现许多希腊罗马艺术风格的木雕构件,包括一件有翼神兽形象的木雕,残高 70 厘米,上下边缘皆有凸榫,残存狮身形象,腰细并呈弓起状,腰前斜插一支翅膀的羽毛,后腿保留,尾巴呈 S 状弯曲,右腿前部仍可见口齿。贝格曼对其进行了复原。斯坦因在 LB.Ⅱ遗址也发现木雕狮子,他在报告中申明,他发现的几件木雕的局部,包括口鼻、身体、腿部、羽毛、牙齿,与赫定收集品非常相似,而且缘部均有凸榫残留,尺寸相合。[19]

斯文赫定在楼兰 LB.Ⅱ遗址还发现了一件花瓶木雕,四边雕出方框,中间刻一个花瓶,从瓶中向两边对称地各伸出一条花枝,花瓶底部排列八片叶子,颈部装饰一条菱形彩带。值得注意的是,有翼神兽和花瓶木雕都有边框,尺寸相同,它们之间无疑彼此存在联系。根据大英博物馆收藏的一件格里芬守护花瓶浮雕石板,揭示了这种有翼狮子与花瓶组合的艺术渊源。在这件石板中,两只带翼狮子相向而立,足成蹄状,分趾,嘴微张,露齿,翼挺起,尾巴上扬成 S 形,狮子中间雕刻花瓶,外形与 LB 遗址出土木雕花瓶相似,向两端传出花枝。据此,我们对 LB 遗址出土的木雕进行了复原。显然,帕提亚石板是有翼狮子与花瓶组合题材的源头。[20]

1. 阿姆河宝藏的格里芬

2. 大英博物馆藏帕提亚的格里芬

3. 满城汉墓出土格里芬，公元前 2 世纪

7-10

帕提亚风格的格里芬

　　1995 年，中日尼雅联合考察队在新疆民丰县以北沙漠腹地的尼雅遗址发现一处古代墓地，其中 8 号墓出土了"五星出东方利中国"织锦。关于这座墓的年代，学界颇多争议，有学者认为在魏晋前凉时期。实际上，这座墓是汉末精绝王公贵族墓。据考证，这块织锦上的动物和禽鸟图案皆为外来禽兽，除有翼神兽外，还有非洲的狮子、越南的鹦鹉和西亚的鸵鸟。[21]

　　有证据表明，汉代有翼神兽是在帕提亚艺术影响下产生的，"五星出东方利中国"不仅为帕提亚有翼神兽影响汉代艺术提供了证据，而且为帕提亚

1. 楼兰 LB 寺院出土帕提亚风格的木雕艺术,公元 2 世纪

2. 帕提亚的格里芬守护花瓶浮雕石板,公元前 1 世纪—公元 2 世纪

7-11

楼兰 LB 佛寺出土帕提亚风格的木雕

驼鸟影响汉代艺术提供了新材料。中国不产驼鸟,这种体型巨大的禽鸟生活在非洲和西亚。张骞通西域后,西方使者将驼鸟蛋和驼鸟作为贡品送到中国,汉代称"大鸟"或"安息雀"。安息国派使臣"随汉使来观汉广大,以大鸟卵及黎轩善眩人献于汉"(《史记·大宛列传》)。永元十三年(101),"安息王满屈复献师子及条支大鸟,时谓之安息雀"(《后汉书·西域传》)。在中国古书中,驼鸟最初称"大爵"或"大鸟"。郭义恭《广志》曰:"大爵,颈及(长),膺(鹰)身,蹄似骆驼,色苍。举头高八九尺,张翅丈余。食大麦。"[22]

除豢养活驼鸟外,汉武帝还在太液池造石驼鸟。《汉书·郊祀志下》记载,太液"池中有蓬莱、方丈、瀛州、壶梁、象海中神山、鳖、鱼之属。其南有玉堂、璧门、大鸟之属。"颜师古注:"立大鸟象也。"《三辅黄图》卷四引《汉书》

7-12

尼雅东汉墓出土"五星出东方利中国"织锦

又载:"建章宫北治大池,名曰太液池。中起三山,以象瀛洲、蓬莱、方丈,刻金石为鱼、龙、奇禽异兽之属。"

第四节 大 秦

张骞通西域不久,中国丝绸就传入欧洲,并很快风靡整个罗马帝国,汉代称"大秦"。[23]罗马城甚至出现了专门出售丝绸的多斯克斯市场(Vicus Tuscus)。[24]从欧洲古代人物造型艺术可知,古希腊和古罗马人特别追求人体之美。欧洲人以亚麻和羊毛为纺织纤维,在纺织技术不甚发达的古代,这两种纺织原料织不出轻便合体,能够表现人体美的服装。长沙马王堆出土素纱禅衣,衣长128厘米,通袖长195厘米,袖口宽29厘米,腰宽48厘米,下摆宽49厘米,重48克,薄如蝉翼,生动反映了汉帝国的织造工艺技术。

公元1世纪以前,中国史家都不知道欧洲。据《后汉书·西域传》记载,东汉时任西域都护的班超在东汉和帝永元九年(97),"遣甘英使大秦,抵条支",访问了称雄西亚的安息王国。大秦就是罗马帝国(前27—476)。条支位于波斯湾沿岸,底格里斯河和幼发拉底河的入海处。甘英出访安息后,中国人才知西方还有一个文明古国——罗马帝国,但是中国史家从不称其为"罗马",而是称作"大秦"。甘英本来是要出访大秦,但他在波斯湾踌躇不前,中途而返。尽管甘英未能到达罗马帝国,但是他向丝绸之路商人和西方诸国通报了中国的广大富饶,招徕了大批西方使臣和商贾出访中国。中国史家从他们口中了解到安息以西罗马帝国的风华物貌,同时罗马人也通过这个渠道了解到中国。

据罗马地理学家马林《地理学导论》记载,东汉初年,有一个名叫梅斯的马其顿巨商从事东方贸易。他大约在公元99年左右委托代理人组成商队,由罗马帝国的马其顿行省和东方行省推罗城人组成。他们可能从地中海东岸的推罗城启程,经安息首府和楼城,安息东境亚里和木鹿城,然后进入贵霜帝国境内,经大夏故都蓝氏城,从塔什库尔干进入中国,沿丝绸之路南道于寘、墨山国、楼兰、敦煌等地,最后于公元100年抵达洛阳。在洛阳宫廷受到汉和帝接见,并被赐予"金印紫绶"。这件事被东汉宫廷史官记录在册,并编入范晔的《后汉书·和帝本纪》。

公元1—2世纪,罗马商人在丝绸之路频繁活动,把大批罗马玻璃器带到塔里木盆地乃至东汉首都洛阳。1979年,苏联和阿富汗联合考古队在阿

7-13 令甘英踌躇不前的波斯湾

富汗西北发现大月氏王陵,从中发掘出两件罗马玻璃器,其中一件是搅胎玻璃瓶。从墓中出土的罗马钱币看,这位大月氏王的下葬年代约在公元30年。

1987年,在洛阳东郊的一座公元2世纪东汉墓葬中出土了一只相当完整的长颈玻璃瓶。此瓶呈黄绿色,半透明,器表通体缠绕着白色条饰,其口径4厘米,腹径7.5厘米,高13.6厘米。这只玻璃瓶造型优美,属于典型的罗马搅胎吹制玻璃器。

公元前1世纪,地中海东岸的工匠发明了玻璃吹制技术,制造出了美丽的球形玻璃器皿。[25]洛阳出土罗马搅胎玻璃器,显然与罗马商人在洛阳的活动密切相关。罗马人的搅胎玻璃技术是从亚历山大城的希腊工匠那里传承的,埃及发现过一件公元前1世纪用搅胎技术制作的香水瓶,相当精美。罗马工匠还用这项技术制作玻璃珠,在罗马本土、埃及、伊朗和丝绸之路沿线城市到处可发现。

罗马人制作的搅胎玻璃珠也沿丝绸之路传入中国。新疆考古工作者在和田山普拉汉代墓地和尼雅东汉墓均发现了罗马搅胎玻璃珠。1980年在新疆的楼兰古城中找到的一串料珠中,有三颗属于搅胎玻璃珠,年代在公元1—2世纪。[26]

在楼兰城郊外东汉墓内,还发现两件罗马搅胎玻璃饰件和两颗玻璃珠,

1. 埃及出土罗马搅胎玻璃瓶, 公元1世纪

2. 大月氏王陵出土罗马搅胎玻璃瓶,公元30年

3. 洛阳东汉墓出土罗马搅胎玻璃瓶,公元2世纪

7-14

洛阳东汉墓出土罗马搅胎玻璃香水瓶

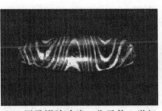

2. 罗马搅胎玻璃，公元前1世纪至公元1世纪

3. 伊朗出土罗马搅胎玻璃

4. 山普拉（84LSIM45：7b），罗马搅胎玻璃

5. 尼雅东汉墓出土罗马搅胎玻璃

1. 希腊搅胎玻璃，公元前1世纪

7-15

希腊罗马的搅胎玻璃器

类似的搅胎玻璃饰件在红海著名罗马古港口——贝勒尼斯遗址也有发现。从出土情况看，这两个搅胎玻璃饰件和玻璃珠位于楼兰墓主人的耳部，那么它们很可能就是东汉诗人辛延年的《羽林郎》提到的"大秦珠"。诗中说："昔有霍家奴，姓冯名子都。依倚将军势，调笑酒家胡。胡姬年十五，春日独当垆。长裾连理带，广袖合欢襦。头上蓝田玉，耳后大秦珠。两鬟何窈窕，一世良所无。"关于流入中国的罗马玻璃珠，早在20世纪前期就有所发现。斯坦因在新疆和田采集的彩色镶嵌玻璃珠就是典型的西方产品，在罗马帝国境内相当流行。[27]这类罗马玻璃珠在和田山普拉汉代墓葬和尼雅东汉墓屡有发现，俗称"蜻蜓眼玻璃珠"。

罗马工匠生产的玻璃珠的品种繁多，例如，和田山普拉汉墓发现一件罗马火坛形玻璃饰件。同类玻璃饰件在红海之滨古罗马贸易港——贝勒尼斯遗址也有发现。中日尼雅联合考察队在尼雅东汉墓中，还发现一种罗马生产的金箔玻璃。罗马玻璃珠品种如此繁多，我们还无法确切知道长安胡姬佩戴的究竟是哪一种大秦珠。

汉代文人提到长安郊外的皇家园囿上林苑内有珊瑚树。司马相如《上林赋》说上林苑"玫瑰碧林，珊瑚丛生，碧玉旁唐"；班固《两都赋》提到长安宫

1. 山普拉出土大秦珠,公元 1 世纪

2. 尼雅出土大秦珠,公元 2 世纪

3. 罗马玻璃项链,公元 1—2 世纪

7-16

山普拉和尼雅两汉墓出土大秦珠

廷内"珊瑚碧树,周阿而生"。珊瑚是海洋生物,产自我国东南沿海海域、红海和地中海。上林苑的珊瑚来源不一,有些来自中国东南沿海。例如,上林苑有颗巨大的珊瑚树,高一丈二尺,据说是南越王觐献。[28]据考证,汉语"珊瑚"译自古波斯语 sanga(石头),[29]那么珊瑚最初可能从西方传入中原。波斯不产珊瑚,珊瑚应来自西方的大秦国。

从大秦传来的物品还有琥珀,汉代称"虎魄"。在西方,琥珀主要产于波罗的海沿岸,如俄罗斯加里宁格勒、波兰、立陶宛、丹麦、德国等地,通称"波罗的海琥珀"。阿拉伯人的祖先——腓尼基人最早开展琥珀贸易,英语 amber(琥珀)一词就来自阿拉伯语。不过,汉语"琥珀"的词源与之不同,美国汉学家谢弗认为可能来自叙利亚语 harpax(琥珀)。[30]《汉书·西域传》说罽宾和大秦产"珊瑚、虎魄"。那么这两种大秦宝物就应该是从犍陀罗传入中国的。欧洲琥珀很早就随西方蜻蜓眼玻璃珠一道传入中国。例如,内蒙古鄂尔多斯桃红巴拉春秋墓和毛庆沟战国 5 号墓发现过琥珀项链,年代在公元前

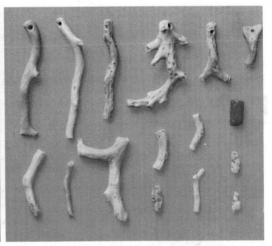

1. 埃及出土罗马红珊瑚项链，
公元 1—2 世纪

2. 尼雅遗址出土罗马红珊瑚

7-17

埃及和尼雅遗址出土大秦红珊瑚

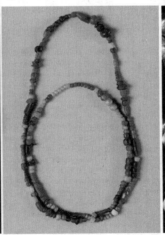

1. 内蒙古西沟畔西汉 44 号墓出土
罗马琥珀项链,公元前 2 世纪

2. 楼兰城采集的罗马琥珀项链，
公元 1 世纪

3. 罗马琥珀项链

7-18

内蒙古、楼兰和罗马出土琥珀、玻璃项链

5—前 4 世纪。

伊朗与中国之间的犍陀罗（今巴基斯坦北部和阿富汗南部），自古以来就是东西方文化交流的重要孔道，汉代称"罽宾"，后称"犍陀罗"。据《汉书·西域传》，罽宾国出产"珠玑、珊瑚、虎魄（琥珀）、璧流离"凡四种宝物。佛教兴起后，罽宾四宝被列入佛家七宝，《大般若经》就将"金、银、琉璃、砗磲、玛瑙、虎珀、珊瑚、赤珠"列为七宝。[31]随着罗马东方贸易的开展和佛教的传播，琥珀从丝绸之路传入中亚和中国。英国考古学家马歇尔（J. Marshall）在塔克西拉遗址发掘出七件琥珀，年代在公元 1—3 世纪。[32]新疆塔克拉玛干沙漠腹地的尼雅遗址、[33]青海西宁以及甘肃敦煌汉墓不断发现琥珀。[34]这些都是从罽宾传入中国的大秦琥珀。

鲜卑取代匈奴进入西域地区后，内蒙古鲜卑墓开始出现琥珀。例如，通辽市的科左中旗六家子鲜卑墓的出土遗物有陶器、金银器、铜器、铁器、琥珀器和玉石器等。[35]此外，在伊敏河的鲜卑墓内还发现琥珀"项饰（孟根楚鲁M1）：弧形，两端成环状，中间穿两琥珀珠"。[36]

2004 年，青海西宁市发现了一个汉代墓葬群，据初步调查，年代在西汉

7-19

罗马商业神雕刻与楼兰出土罗马纺织品，公元 1—2 世纪

末期到东汉早期。每一个墓里一般都有两三个陶器、还有铜器、琥珀、玛瑙、漆器等珍贵文物。[37]琥珀在鲜卑墓大量出现,似与鲜卑人取代匈奴,与东汉王朝争夺西域有关。

罗马商人带到中国的物品还有小亚生产的缂毛织物。英国考古学家斯坦因两次(1906 年和 1914 年)到楼兰探险,他在楼兰城郊外 LC 墓地发现过一个希腊艺术风格的彩色缂毛织物残片。据他研究,这个人头像是希腊使者神赫尔墨斯(Hermes),相当于罗马神话的商业神墨丘利(Mercury)。在希腊神话中,赫尔墨斯是众神的使者,手持信物(Caduceus),引导人间亡灵到阴间。斯坦因将此墓年代定在公元前 1 世纪至公元 1 世纪。[38]不知为什么,他没有彻底清理墓中遗物。1980 年,新疆文物考古研究所楼兰考古队在同一座墓中发掘出汉武帝后期五铢钱、汉代漆器以及写有佉卢文的丝绸残片。据碳 14 年代测定,这座墓距今 1880 ± 50 年,相当于东汉。[39]

在近年新发现的西域艺术品中,还有一件罗马艺术风格的毛织物,1995年在尉犁县孔雀河南岸营盘古城附近一座古墓(15 号)中发现。这座墓的形制和随葬品与楼兰 LC 东汉墓相似,发掘者将年代定在东汉晚期。[40]据《汉书·西域传》记载,孔雀河上游在汉代属于墨山国领地,东汉末被焉耆国兼并,那么这件具有希腊罗马艺术风格的长袍属于汉代墨山国之物。从纺织技术看,楼兰和营盘出土毛织物属于罽织物。这种罽织工艺的发祥地在小亚吉兰,汉代文献把毛织物称作"罽",就与波斯语地名 gilim(吉兰)有关。

据新疆博物馆武敏研究,新疆出土外来毛织品的产地相当复杂,分别产

7-20

营盘第 5 号墓出土身穿罗马风格罽织物长袍的古尸

自中亚、西亚以及地中海沿岸不同地区，[41] 楼兰和营盘出土罗马毛织物为研究罗马商人在丝绸之路上的活动提供了重要证据。

注 释

〔1〕 从石雕风格看，张骞墓前的石雕似为东汉遗存。

〔2〕 《史记·大宛列传》。

〔3〕 D. Schlumberger, "La Prospecion archeologique de Bactres," *Syria* XXVI, 1949, 173-190; R. S. Young, "The South Wall of Balkh-Bactra," *American Journal of Archaeology*, vol. 59-64, 1955, pp. 267-276.

〔4〕 《史记·大宛列传》。

〔5〕 此墓原定为东汉墓，但是近年研究表明当为魏晋墓（吴荣曾：《五铢钱与墓葬断代》，收入北京大学考古文博学院编：《温故知新——面向中国考古学的未来·秦汉宋元明考古》，北京：北京大学考古文博学院，2002 年，页 1—4）。

〔6〕 杨希枚：《论汉简及其他汉文献所载的黑色人》，《先秦文化史论集》，北京：中国社会科学出版社，1996 年，页 978—979。

〔7〕 M. Rostovtzeff, *The Social and Economic History of the Roman Empire*, vol. 2, Oxford: the Clarendon Press, 1957, p. 576.

〔8〕 艾伦·麦克法兰·格里·马丁著，管可秾译：《玻璃的世界》，北京：商务印书馆，2003 年。

〔9〕 余太山：《两汉魏晋南北朝与西域关系史研究》，北京：中国社会科学出版社，1995 年，页 13。

〔10〕 张春树：《居延汉简中所见汉代人的身型与肤色》，《庆祝李济先生七十岁论文集》下册，台北，1967 年，页 1033—1045。

〔11〕 谢桂华等编：《居延汉简释文合校》下册，北京：文物出版社，1987 年，页 524。

〔12〕 谢桂华等，《居延汉简释文合校》，北京：文物出版社，1986 年，页 258—259。

〔13〕 张德芳：《汉简确证：汉代骊靬城与罗马战俘无关》，收入《敦煌悬泉汉简释粹》，上海：上海古籍出版社，2001 年，页 222—229。

〔14〕 《三国志·魏书·毋丘俭传》裴松之注引。

〔15〕 关于箜篌研究最新综述参看马健：《公元前 8—前 3 世纪的萨彦—阿尔泰——中亚东部草原早期铁器时代文化交流》，北京大学考古文博学院硕士论文，2004 年，页 32。

〔16〕 东汉应劭《风俗通》、《后汉书·五行志》也有记述。

〔17〕 F. Bergman *Archaeological Researches in Sinkiang especially the Lop-Nor Region.*. *Archaeology.* Reports from the Scientific Expedition to the North-Western Provinces of China Under the Leadership of Dr. Sven Hedin: The Sino-Swedish Expedition 7. 1. Stockholm: Bokförlags Aktiebolaget Thule, 1939, 122.

〔18〕 安家瑶：《北周李贤墓出土的玻璃碗——萨珊玻璃器的发现与研究》，《考古》1986 年第 2 期，页 173—181。

〔19〕 For LB. II. 0011—0013, 0021, cf. M. A. Stein, *Serindia*, 1921, p. 442.

〔20〕 陈晓露：《楼兰佛寺考》，北京大学考古文博学院本科学位论文，2005 年。

〔21〕 李零：《"五星出东方利中国"织锦上的文字和动物图案》，《文物天地》1996 年第 6 期，页 26—30。

〔22〕 《汉书·西域传》颜师古注引。

〔23〕 在中国史书中，大秦指三个不同的西方国家；公元前 30 年以前指"黎轩"（埃及托勒密王朝），公元前 30—395 年之间指"罗马帝国"，而公元 395 年罗马帝国分裂后，往往指"东罗马帝国"。

〔24〕 夏鼐：《中国文明的起源》，北京：文物出版社，1985 年。

〔25〕 宿白：《中国古代金银器和玻璃器》，《中国文物报》，1992 年 5 月 3 日；徐苹芳：《考古学上所见中国境内丝绸之路》，《燕京学报》新一期，1997 年，页 291—334。

〔26〕 新疆楼兰考古队：《楼兰古城址调查与试掘简报》，《文物》，1988 年第 7 期，页1—39。夏鼐先生凭借黑白图版，误把这三颗搅胎玻璃珠当作肉红蚀花石髓珠。

〔27〕 奥雷尔·斯坦因：《西域考古图记》，第 1 卷，南宁：广西师范大学出版社，1998 年，页 55 和 74；图版见该书第 4 卷图版 IV。

〔28〕 《西阳杂俎》卷十。

〔29〕 谢弗著，吴玉贵译：《唐代的外来文明》，北京：中国社会科学出版社，1995 年，页 523。

〔30〕 同上书，页 524。

〔31〕 佛书对七宝的解释众说不一。20 世纪 80 年代，在对辽宁朝阳南北双塔进行维修加固过程中，发现了地宫和天宫，出土了用金、银、玛瑙、珊瑚、珍珠、琥珀、琉璃等"七宝物"制成的珍贵佛教文物，证明《般若经》的说法是正确的。

〔32〕 马歇尔著，秦立彦译：《塔克西拉》，昆明：云南人民出版社，2002 年。

〔33〕 赵丰、于志勇主编:《沙漠王子遗宝》,杭州:中国丝绸博物馆,乌鲁木齐:新疆文物考古研究所,2000 年,页 95。

〔34〕 吕雪莉、刘晓强:《西宁发现具有较高价值的汉代墓葬群》,新华网青海频道西宁 2004 年 9 月 29 日电（http://unn.people.com.cn/GB/14788/21767/2893859.html）;敦煌发现了一个琥珀独角刻兽,据说出自敦煌杨家桥一座汉代墓葬。这枚琥珀独角刻兽出土时含在死者口中（http://www.carolamber.com.cn/legend/guaishou.htm）。

〔35〕 张柏忠:《内蒙古科左中旗六家子鲜卑墓群》,《考古》1989 年第 5 期。

〔36〕 程道宏:《伊敏河地区的鲜卑墓》,《内蒙古文物考古》第 2 期,页 21—22,图 5—4。

〔37〕 参见新华社记者的报道《考古人员在西宁发现具有较高价值的汉代墓葬群》网络版（http://tech.163.com/04/1026/21/13LCFSMI0009rt.html）。

〔38〕 M. A. Stein, *Innermost Asia* (Oxford, 1928), vol. 1, pp. 233-235.

〔39〕 新疆文物考古研究所楼兰考古队:《楼兰城郊古墓群发掘简报》,《文物》1988 年第 7 期,页 23—29。

〔40〕 新疆文物考古研究所:《尉犁县营盘 15 号墓发掘简报》,《新疆文物》1998 年第 2 期,页 1—11 转 20。

〔41〕 武敏:《新疆近年出土毛织品研究》,《西域研究》,1994 年第 1 期,页 1—13;武敏:《从出土文物看唐以前新疆纺织业的发展》,《西域研究》,1996 年第 2 期,页 5—14。

第八讲

罗马人与东西方海上交通的开辟

红海古港口的变迁

印度古海港——阿里卡梅杜

扶南古港口——沃奥

中国东南沿海的舶来品

在遥远的古代,罗马、印度、锡兰、扶南等国与中国之间就有着相当频繁的贸易往来。公元前1世纪末,奥古斯都(前27—前14)将埃及并入罗马版图,亚历山大港成了罗马人通往东方的重要门户。由于安息人垄断了丝绸之路的陆路交通,罗马人一直寻求从海上通往东方之路。奥古斯都对阿拉伯人因贸易积累的黄金垂涎不已,因而积极参与东方海上贸易。

据希腊地理学家斯特拉波(Strabo,前63—前21)记载,为了满足社会文化的发展,罗马帝国大量进口香料、宝石、丝绸等奢侈品;同时向东方大量出口琥珀、珊瑚、葡萄酒制品。由于巨额的外贸赤字,迫使罗马帝国不得不动用大量金银货币储备。[1]

8-1

罗马浮雕上的考贝塔帆船

　　罗马人继承了希腊造船工艺,除了在船头加装桥楼外,外形与希腊船没有太大改变,通长 27 米,宽约 9 米,可以装载 250 吨货物或 300 余人。不过,罗马人将扬帆技术提高了一大步,尽管仍不能完全逆风扬帆,但已经可以在45 度顶风情况下行驶。罗马帆船有着良好的远航性能,经常从罗马远航到英伦三岛。从古罗马浮雕上,仍可一睹罗马考贝塔货船的风采。

　　古典世界的一大进步是利用季风航海。阿拉伯人最先利用季风航海。当夏日季风吹向东北时,商船借机在海洋中鼓帆而行,这比沿海岸线要快得多。公元前 1 世纪中叶,地中海的罗马商人也领悟到季风的实用性。以前西方学者总把季风的发现归功于托勒密王朝末年的希腊航海家希帕罗斯(Hippalus),但是希腊语 monsoon(季风)一词来自阿拉伯语 mauzim(季节),希帕罗斯恐怕只是最早利用季风航海的希腊人。[2]然而,罗马人似乎比阿拉伯人更加热衷于海上贸易,不仅频繁往来于罗马至亚历山大港之间地中海航线,而且溯尼罗河而上,开辟了贝勒尼斯港至印度的红海航线,旨在打破安息人对丝绸贸易的垄断。《后汉书・西域传》说大秦(即罗马)“与安息、印度交市于海中”,也说明罗马人积极从事海上贸易。

第一节　红海古港口的变迁

红海自古以来就是东西交通的重要孔道,而贝勒尼斯(Berenice)港则是红海最为著名的古港口之一,始建于埃及托勒密王朝。据说,它的最初兴建与托勒密二世试图用非洲大象装备自己的军队有关。在古代印度,大象很早就被运用于战争。公元前 4 世纪中叶,亚历山大率希腊远征军攻打北印度,遭到印度象军的顽强抵抗,希腊人首次领略了大象的威力。

为了对付两河流域的塞琉古王国(前 305—前 280),埃及希腊化王国托勒密二世试图用大象充实自己的军队,便在埃塞俄比亚大肆捕猎大象,并从红海贩运到埃及。为了运输象群,托勒密二世下令修建贝勒尼斯港,同时开辟了从沙漠中部通往伊德富(Idfu)的道路。斯特拉波特别强调了贝勒尼斯港在公元前 3—前 2 世纪作为战略性港口的重要性。

希腊罗马人从事东方贸易始发港起初在红海之滨的米奥斯·霍尔木兹港,罗马人曾在这个港口与尼罗河之间开辟了一条陆路通道。据老普林尼《自然史》记载,从科普特,人们乘骆驼前行,需要经过几个中继站以便补水。第一个中继站位于 22 古罗马里处,名为"依陀曼",也即补水站之意。要抵达第二个中继站则要走一天,因为它位于沙漠中间。第三个中继站是补水站,距离科普特 85 古罗马里。然后又深入沙漠腹地。越过这片沙漠后,人们才能到达距科普特 184 古罗马里的阿波罗补水站,然后再度深入沙漠。随后人们来到 236 古罗马里之外的新的补水站。从科普特经过 287 古罗马里,就来到红海海滨米奥斯·霍尔木兹港。绝大部分路程要在夜间完成,以躲避白天的酷热。这样算来,沙漠商队通常每天走 30 多公里,总共需要 12 天路程才能完成全部旅程。

法国考古队对于这条商路上的第一口水井和中继站等八个军事要塞进行了发掘,它们分别位于库苏尔·阿尔巴纳（Qusûr al Banât）、克罗阔第罗（Krokodilô）、比尔—哈马马特（Bi'r al-Hammâmât）、马克西米亚农（Maximianon）、阿尔—哈姆拉(al-Hamrâ)、比尔—萨亚拉(Bi'r Sayyâta)、斯米欧(Siniou)、达威(Dawwî)和笛笛摩(Didymoi)。这些发掘可以帮助我们重新

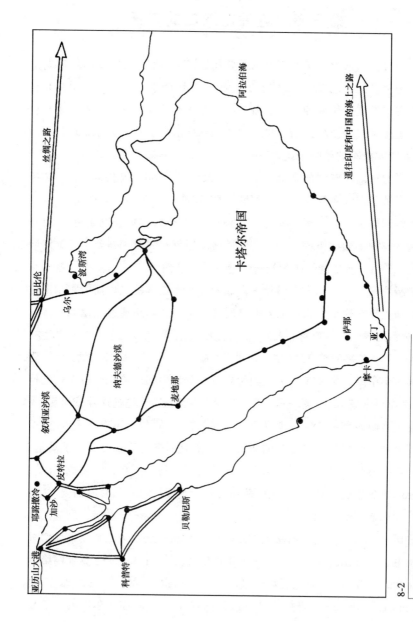

8-2　贝勒尼斯港的位置

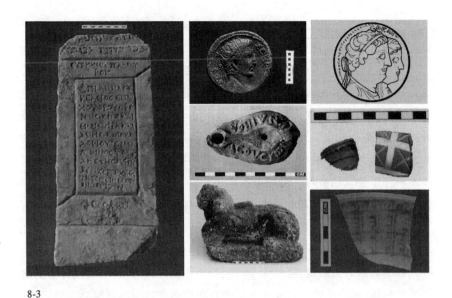

8-3

贝勒尼斯港出土罗马文物

用年代描述这些商路发展演变,从而深入了解到当时罗马人东方贸易活动的频繁程度。[3]

奥古斯都统治末年,也即公元1世纪上半叶,贝勒尼斯港开始发挥重要作用,进而在1世纪70年代超过米奥斯·霍尔木兹港的地位。这一变化可能是由于驶向印度南部的商队增加所致。科普特与贝勒尼斯之间直接商路的开通,导致米奥斯·霍尔木兹港的衰落,更何况这个港口原来只用于停泊小吨位船舶。

有关贝勒尼斯港的详细记录,首推《厄里特里亚海的航行指南》(*Periplus of Erythraean Sea*)一书,或译为《红海航行记》。厄里特里亚海,指今天红海、阿曼海乃至印度洋部分海域。此书更像是一本航海日志或商业指南,成书于公元1世纪中叶。作者是一位居住在贝勒尼斯的希腊商人,专门从事埃及与印度之间的海上贸易。

公元69—79年,老普林尼《自然史》写道:"仅珍珠一项,每年就要耗费罗马帝国一亿银币,支付给印度、中国和阿拉伯诸国。"罗马东方贸易的始发港就在贝勒尼斯,西方考古学家在贝勒尼斯发现了罗马时代的古海港遗址——特伦奇（Trench），从中发掘出罗马神庙、装葡萄酒的安弗拉罐、带希腊文的陶片、维纳斯雕像和埃及玻璃珠等文物。

2004 年，美国考古学家对贝勒尼斯一处古海港进行大规模考古挖掘，这是一个长期废弃的埃及红海港口，靠近苏丹国边界。在罗马帝国时代建筑遗迹中，考古队发现大量柚木——一种生长在印度本土和今天缅甸一带的树种，但是不能在埃及、非洲和欧洲生长。发掘者相信，这些公元 1 世纪的柚木，属于远航这个港口的东方海舶，贝勒尼斯当地居民显然是把废弃的船体木料作了建筑的材料。美国考古队还发现了一些造船材料，包括铜钉和金属板。"人们期望发现埃及本土的红树林和阿拉伯树胶"，塞德伯萨姆说，"但是我们发现更多的是柚木"。

在红海沿岸考古学家发现了一系列的古代印度物品，包括前罗马帝国时代盛黑胡椒的大陶罐，容量为 16 磅。公元 1 世纪时，这种胡椒只有印度南部才能种植。埃及干燥的气候使那些来自印度的有机物得以保存，包括公元 30—70 年的帆布，公元 1—2 世纪的篮子、席子等。在一个罗马时代的储藏室里，考古队发现了印度产的椰子和 1 世纪的棉布料，以及一系列宝石，其中包括来自斯里兰卡的蓝宝石和玻璃珠，来自印度的玛瑙。在考古点发现了三颗玻璃珠。其中一颗可能来自东爪哇；另外两颗来自越南或泰国，但是所属时期不能确定。贝勒尼斯与东爪哇、越南和泰国不存在直接贸易，他们极可能是通过印度运抵埃及的。这些为印度和埃及之间的航海活动提供了更多的证据。

贝勒尼斯在公元 1—2 世纪被罗马帝国控制。那时，从印度经巴基斯坦、伊朗和美索不达米亚通往欧洲的陆路通道被罗马帝国的对手帕提亚帝国控制，这使得罗马商人很难从事陆路贸易。此外，罗马史料显示当时陆上贸易要比海上贸易造价高 20 余倍。由于陆上贸易遭到阻碍，罗马帝国最南端的这个港口非常繁荣，它接收来自印度的货品，然后通过尼罗河转运到埃及的亚历山大港，再由亚历山大经地中海到达罗马各港口。

贝勒尼斯作为红海最重要的港口之一一直活跃到公元 500 年。贝勒尼斯的航海活动在中世纪的文献上有过大量记载，但是港口的确切位置一直不能确定，直到 1994 年加利福尼亚大学洛杉矶分校和特拉华大学的考古学家温德里克和塞德伯萨姆在埃及进行大规模的考古挖掘，才揭开了这个古代"香料之路"重要港口的秘密。[4]

据《红海航行记》记载，在印度西海岸马拉巴尔（Marbar）的穆吉里斯港（Muziris）和巴卡雷港（Bakare），可以买到中国丝绸和印度香料。[5]据近年考古发现，罗马商人在南印度的马拉巴尔海岸建有商业网点，甚至奥古斯都大帝神庙。这个神庙的年代约在公元1世纪，只可能是希腊罗马商人兴建的。

据斯特拉波统计，在公元前1世纪初年，罗马帝国只有20多艘商船往来印度，而在奥古斯都时代这个数字翻了六番。这条古道是凯乌斯·恺撒（Julius Caesar）于公元前1世纪以军事手段，突破阿拉伯人的封锁之后打通的。罗马帝国还设立了关税制度以增加收入。从此以后，有关与印度直接贸易的史料逐渐增多。在西方史料和考古发现中，有三个材料尤为引人瞩目：

第一，意大利那不勒斯市附近的庞培古城发现过两件南印度安达罗艺术风格的象牙雕刻，这座罗马古城因公元79年维苏威火山爆发而被火山灰深埋地下，所出印度象牙雕刻为研究罗马东方贸易提供了实物证据。[6]

第二，在克劳狄亚斯·恺撒（41—54）统治下，阿尼乌斯·普劳卡穆斯家

8-4
奥古斯都像与庞培出土印度象牙雕刻

族（P. Annius Plocamus）一名获释的奴隶驾驶船在锡兰搁浅，受到了锡兰国王的款待。国王此后向罗马派出四名使节。

第三，在尼禄（Néron, 54—68）时代，有一个名为赫尔墨斯（Herméros）的商人，他本为来自亚滨的阿拉伯人阿德尼翁（Athénion）的公子，后来到贝勒尼斯港经营葡萄酒国际贸易，并在印度半岛南部大批购买当地产品，尤其是胡椒、桂皮等。

第二节　印度古海港——阿里卡梅杜

阿里卡梅杜是南印度东海岸康契普腊姆市附近一个古港口，希腊佚名作家所著《厄里特里亚海航行记》称"波杜克"（Podouke）；《汉书·地理志》称"黄支国"，《大唐西域记》称"建志补罗国"。这两个古汉语地名，来自梵语Kancipura（建志城），南印度的康契普腊姆市，至今沿用这个古老的地名。[7]

8-5
阿里卡梅杜出土文物

20 世纪 30 年代，法国考古学家帕塔比拉明（P. Z. Pattabiramin）在距离南印度康契普拉姆不远的海滨发现了古罗马海港遗址。这个地方距本地治里（Pondicherry）大约 3 公里，今称"阿里卡梅杜"（Arikamedu）遗址。

1945 年，英国考古学家惠勒（Sir Mortimer Wheeler）到阿里卡梅杜进行大规模考古发掘，发现了直接由罗马或叙利亚、埃及等地中海东岸商人经营的货栈商行和染制木棉的染坑，从中发掘出 20 件带纪年铭文的陶器，铭文用婆罗谜文拼写泰米尔语，年代约在公元前 2 世纪至公元 1 世纪。其他出土文物计有：安弗拉罐、阿雷蒂内陶器、罗马玻璃器、绿釉陶片和罗马钱币等，还有印度中部或南部各地的香料、宝石、珍珠和薄棉轻纱。看来，公元前 2 世纪至公元 1 世纪，阿里卡梅杜是罗马东方贸易的重要中心之一。[8]

许多东方的知识就在这个时期被罗马商人带回西方，斯特拉波、普林尼、托勒密等著名罗马地理学家几乎都是这个时代的人物。托勒密（Ptolemy, 87—150）生于埃及，父母都是希腊人。公元 127 年，托勒密被送到亚历山大求学。他在亚历山大图书馆阅读了大批书籍，涉及数学、天文、地

8-6

阿里卡梅杜古港口发掘现场

理和光学等诸多领域,并著书立说。

公元 130 年,托勒密绘制出有史以来第一张世界地图,作为他的皇皇巨著《地理学指南》的附录。整个中世纪,欧洲都处于漫长的"黑暗时代",而托勒密对地理学的卓越贡献逐渐被人淡忘。1400 年,《托勒密世界地图》在君士坦丁堡被重新发现。1538 年,墨卡托绘制世界地图时,吸收了《托勒密世界地图》许多成果。

罗马人从印度撤离后,阿里卡梅杜仍作为重要港口持续繁荣了几个世纪。从当地出土的南宋龙泉窑瓷片看,这个港口的最后衰败大约在公元 12 世纪。

第三节　扶南古港口——沃奥

罗马人很早就知道印度支那,罗马作家马林诺斯记载:"不只有一条路从那里途经石塔前往大夏,而且还有一条从该地取道华氏城(今印度恒河中游)而通往印度的路。这些人进一步补充说,从长安到卡蒂加拉(Kattigara)

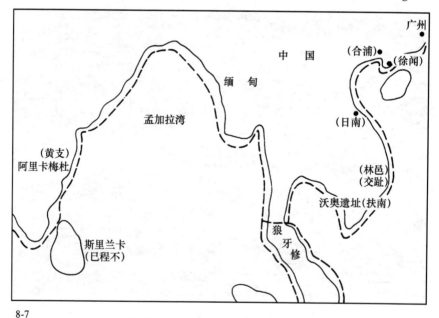

8-7

沃奥在东西方海上交通航线上的位置

港口的路是向西南方走的。"据考证,罗马人所谓"卡蒂加拉"就是《汉书·地理志》中的"交趾",在今天越南岘港。[9]希腊地理学家托勒密引述推罗城(Tyre)水手的话说:一个名为亚历山大的航海家曾远航比交趾(Kattigara)更远的秦那人(Thinae)的国度。罗马人所谓 Thinae,就指中国而言。

一、沃奥遗址的发现和分期

20世纪40年代,湄公河三角洲南端沃奥(Oc Eo)地区发现大片古代遗址。1942—1944年,法国考古学家马勒海(L. Malleret)在此进行大规模考古发掘,发现许多与罗马东方贸易有关文物,今称"沃奥遗址"。1959—1963年,沃奥考古报告——《湄公河三角洲考古记》七卷本陆续发表。[10]沃奥距现代海岸约25公里,当时应在海边。

沃奥城市建筑可分为三个主要阶段:第一阶段为公元1—4世纪,印度教化前时期:沃奥早期文化属于印度支那半岛东山文化(以使用铜鼓为特征的青铜文化)。这个时期,沃奥最适合人类居住,最初的居住点集中在沉积平原的小丘和巴泰山的低坡上。他们的住宅都是木结构的杆栏式建筑,底部用木支柱架空,我们可以通过现在印度尼西亚(与沃奥地区环境相似)的吊脚楼来认识这种建筑的结构。有一些建筑物顶部还铺盖了一些陶土烧制的瓦,形制与印度南部的阿里卡梅杜遗址出土的瓦非常相近。东南亚史前时代晚期和原始史时期,有用陶罐进行二次葬的传统。此时印度和东南亚的经济交流已经非常频繁。

第一阶段的晚期,人们开始在城市的周围挖掘护城河。同时开挖的还有城内外的水利系统,尤其是城内开凿的一条大运河,它把整个城市一分为二,使得这座城市与海洋、湄公河以及吴哥其他城市相连。开凿运河的目的是解决平原地区排水问题,这样人们就可以在以护城河为界限的城内居住。这一阶段尚未发现含有婆罗门教或佛教的雕塑的大建筑,表明这个时期扶南王国还没有被印度教化。

第二阶段为公元5—7世纪,印度教化后时期。这时木结构建筑的吊脚楼住宅从小丘上转移到可能被洪水淹没的平原和巴泰山低坡上,而小丘上和巴泰山侧坡上出现印度教或佛教遗址,说明沃奥已被印度文化教化。[11]此时城市中的水道开始破土动工,水稻种植业也从这个时期开始。当地人

8-8
沃奥遗址发掘现场

在陶器和砖瓦中加入碳化稻子枝叶和稻壳等作为掺和物，以减少黏土的黏性，防止开裂。法国考古队在沃奥平原发掘了一个宗教遗址，可以分为三层：第一层，属于 7 世纪前扶南国时代；第二层，属于 7—8 世纪前吴哥时代；第三层，属于 9—12 世纪吴哥王朝时代。

第三阶段为公元 7—12 世纪，前吴哥、吴哥时期：这个阶段属于印度支那历史上的前吴哥时代和吴哥王朝时期，此时扶南王国已经消失，取而代之的是一个相当强大的高棉国家。吴哥王朝在公元 9 世纪建造了著名的吴哥城，这个时期湄公河三角洲开始向外围发展，地区中心已经远离海岸，并逐渐向内地的未来的吴哥城靠近。因此，沃奥平原的居住区和宗教建筑逐渐地废弃，水利系统也被淤塞、填没。只有在巴泰山坡的一些宗教建筑的修建，依然见证了与吴哥文化的关系。

沃奥是东西交通的重要枢纽之一，汇集了来自罗马、印度、中国的大批商品，分述于下。

二、与罗马的关系

中国古书把罗马帝国称作"大秦"。《后汉书·西域传》记载："天竺国……

西与大秦近,有大秦珍物……和帝时,数遣使贡献,后西域反叛,乃绝。至桓帝延熹二年、四年,频从日南、徼外来献。"又载:"桓帝延熹九年(166),大秦王安敦遣使自日南徼外献象牙、犀角、玳瑁,始乃一通焉。"安敦即罗马皇帝安东尼(M. A. Antoninus, 161—180)。沃奥至少发现四种罗马文物,相当引人注目。

第一,沃奥发现了152年和110—180年间罗马钱币,正是汉文史料提到的大秦王安敦在位时(Marcus Aurelius Antonius, 121—180)发行的钱币。

第二,沃奥出土许多罗马玻璃珠和玻璃残片,其中一片是罗马搅胎玻璃,大英博物馆藏有完整器形,属于公元前1世纪产品,而中国东南沿海汉晋古墓出土罗马玻璃器中有相当一部分是从沃奥输入中国的。

8-9

罗马皇帝安东尼雕像和钱币

第三,沃奥发现了典型的罗马印章,这就清楚地说明公元2—4世纪确实有罗马商人在湄公河三角洲从事国际贸易。

第四,沃奥遗址发现一种名叫"多面金珠"的罗马珠宝。这是一种镂空多面体金珠,直径仅1.4厘米,十二菱形,每面正中有个圆形穿孔,每个角有突起的圆珠四粒,采用焊珠工艺(granulation)制造,也就是先用一种黏合性焊剂把金粒固定在器表上,然后加热焊接。

焊珠工艺最早见于公元前四千纪两河流域乌尔第一王朝,后来传入埃及、希腊、波斯等地。亚历山大东侵后,又传入印度。英国考古学家马歇尔在

8-10

沃奥出土罗马风格印章,公元 2—4 世纪

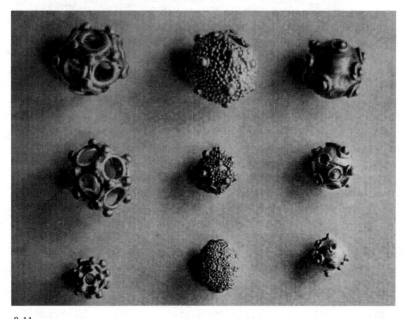

8-11

沃奥出土"多面金珠"

巴基斯坦的塔克西拉遗址发现许多多面体金珠。这种用焊珠工艺制作多面体金珠的工艺，发源于迈锡尼时代（前 1600—前 1100）的希腊。西方流行的金珠都是十二面体，故称"十二面金珠"（dodecahedron）。广州东汉前期古墓（编号 4013）也发现多面体金珠，应该是罗马人积极开展东方贸易的产物。

三、与中国的关系

扶南国在形成之初，几乎没有受到中国文化的丝毫影响。这一点与扶南北部邻国林邑（今越南岘港）截然不同。在林邑故地发现许多汉代文物，分布地点一直延伸到今天越南东部海岸，但是中国文物在公元 4—5 世纪以前扶南遗址十分罕见，目前只在沃奥发现过一面西汉时代的对凤纹镜。这个现象和汉文史料的记载一致，因为沃奥不在汉代海上交通路线上，印度支那半岛的汉代港口在交趾（今越南中部的岘港）。

沃奥出土中国文物主要为两类：一是铜佛像，法国学者认为与公元 5 世纪北魏佛像惊人地相似；[12] 二是铜镜，年代在东汉时期。可见，远在中国与扶南建立经常性贸易关系之前，东汉铜镜就已传入沃奥。这种样式的铜镜在越南北部一些遗址不断发现。

公元 4—5 世纪，沃奥成为扶南国一个重要港口，开始与中国有所接触。西晋葛洪曾到过扶南，他说："余少欲学道，志游遐外，昔以少逸，因旅南行，初谓观交岭而已。有缘之便，遂到扶南。"[13] 据陈国符《道藏源流考》考证，葛洪游扶南在东晋光熙元年（306）。

8-12

沃奥出土公元 2 世纪东汉对凤纹镜

魏晋南北朝时期,扶南频繁遣使贡献,扶南佛像输入中国也许在这个时期。据中国文献记载,梁武帝天监二年(503),出身天竺的扶南国王跋摩复遣使送珊瑚、佛像,并献方物。薄衣透体式的扶南佛像输入中国,对中国佛教造像风格再次产生影响,中国佛像由于受到印度文化影响,风格进入第二时期。近年青州出土的薄衣透体式佛像,与原来所见犍陀罗式衣料厚重的佛像风格迥异,可能是扶南佛像对中国的影响。扶南佛像可能来源于南印度雕刻艺术的一大流派——阿玛拉瓦蒂雕刻,印度本土文化传统在这个流派中表现得更加纯粹。与犍陀罗、马图拉并为贵霜时代的三大艺术中心。与阿玛拉瓦蒂雕刻相比,这里的浮雕构图更生动,人物形象更柔软苗条,空间安排更老练。类似的阿玛拉瓦蒂式的佛像曾传至斯里兰卡和东南亚诸国。

20世纪50—60年代,西方学者一致认为南北朝时期北朝佛教艺术居于主导地位,美国纽约大学梭柏(Alexander Soper)教授撰写《中国南朝对六朝佛教艺术之贡献》一文,认为北朝佛教美术遗物虽多,但是根据文献,南朝佛教兴盛,佛教艺术成就甚高,对北朝佛教艺术风格变化实际上具有关键性的影响力。他还认为梁朝张僧繇"凹凸画"的新风格很可能自南方海路,经印度尼西亚和马来半岛传来。[14]

四、与印度的关系

据当地古史传说,从印度来的婆罗门混填与扶南女王柳叶通婚,"生子分王七邑"而成为扶南国。公元4世纪时,又有印度婆罗门从印度到盘盘,再从盘盘到扶南,被迎立为王。[15]因此,沃奥考古工作的重点集中在辨认印度式陶器。在沃奥发掘出了接近两吨的陶器。在公元1—4世纪的陶器群中,印度风格的陶器占据了相当大的比例,而且都是寻常百姓的日常生活用品,并非贵重器物。

远在公元5—7世纪印度教化之前,沃奥和印度之间的文化交流已相当频繁,甚至和中亚贵霜王朝有贸易关系。三国时,东吴孙权于黄武五年(226)派遣朱应、康泰等人出使扶南(今柬埔寨),开辟了中国与南海的交通。据康泰《吴时外国事》记载:"加营国王好马,月支贾人常以舶载马到加营国,国王悉为售之。若于路羁绊,但将头皮示王,王亦售其半价"(《太平御览》卷三五九引)。月支,即称雄中亚和北印度的贵霜帝国。加营,《洛阳伽蓝记》卷四作"歌营",有学者认为是南印度 Koyam(Padi)或 Koyam(Muturu)的节译,[16]也有学者认为在马来半岛。《吴时外国事》介绍东南亚风土人情,所以后一说较为可信,只是目前尚不知确切地点。据《洛阳伽蓝记》卷四,歌营国沙门菩提拔陀曾经到过北魏首都洛阳。《三国志·吴志·士燮传》称士燮兄弟在交州一带"并为列郡,雄长一州,偏在万里,威尊无上"。每当出行之时,"车骑满道,胡人夹毂焚烧香者常有数十"。所谓"胡人"指的是中亚的月氏人或粟特人,可见三国时期有许多中亚人在印度支那经商。

贵霜王阎膏珍钱币

贵霜王阎珍钱币

8-13

沃奥出土贵霜钱币和犍陀罗女神像

　　沃奥出土了许多贵霜钱币,尤其是一尊印度女神像与公元前 1 世纪犍陀罗出土印度女神像非常相似,但是其余佛像多为南印度式。公元 3—4 世纪,沃奥文化深受印度文化影响,尤其在宗教和艺术方面表现出强烈的印度教艺术风格;公元 5—6 世纪的扶南文化则呈现出不确定性的特征,佛教和印度教艺术同时并存。沃奥遗址发现了公元 5—7 世纪佛像和公元 4—7 世纪印度教雕像(如带基座的毗湿奴坐像),说明沃奥文化与印度文化关系密切。

　　关于扶南文字,《晋书·四夷传》说:"扶南西去林邑三千余里,在海大湾中,其境广袤三千里,有城邑宫室。人皆丑黑拳发,倮身跣行……又好雕文

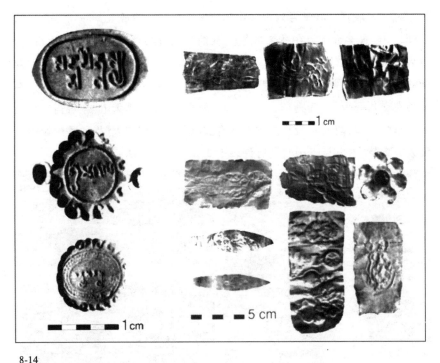

8-14
沃奥出土锡印章和刻有印度婆罗谜文的金叶

刻镂,食器多以银为之,贡赋以金银珠香。亦有书记府库,文字有类于胡。"沃奥遗址发现一些黄金装饰或金叶,上面写有公元4—5世纪婆罗谜文,说明扶南使用古代印度文字。扶南时期遗存中发现许多金锡制品,诸如指环、耳环、钗等佩饰和小型铸像、铸造锡耳杯的砂岩石范等。后者可证这些金锡制品是当地居民自己生产的。铸像类似印度和中亚胡人。锡制品多于金制品。在一些锡制印章、小锡片和金箔上刻有印度婆罗谜文,语言为印度俗语。[17]

第四节　中国东南沿海的舶来品

据《汉书·地理志》记载:"自日南障塞、徐闻、合浦船行可五月,有都元国;又船行可四月,有邑卢没国;又船行可二十余日,有谌离国;步行可十余日,有夫甘都卢国。自夫甘都卢国船行二月余,由黄支国(今南印度本地治理），民俗略与珠崖相类，其州广大，户口多，多异物，自武帝以来皆来献见。有译长，属黄门，与应募者俱人海市明珠、璧流离、奇石异物，赍黄金杂缯而往……黄支之南，有已程不国（今斯里兰卡），汉之译史自此还矣。"由此可知，汉代与西方海上交通的始发港当在今天广东省的徐闻县。

徐闻于汉武帝元鼎六年（前111）立县，属于合浦郡。徐闻位于雷州半岛南端，这里的汉代遗存集中在徐闻县华丰村一带，村西南3公里有一个现代港口，今称"七旺港"；汉代徐闻港也在这一带。汉代徐闻县城在北海市合浦县城东北13公里的古城头村，以盛产珍珠而闻名。古城头村地处古代水路交通要道：从通往北部湾的干流南流江分流的周江，流经村子西面。周江古河道尽管早已干涸变塞、长满作物，但是仍可分辨出河道痕迹。20世纪60年代在村里发现大浪古城，平面呈正方形，边长220米左右。城墙及城池（护城河）皆清晰可辨，东南北三面城池均为人工开挖，西面直接利用周江。〔18〕

徐闻的古代交通不如番禺（今广州）和合浦（今北海）那样发达，有河流可通内陆。这个偏僻的小渔村之所以成为汉代远洋航海的始发港，与古代海上交通尚不发达，海船仍需沿海岸线行驶有关。近年中国东南沿海不断发现与汉代海上交通有关的文物，而罗马人为开辟这个时期东西方海上交通做出了重要贡献。

广州南越王墓出土舶来品：1983年，广州象岗山的西汉南越王墓不仅出土了非洲象牙、埃兰银盒，而且发现了红海珊瑚和乳香。这座墓是第二代南越王赵眜墓，下葬年代为公元前122年（汉武帝元狩元年），说明广州与中东诸国海上交往甚至早于张骞通西域。〔19〕最引人注目的是一个异国情调的银盒，通高10.3厘米、口径13厘米，圈足和盖纽都是后来加配的，盖上还加刻了汉文铭文，出土时银盒内藏有药丸。

在云南晋宁石寨山西汉滇王墓（12号墓）也发现一个埃兰艺术风格的列瓣纹金属盒，器高12.5厘米，口径14厘米，现藏云南省博物馆。不同的是，这个异国情调的金属盒用青铜铸造而成，表面镀有锡层。〔20〕

南越王墓西耳室出土的一个漆盒内藏有红海乳香，呈树脂状，重26克。印度洋沿岸许多国家都产乳香，但是最好的乳香产于红海之滨的阿曼。埃及法老墓早就用红海乳香防腐。此外，南越王墓还出土了非洲象牙。这时

8-15

广州南越王墓和云南滇王墓出土列瓣纹金属盒

8-16

阿曼的乳香和南越王墓出土非洲象牙

正值罗马人正积极开拓红海至印度航道时期，红海乳香和非洲象牙可能也是罗马商人传入广州的。

红海盛产珊瑚，自汉代以来就大量进口红海珊瑚。汉代文人提到长安城外皇家园囿——上林苑种植了珊瑚树。据马欢《瀛崖胜览》记载，红海珊瑚非常大。永乐十九年（1421），郑和舰队在阿丹（今亚丁）看到"珊瑚树高二尺数株。又买得珊瑚枝五柜"。

珊瑚

青金石

绿松石

8-17

江苏徐州东汉墓出土鎏金铜砚台盒

1969 年，在江苏徐州一座东汉墓发现了一件镶嵌各种名贵宝石的兽形铜砚台盒。在这件反映汉代工艺最高水平的稀见工艺品上，除了青金石、蓝宝石外，还镶嵌了许多红珊瑚。[21]地中海沿岸意大利和摩洛哥盛产红珊瑚，并成为罗马从海上从事东方贸易的主要出口产品。江苏地处中国东南沿海地区，这些红珊瑚可能也是罗马商人从海路输入的舶来品。

广州横枝岗西汉墓（编号 M2061）还发现一批罗马玻璃碗残片，可以拼接和黏合出两件完整器，另一件尚残三分之一。据化学分析，属于西方钠钙玻璃，可能属于公元前 1 世纪罗马玻璃生产中心的产品。两广汉墓还发现许多西方玻璃珠，有些是透明玻璃，也属于西方钠钙玻璃系统。横枝岗汉墓的年代在西汉中期，是目前中国境内所见最早的罗马玻璃器。此外，广州横枝岗西汉中期墓还发现三件深蓝色玻璃碗，无论化学成分还是制作工艺，都与地中海南岸罗马玻璃中心公元前 1 世纪的产品相似。[22]

20 世纪 50 年代以来，中国内地不断发现罗马艺术风格的玻璃器，例如

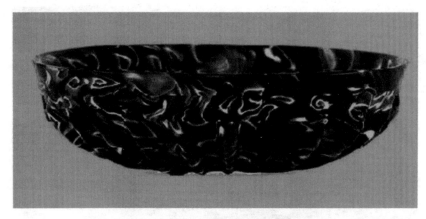

1. 大英博物馆藏罗马搅胎玻璃碗, 公元 1 世纪

2. 江苏甘泉山 2 号东汉墓出土罗马搅胎玻璃碗残片

3. 罗马搅胎玻璃珠

8-18

江苏甘泉山和洛阳出土罗马搅胎玻璃

江苏邗江甘泉二号东汉墓发现一件罗马绞胎玻璃钵残片。在洛阳东汉墓发
现了一个完整的搅胎玻璃香水瓶。在英国 1 世纪遗址发现过同类搅胎玻璃,
现藏伦敦大英博物馆。[23]沃奥遗址也发现罗马搅胎玻璃残片,说明汉墓出
土罗马搅胎玻璃有相当一部分是从海路输入中国的。

在广州西汉后期墓葬中还发现两颗肉红蚀花石髓珠。[24]从照片看,南越
王墓出土的蚀花石髓珠与众不同,很可能产自波斯地区(今伊朗或阿富
汗)。这种石髓珠或称"苏莱曼尼玛瑙"(Solimani banded agate),主要流行于
公元前 250 年至公元 6 世纪。[25]

8-19

新巴比伦王权杖与广州汉墓出土西亚玛瑙项链

在新巴比伦时期（公元前 605—前 539 年）一所神庙中发现过一个苏莱曼尼玛瑙工艺制作的权杖。苏莱曼尼玛瑙在丝绸之路上迄今尚未发现过，那么南越王墓出土的这种蚀花宝石很可能是从海路传来的西亚艺术品。[26]

注　释

〔1〕　戈岱司著，耿昇译：《希腊拉丁作家远东古文献辑录》，北京：中华书局，2001年。

〔2〕　塔帕尔著，林太译：《印度古代文明》，杭州：浙江人民出版社，1990 年，页 104。

〔3〕　博伦（Centre Jean Bérard）著，盛洁根据录音整理：《经由埃及东部沙漠和红海而建立起来的罗马帝国与东方诸国的商贸联系》，欧亚非考古与文明系列讲座之一，北京国家图书馆北海分馆，2005 年 4 月 21 日。本文所引贝勒尼斯考古资料主要根据这个演讲，恕不一一出注。

〔4〕　梦飞：《考古发现古代海上"香料之路"重要港口》（2004-02-10）；参见网络版

（http：//www. enorth. com. cn）。

〔5〕 戈岱司著,耿昇译:《希腊拉丁作家远东古文献辑录》,北京:中华书局,2001 年。

〔6〕 J. Ph. Vogel: "Note on an Ivory Statuette from Pompei," *Annual Bibliography of Indian Archaeology*, vol. XIII, 1938.

〔7〕 藤田丰八著,何建民译:《前汉时代西南海上交通之记录》,《中国南海古代交通丛考》,北京:商务印书馆,1936 年;费琅著,冯承钧译:《昆仑及南海古代航行考》,北京:中华书局,1957 年。

〔8〕 M. Wheeler, "Arikamedu; An Indo-Roman Trading-Station on the East Coast of India," A*ncient India*, no. 2, Delhi, 1946; *Rome beyond the Imperial Frontiers*, London, 1954.

〔9〕 《希腊拉丁作家远东古文献辑录》,北京:中华书局,1987 年,页 27。

〔10〕 Louis Malleret, *L'archaêologie du Delta du Mekong, Paris: Ecole francaise d'Extrême-Orient*, 1959-1963, 4 tomes en 7 vols. 本文所引沃奥考古资料主要根据这本报告,恕不一一出注。

〔11〕 有学者根据碳 14 年代资料,认为在 4—7 世纪。

〔12〕 中国社会科学院考古所的李裕群博士认为,沃奥出土佛像实际上和南朝佛像更接近。

〔13〕 《道藏·洞神部·太清金液神丹经》卷下。

〔14〕 Alexander C. Soper, "South Chinese Influence on the Buddhist Art of the Six Dynasties Period," *BMFA*, No. 32, 1960, pp. 47-112.

〔15〕 《梁书·诸夷传》。

〔16〕 杨衒之著,范祥雍注:《洛阳伽蓝记》,上海:上海古籍出版社,1978 年,页 173—174。

〔17〕 莽甘（Pierre-Yves Manguin）著,陈晓露、盛洁整理:《关于扶南国的考古学新研究：位于越南湄公河三角洲的沃奥遗址》,欧亚非考古与文明系列讲座之一,北京国家图书馆北海分馆,2005 年 4 月 22 日。

〔18〕 参见《广西发现西汉"海上丝路"始发港码头》,《中国旅游报》2003 年 8 月 25 日。

〔19〕 刘瑞、冯雷:《广州象岗南越王墓的墓主》,《考古与文物》2002 年增刊,页 183—190。

〔20〕 中国国家博物馆、云南省文化厅编:《云南文物之光:滇王国文物精品集》,北京:中国社会科学出版社,2003 年,页 15 和 195。

〔21〕 夏鼐：《无产阶级文化大革命中的考古新发现》，《考古》，1972 年第 1 期；吴学文：《银镂玉衣、铜砚盒、刻石》，《光明日报》，1973 年 4 月 7 日；王进玉：《神秘的青金石》，《中国文物报》，1994 年 3 月 13 日。

〔22〕〔23〕 安家瑶：《中国早期玻璃器》，《考古学报》1984 年第 4 期，页 418。

〔24〕 广州市文物管理委员会、广州市博物馆：《广州汉墓》，北京：文物出版社，1981年，上册，页 291，对应的图片可参见下册。

〔25〕 Cf. The Ancient World Webpage (http: // www. oldbeads. com / ancient. html).

〔26〕 戴尔·布朗著，李旭影等译：《美索不达米亚》，北京：华夏出版社，南宁：广西人民美术出版社，2002 年，页 164—165。

第九讲

楼兰文明

从罗布泊到鄯善河

汉文化的西传

楼兰人种族问题

楼兰考古新发现

第一节　从罗布泊到鄯善河

塔克拉玛干大沙漠位于新疆塔里木盆地，总面积 33.7 万平方公里，现为世界第二大沙漠；北为天山，南为昆仑山；西有帕米尔高原，东为河西走廊。法显西行求法，身临其境。他在《法显传》中描述说："沙河中多有恶鬼、热风，遇则皆死，无一全者。上无飞鸟，下无走兽，遍望极目，欲求度处，则莫知所拟。唯以死人枯骨为标识耳。"

公元前 2 世纪，就在这片沙漠内的绿洲和周边地区建有许多繁华的城邦，史称"西域三十六国"，楼兰乃其中之一。楼兰本为塔里木盆地东部罗布泊西岸一个弱小的王国。元凤四年(前 77)，楼兰王从罗布泊西北 LE 城南迁车尔臣流域的扜泥城，故址在今若羌县城附近。楼兰因此更名"鄯善"，车尔臣(Cherchen)就是"鄯善"一词的遗音。[1]东汉末年，鄯善王统一塔里木盆地东部,楼兰、精绝、且末、小宛等丝绸之路南道小国并入鄯善王国。[2]

塔里木盆地本来流行圆城,如克里雅河畔的圆沙古城、尼雅古城和孔雀河畔的墨山城。在尼雅出土魏晋文书中称作"元城"。[3]为了抵御匈奴的侵扰,保障丝绸之路畅通无阻,汉武帝不惜动用数十万人在中国西部修长城,最西端一直修到姑墨(今新疆阿克苏)。据《汉书·西域传》记载,"于是自敦煌西至盐泽,往往起亭,而轮台、渠犁皆有田卒数百人,置使者、校尉领护,以给使外国者。"所谓"亭",就指长城烽火台。

如今在孔雀河沿岸仍可见到保存完好的汉代烽火台。例如,新疆尉犁县兴地有一座汉代烽燧,位于库鲁克塔格山南侧,孔雀河故道北岸,距离库尔勒市约170公里。这座烽火台高10米左右,外观呈立体梯形,土坯结构,一层土坯一层泥,泥中掺杂着芦苇,每隔30—40厘米加有胡杨木。烽火台四周有围墙,西侧设有梯口,并有台阶通往烽火台顶部。由于年代较长,台阶已变成了土坡。兴地烽火台是迄今为止发现的汉代古丝绸之路干道上保存最完好的一座烽火台。

9-1

孔雀河畔的汉代烽火台——兴地烽燧

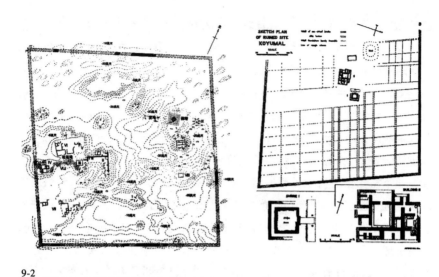

9-2

西域长史治所(LA)与鄯善国都——扞泥城

　　神爵二年(前60),汉宣帝设西域都护,西域正式并入汉帝国版图。

　　中原建筑技术亦随之传入塔里木盆地。据斯坦因调查,楼兰境内最早的古城 LE 城就是按照敦煌汉长城的构筑方法兴建的。在中原汉文化影响下,塔里木盆地东部开始兴建方城。除了 LE 城外,西域长史治所 LA 城以及车尔臣河畔的鄯善国都——扞泥城,也采用中原文化色彩的方城,与具有中亚建筑色彩的圆城形成鲜明对照。[4]

　　近年新疆考古的一个重要成果是考古学文化年代序列的建立。塔里木盆地东部的汉代遗存,以且末县扎衮鲁克一号墓地为代表。这个墓地一共发掘了 102 座古墓,绝大多数古墓(90 座)属于西汉晚期。墓中随葬风格一致的手制黑衣陶器,[5]墓葬形制采用多人合葬,又分竖穴土坑墓和"刀形墓"两种。后者分布甚广,在塔里木盆地西南的山普拉早期墓地也有发现,年代大约在公元前 1 世纪到公元 1 世纪。20 世纪初,瑞典考古学家伯格曼在且末发掘了几座古墓,从墓中随葬手制黑衣陶器看,属于西汉晚期。[6]

　　扎衮鲁克一号墓地的两类墓葬中往往随葬弓箭和马具,并在木纺轮筒和木梳上雕刻草原艺术风格的鹿纹,反映了西域诸国与草原游牧文化的联系。此外,扎衮鲁克二号墓地出土的"徽章形铜镜",也反映了与草原文化的

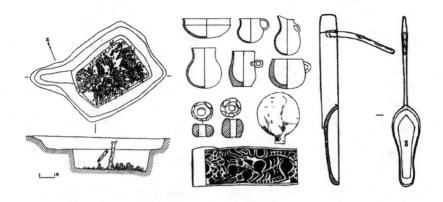

9-3

塔里木盆地东部的西汉墓

联系。这种铜镜是蒙古草原西部乌兰固木文化的典型器物，与中原出产的铜镜属于截然不同的两个系统。[7]西汉年间，塔里木盆地一直处于匈奴与汉王朝的争夺之中。为此，楼兰王不得不派一个王子到长安，同时送另一个王子到匈奴当质子。扎滚鲁克一号墓地的草原文化因素，显然与匈奴人统治塔里木盆地有关。

近年新疆考古的另一个重要成果是尼雅东汉墓的发现。这个墓地位于塔克拉玛干沙漠腹地，1901年英国考古学家斯坦因首次在此地发现古代遗址，今称"尼雅遗址"。此后，他四次来尼雅考察，一共调查了40处遗址，包括一座佛塔和大批民居。斯坦因的工作主要集中在地面遗址，除了一处被风吹开的古墓地外，他几乎没有发掘尼雅古墓。[8]1959年，新疆博物馆的老馆长李遇春先生在尼雅发现一片古代墓地，由于条件恶劣，他只发掘了其中一座古墓(59MNM001)，年代断在东汉时期。[9]

尼雅东汉墓随葬陶器仍为手制黑衣陶器，完全沿袭了塔里木盆地西汉墓的文化传统，但是墓葬形制改用竖穴土坑，不见西汉流行的"刀形墓"。此外，尼雅东汉墓开始使用箱式木棺。斯文赫定在小河流域6号墓地发现过箱式木棺，斯坦因在楼兰LH墓地也有类似发现。[10]东汉流行的箱式木棺皆为素面，与魏晋墓流行的彩绘木棺形成鲜明对照。[11]尼雅东汉墓出土"五星出东方利中国"锦尤其引人注目，它与同墓出土"讨南羌"锦原为同一件织锦，

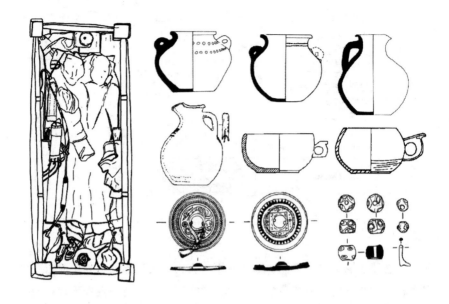

9-4

尼雅东汉墓

但是被人为裁剪成了一件弯弓射猎用的"护膊"。[12]

　　随着考古资料的积累,塔里木盆地东部西晋墓也被逐步辨认出来,可以扎衮鲁克第三期文化为代表,年代约在公元 3 世纪中叶到 4 世纪初。除沿用竖穴土坑墓外,墓葬形制还出现以前不见的偏洞室墓。此外,营盘和楼兰两地魏晋墓还出现彩绘木棺。随葬陶器则以汉式灰陶取代手制黑衣陶。扎衮鲁克 M73 出土了纸质文书,从内容看,当为一封千金家书。[13]此外,墓中随葬的漆器、木耒(垦田工具)等,说明魏晋时期的鄯善文化受中原文化强烈影响。

　　楼兰地处中西交通孔道,它的地位相当于今天香港或新加坡。东西方各种文化在楼兰交织荟萃。随着丝绸之路贸易的发展,汉晋时期的西域文化不断受到帕提亚文化、贵霜文化和罗马文化的影响。在营盘墓地偏洞室墓内发现了佉卢文书信、罗马艺术风格的毛织物,在扎衮鲁克墓地发现了帕提亚风格的玻璃杯,在楼兰古城附近的墓葬发现了罗马搅胎玻璃和大秦珠。

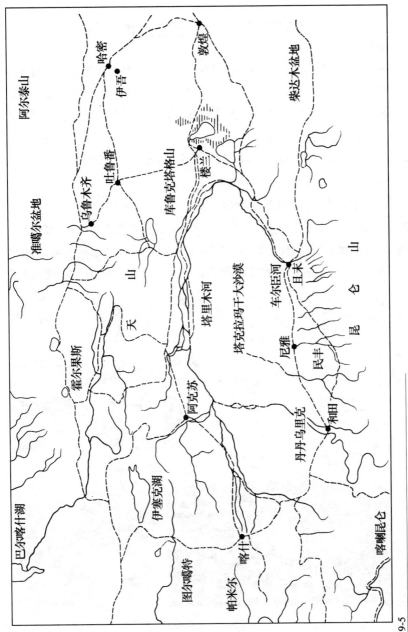

9-5
楼兰的地理位置

第二节　汉文化的西传

　　20 世纪初,英国考古学家斯坦因在塔克拉玛干沙漠腹地尼雅遗址发现数十枚西汉简牍,中瑞西北科学考察团的黄文弼在罗布泊西北岸土垠遗址也发现了西汉简牍。这些简牍都是西域都护经营西域的重要物证,同时说明塔里木盆地最早使用的文字是汉字。[14]东汉至十六国时期,中原王朝设西域长史对西域进行管理,治所就在罗布泊西岸楼兰 LA 城。此后,楼兰成了汉文化向西域传播的一个重要窗口。

　　1901 年,瑞典探险家斯文赫定首次考察楼兰 LA 城,发现了大批魏晋木简残纸。魏晋书法真迹流传至今者寥寥无几,只有晋人陆机《平复帖》、王羲之《快雪时晴帖》等屈指可数的几件珍品,且为历代收藏家视为珍宝,密不示人;而斯文赫定在楼兰一次发掘所获魏晋文书就达 150 多件。接踵而来的

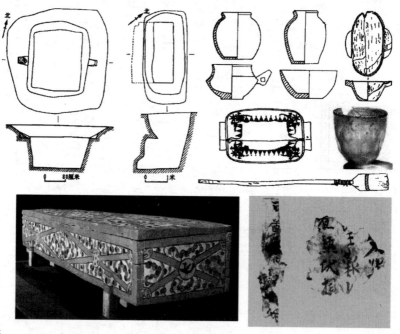

9-6

塔里木盆地东部魏晋墓

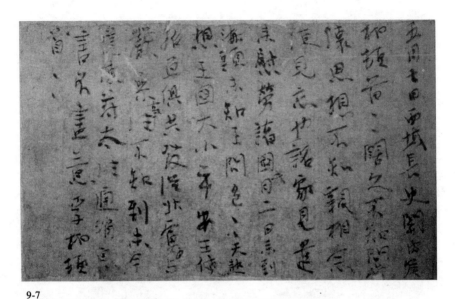

9-7
楼兰城出土李柏文书

是英国考察队的斯坦因和日本大谷光瑞探险队的橘瑞超，他们在楼兰同一古城又挖出数百件魏晋十六国时期的文书。

　　汉灵帝熹平四年（175），东汉派戊己校尉和西域长史发兵，平定于阗王安国对拘弥的侵犯。这是东汉最后一次维持西域纲纪。此后不久，东汉官兵退出西域，造成葱岭以东至河西走廊数百里政治空虚地带。[15]中原王朝对塔里木盆地的重新控制在曹魏初年，"文帝即王位（220），初置凉洲"。黄初三年（222）在高昌置戊己校尉，太和中（230）在楼兰设西域长史。楼兰出土文书主要是中原与西域长史府之间公私往来的公函和书信，纪年文书中最早的属于曹魏嘉平四年（252）；最晚的则在前凉张骏建兴十八年（330）。[16]著名的"李柏文书"就是日本大谷光瑞探险队的橘瑞超在楼兰发现的，现藏于京都龙谷大学图书馆。[17]李柏是前凉派驻楼兰的西域长史，其人见于《晋书·张骏传》。

　　日本大谷探险队比斯文赫定晚去楼兰，为什么斯文赫定收集的楼兰文书都是残片，而大谷探险队却能发现完整的李柏文书呢？这个秘密终于在上世纪80年代揭破。原来，斯文赫定将完整的楼兰文书单独放在一起，并没交

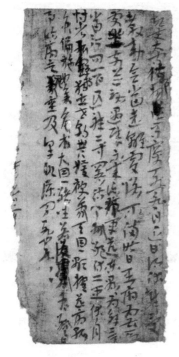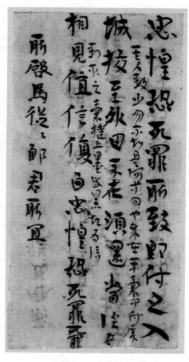

9-8

楼兰古城出土魏晋残纸

给欧洲汉学家研究。80年代,这批文书在斯德哥尔摩瑞典民族学博物馆被重新发现,它们写在五张黄麻纸上,文字多为草书,大量使用假借字。这些完整的文书,为研究魏晋尺牍制度提供了重要资料。[18]

楼兰文书中还有《左传·昭公》、《战国策·燕策》、《孝经》、《急就章》、《九九术》以及各种医方残简,是研究魏晋十六国时期古典文献的重要材料。

第三节　楼兰人种族问题

据《汉书·西域传》记载,"楼兰国最在东垂,近汉,当白龙堆,乏水草⋯⋯地沙卤少田,寄田仰谷旁国。国出玉,多葭苇、柽柳、胡桐、白草。民随畜牧,逐水草。有驴马,多橐它(驼)"。白龙堆是严重盐碱化的雅丹地带;沙卤是土壤沙漠化和盐碱化的产物;乏水草,即缺乏淡水和草地。由此可知楼兰的荒漠化由来已久,恐怕从西汉就开始了。

楼兰出产的,只是一些没有什么实际用途的玉石,凭借芦苇、红柳、胡杨和白草等旱地植物,放养一些毛驴或骆驼,而维系人类生命的关键之物——粮食,却要从他国进口。就像《李陵答苏武书》描述的,"胡地玄冰,边土惨裂,但闻悲风萧条之声。"而西域戍边士卒则把楼兰形容为"绝域之地,遐旷,险无崖"。[19]

9-9
楼兰古城

　　然而,上帝总是十分公平向他的子民分配各种资源,上帝赐予楼兰的是倾国倾城的美女。楼兰美女在丝绸之路上极负盛名,西域王公贵族皆以楼兰公主为妻。敦煌汉长城出土简牍提到"东叶捷翕侯,故焉耆侯虏祉妻即鄯善女"。焉耆侯就是焉耆王,王莽改制将西域王降格为"侯",那么此简应写于西汉末年。20世纪30年代,洛阳邙山发现一座侨居中原的西域人古墓。据墓志记载,墓主人名叫鄯月光,嫁给车师前部王车伯生的太子为妻。鄯月光姓鄯氏,当为楼兰女子。《大唐西域记》记载了一个东国公主下嫁于阗王的故事,于阗的东邻国就是以楼兰人为主体的鄯善王国。

公元 326 年，割据敦煌的张骏趁天下大乱，派将军杨宣渡流沙，攻打鄯善。鄯善王元孟被逼无奈，不得不献出楼兰美女，这才平息了这场战争。斯坦因在米兰佛寺发现了公元 2—3 世纪的壁画，从中可见到楼兰女子的音容笑貌。这些壁画属于犍陀罗艺术风格的作品。根据题记判断，壁画是从中亚大夏请来的希腊或罗马裔画师所作，画师名叫 Titasa（＝拉丁语 Tidus），与公元 1 世纪的罗马皇帝同名。这幅画要支付 3000 印度般摩迦钱，可谓一画值千金。

为什么楼兰盛产美女呢？人类学研究终于揭开了这个秘密。德国人类学家研究了伯格曼带回欧洲的楼兰人头骨，发现楼兰人属于印欧人种。原来，欧洲人种（高加索人种）向东方最远分布到楼兰，蒙古人种（黄色人种）与欧洲人种的分界在楼兰与敦煌之间。所谓楼兰美女实际上是一些欧亚混血儿，斯文赫定在楼兰发现了许多古尸，经西方体质人类学家鉴定，其中有不少欧亚混血儿。伯格曼在楼兰西部一个汉代墓地发现了一具保存完好的女尸，虽然历经两千多年，依然风韵不减当年，被誉为"楼兰女王"。[20]

有趣的是，米兰壁画上的楼兰少女居然和 2003 年阿富汗小姐非常相像，尤其是她们的眼型。现代阿富汗人是由吐火罗系统游牧人——大月氏人

1. 新疆米兰佛寺出土犍陀罗壁画，公元 2—3 世纪　　2. 2003 年阿富汗小姐

9-10

米兰壁画的楼兰女郎与 2003 年阿富汗小姐

与希腊移民相互融合而成,而楼兰人则属于吐火罗系统的绿洲定居民族,所以他们之间颇有相似之处。

第四节　楼兰考古新发现

2003年冬,楼兰LE城附近发现大型壁画墓,所出彩棺与1998年在这个地区发现的楼兰彩棺几乎完全相同。不同的是,以前发现的彩棺出自一座竖穴土坑墓(长2.4米,宽1米,深1.5—1.7米),上盖棚木、苇席和羊毛毯,棺内随葬棉布衣裤和漆器。由于新发现的楼兰壁画墓规格比较高,被新闻界炒作为"楼兰王陵"。就目前所知,汉晋时期河西走廊流行壁画墓,而且墓中往往采用彩棺。这种葬俗很早就传入塔里木盆地,例如孔雀河流域营盘墓地15号墓就采用彩棺,年代在东汉晚期。

早在公元前77年,楼兰王就从LE城南迁鄯善河(今车尔臣河)流域,因此,楼兰王陵不可能建在罗布泊北岸。[21]而楼兰壁画墓的人物每人手中都持有饮酒器,绘画风格又与在中亚片治肯特发现的粟特人宴饮壁画接近,故有学者怀疑,壁画上的人物是丝绸之路上的粟特商人。[22]

据我们研究,楼兰壁画墓实际上是侨居楼兰的贵霜大月氏人的墓葬。东汉建初元年(76),贵霜大月氏"尝发兵助汉击车师(吐鲁番)"。[23]东汉灵帝年间,又有大批贵霜大月氏人迁居中国。梁僧佑《出三藏记集·支谦传》记载:"支谦字恭明,大月支人也。祖父法度,以汉灵帝世率国人数百归化,拜率善中郎将。"可知东汉灵帝年间许多贵霜大月氏流亡中国,最后抵达东汉首都洛阳的大月氏人有数百人之多。北京大学赛克勒考古艺术博物馆收藏的佉卢文井阑,出自洛阳汉魏故城附近,正是东汉年间流寓洛阳的大月氏侨民的遗物。[24]

与此同时,许多贵霜大月氏人在楼兰定居。直到魏晋十六国时期,仍有许多贵霜士兵帮助西域长史维持西域纲纪。

贵霜大月氏人在楼兰的活动屡见于楼兰出土魏晋木简残纸。例如,林编239号:"出床卅一斛七斗六升,给稟将军伊宜部兵胡支鸢十二人……泰始二年(266)十月十一日……";林编293号"胡支得失皮铠一领,皮兜鍪一枚、

9-11 楼兰壁画上饮酒图及其中亚古代酒器

角弓一张、箭卅枚、木桐一枚,高昌物故";林编号"兵支胡薄成、兵支胡重寅得";林编605号"兵支胡管支、赵君风明省"。[25]看来,侨居塔里木盆地的贵霜大月氏士兵听命于西域长史的调遣,协助中原王朝维持西域纲纪,而新发现的楼兰壁画墓正是这些侨居楼兰的贵霜移民之墓。

2004年,中央电视台与NHK《新丝绸之路》摄制组在对楼兰壁画墓的考察中,在该墓前室东壁发现一段佉卢文题记。据美国华盛顿大学的安德鲁·格拉斯(Andrew Glass)博士解读,这段题记可能是壁画作者的签名。[26]众所周知,佉卢文是贵霜王朝三大官方文字之一,拼写的语言称"犍陀罗语",也即犍陀罗艺术创造者使用的语言。据英国考古学家马歇尔研究,在犍陀罗早期艺术中流行饮酒场面的题材,主要采用石浮雕形式来表现。

公元7世纪初,玄奘在犍陀罗凭吊了伽腻色迦大佛塔。他在《大唐西域记》卷二健驮逻条记载此塔不仅有大批石雕佛像,而且有佛教绘画。其文曰:"大窣堵波石阶南面有画佛像,高一丈六尺。自胸以上,分现两身;从胸以下,合为一体。闻诸先志曰:初有贫士,佣力自济,得一金钱,愿造佛像。至窣堵波所,谓画工曰:'我今欲图如来妙相,有一金钱,酬功尚少,宿心忧负,迫于贫乏'时彼画工鉴其至诚,无云价值,许为成功。复有一人,事同前迹,持一金钱,求画佛像。画工是时受二人钱,求妙丹青,共画一像。二人同日俱来礼敬,画工乃同指一像示彼二人,而谓之曰:'此是汝所作之佛像也'。"[27]然而,贵霜时代的犍陀罗佛教绘画在本土没有保存下来。法国阿富汗考古队和前苏联考古队对大夏佛教遗址的调查,使我们开始了解一些贵霜时代犍陀罗佛画。在乌兹别克斯坦达尔维津塔佩(Delverjin Tepe)贵霜神庙发现过贵霜时代(2—3世纪)的宴饮图壁画,[28]与楼兰壁画墓主画面表现宴饮场面如出一辙。

楼兰壁画的随葬品几乎被洗劫一空,只留下一些残破的棺木。从留下的棺木看,楼兰壁画墓葬为丛葬墓,至少有三具彩棺。如果皆为夫妻合葬,恰好有六位墓主人,正与壁画上的六个人物相对应。这六个人每人手中都持有饮酒器,所持酒器皆为贵霜典型器物。壁画上的三对夫妻像,可能是祖孙三代。如果按30年一代计算,第一代约在东汉灵帝年间,正值贵霜大月氏人大规模东迁塔里木盆地时代。因此,楼兰壁画墓的主人更可能是贵霜大月氏人。

楼兰壁画墓的壁画至少融合了三种不同文化因素。第一,中原汉文化因素;第二,罗马文化因素;第三,贵霜文化因素。

楼兰壁画墓彩棺的主体花纹为云气纹,两端绘日(内有三足乌)月(内有蟾蜍)图案,分别代表古代神话传说中伏羲和女娲。1998年,在楼兰城以北23.1公里雅丹群中一个风蚀台地上发现一口彩棺,也绘有相同的图案。在彩棺上绘制云气纹和日月图案,显然受中原汉文化的影响。1988年,甘肃酒泉单墩子滩魏晋墓发现过一口彩棺。主体花纹也是云气纹,云气当中绘有伏羲女娲图,均人首蛇身;伏羲胸前绘烈日(内为三足乌),女娲胸前绘明月(内有蟾蜍)。[29]先秦文献(《楚辞》《山海经》)已提到伏羲和女娲。据说伏羲是"画卦结绳",开天辟地的男帝王,而女娲是炼五色石补天的女帝王。汉代文献开始将他俩当作人类始祖,也即中国的亚当和夏娃。随葬伏羲女娲图的习俗始见于汉代,一直传承到唐代,如吐鲁番地区唐代墓葬就发现过伏羲女娲绢画。

楼兰壁画墓的墓门西侧绘有一头独角兽,作角抵状,类似的独角兽在武威雷台西晋墓也可以见到。这类独角兽在河西地区晋墓中多有出土,最早见于陕西神木大保当东汉画像石墓,多出现在墓门的位置上。[30]这类独角兽正是文献中的所谓"獬豸",在墓葬中充当镇墓兽的作用。[31]显然,楼兰壁画墓绘制独角兽是在河西汉文化影响下产生的。

汉代以来,中国开始和罗马帝国频繁发生交往,所以楼兰遗址和墓葬出土了许多罗马艺术风格的毛织物、玻璃器。楼兰壁画墓中有一幅飞马图为研究中国与罗马的艺术交流提供了新资料。众所周知,飞马造型流行于希腊罗马艺术。例如,大英博物馆藏有罗马艺人制作的飞马青铜像,雅典考古博物馆藏有希腊飞马青铜雕像。楼兰壁画墓的飞马正是在罗马艺术影响下产生的。武威雷台西晋墓出土的铜奔马在中国传统文化中找不到渊源,而从新发现的楼兰壁画上罗马艺术风格的飞马看,很可能源于罗马艺术。

楼兰壁画墓壁画最主要的文化因素是犍陀罗艺术。壁画墓前室正中有一中心柱,直径约50厘米。当时盗墓者从上部往下打盗洞刚好打在这个柱

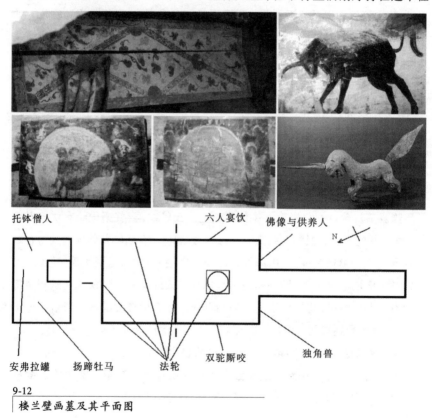

9-12
楼兰壁画墓及其平面图

1. 大英博物馆藏罗马铜奔马, 公元 1—2 世纪　　2. 楼兰壁画墓上的铜奔马, 公元 3 世纪

3. 雅典考古博物馆藏希腊的铜奔马　　4. 甘肃武威雷台西晋墓出土铜奔马

子上，导致整个前室的室顶和这个中心柱上部毁坏。在这个残破的中心柱上绘满了轮形图案，而该墓后室四壁以及顶部也绘满了同样的图案。[32] 我们认为，这些轮形图案应该解释为佛教的"法轮"。

　　法轮是佛法的象征，梵语作 Dharmacakra。佛陀正觉那年在鹿野苑初转法轮，当时他亲自向五位弟子宣说生命的真理，使他们了悟圣道而成为佛教最初的比丘。为了纪念这一伟大的时刻，阿育王便在鹿野苑竖立一根法轮石狮柱——四只鬃毛抖擞的威武雄狮，背靠着背面向四方，顶上扛着一座巨大的法轮，象征佛法如狮吼般传遍世间，运转不息。可惜这座原始的法轮在石柱断裂倒塌时即摔碎四散。不过，它的原始身影却幸运地雕刻在桑奇塔门中——倒垂莲瓣的柱头、四只高踞其上的石狮（一只隐藏在背后）、狮背上顶着巨大的法轮。整座雕刻的气势与鹿野苑的石柱无别。

耐人寻味的是,在乌兹别克斯坦的法雅兹塔佩(Fayaz Tepe)发现过一所公元1—3世纪的佛寺遗址。寺院大门与佛堂的连线是佛堂院的中轴线,正中位置建有一座佛塔,这座塔的周围原来有围墙,形成塔院,有砖铺路通向佛堂。这座大夏佛塔经过改建。从出土贵霜钱币看,大约在贵霜王伽腻色迦时代(2世纪中叶)增建了佛堂院左翼侧的僧房院。这次改建将早期佛塔包了起来,在原来佛塔基础上重新建了一座高约10米的大塔。如今晚期佛塔大部分被毁,但是包在里面的佛塔仍保存完好。早期佛塔有圆柱形塔基,与希腊化王朝安条克王国流行柱础样式相同。塔身采用圆柱形,用大石头块砌成,直径约3米,上面是覆钵丘,表面有石膏勾勒的白色莲瓣纹饰以及佛

像的早期表现形式的法轮图像，可惜覆钵丘顶部没能保存下来。在法雅兹塔佩佛寺遗址的早期堆积中，还发现了佛头和绘有法轮的佛手。[33]

楼兰壁画墓的中心柱采用圆形佛塔形式，与乌兹别克斯坦的法雅茨塔佩的大夏佛塔相似，而且上面都绘有法轮。大夏佛塔的年代在公元 1 世纪，楼兰壁画墓的年代在公元 3 世纪，两者的联系是显而易见的。

楼兰壁画墓墓门东侧绘有一尊佛像和一个跪着的供养人像。这尊佛像身穿红袍，头部已残，双腿盘坐，双手成禅定印，从残破的图像看，似乎还可见有"背光"。一位供养人跪其身侧，双手合十（或双手捧某物），头部及下身部分残毁，衣服为蓝色。从服饰尤其是腰带来看，其与前室东壁"宴饮图"中三位男性衣着一致，这个供养人可能是墓室壁画上六位人像的代表。在乌

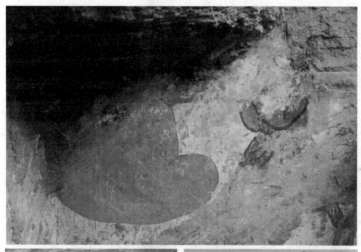

兹别克斯坦法雅茨塔佩的贵霜时代大夏佛寺壁画上，也曾发现过供养人礼佛图。[34]这幅画与楼兰壁画墓年代相近，皆在公元 3—4 世纪。

无独有偶，斯坦因在新疆米兰 3 号佛寺遗址发现了一幅精美的佛教壁画，绘有释迦牟尼佛和他的六位弟子。这些人物都睁大着眼睛，表现了中亚特有的人物形象，与喀拉·塔佩佛画表现的是同一本生故事"树下成道"壁画如出一辙。由此推测，楼兰壁画艺术可能肇源于大夏佛教艺术，而非犍陀罗艺术。

9-16

米兰佛寺与喀拉塔佩佛寺的犍陀罗佛画《树下成道图》

注　释

〔1〕　林梅村：《楼兰国始都考》，《文物》1995 年第 5 期，页 91—98。

〔2〕　《史记·大宛列传》、《汉书·西域传》。

〔3〕　这件文书读作："去三月一日，骑马诣元城收责（债）。期行当还，不克期日，私行无过〔所〕"（林编 687）；参见林梅村：《楼兰尼雅出土文书》，北京：文物出版社，1985，页 86。

〔4〕　林梅村：《楼兰——一个世纪之谜的解析》，北京：中央党校出版社，1999 年，页 125—131。

〔5〕　据新疆博物馆的王博调查，在玉龙喀什河、喀拉玉尔滚河、克里雅河、尼雅河和车尔臣河五支水系流域都分布有手制黑衣陶器，代表了两汉时期塔里木盆地各绿洲邦国的考古文化；参见王博：《新疆考古出土手制黑衣陶器初探》，《西域研究》2002 年第 3 期，页 41—49。

〔6〕　F. Bergman, *Archaeological Researches in Sinkiang especially the Lop-Nor Region. . Archaeology*. Stockholm: Bokförlags Aktiebolaget Thule. 1939, pp. 204-218.

〔7〕　关于乌兰固木文化的铜镜，看看马健：《公元前 8—3 世纪的萨彦—阿尔泰——中亚东部草原早期铁器时代文化交流》，北京大学硕士研究生学位论文，2004，页 23。

〔8〕　M. A. Stein, *Serindia*, Oxford, 1921, pp. 236-237.

〔9〕　新疆维吾尔自治区博物馆：《新疆民丰县北大沙漠中古遗址墓葬区东汉合葬墓清理简报》，《文物》1960 年第 6 期，页 9—12。

〔10〕　F. Bergman, *ArchaeologicalResearchesinSinkiangespeciallytheLop-NorRegion Archaeology*. Stockholm: BokförlagsAktiebolagetThule 1939, pp 111-112, Pl XII b

〔11〕　近年，有学者对这座墓的年代提出质疑，认为晚至魏晋十六国时期。然而，尼雅东汉墓的发现，山普拉汉代墓地以及且末扎衮鲁克汉代墓地的发现，一再证明这座尼雅古墓的年代无疑在东汉。

〔12〕　李零：《"五星出东方利中国"织锦上的文字和动物图案》，《文物天地》1999 年第 6 期，页 26—30。

〔13〕　新疆维吾尔自治区博物馆等：《新疆且末扎衮鲁克一号墓地发掘报告》，《考古学报》2003 年第 1 期，页 130。

〔14〕　林梅村：《尼雅汉简与汉文化在西域的初传——兼论悬泉汉简中的相关史

料》,《中国学术》第六辑,北京:商务印书馆,2001 年,页 240—258。

〔15〕 《后汉书·西域传》。

〔16〕 林梅村:《楼兰尼雅出土文书》,北京:文物出版社,1985 年。

〔17〕 片山章雄:《李柏文书の出土地》,《中国古代の法と社会:粟原益男先生古稀纪念论集》,东京:汲古书院,1988 年,页 161—179。

〔18〕 陈凌:《斯文赫定收集品的新刊楼兰文书》,《欧亚学刊》第五辑,北京:中华书局,2005 年,页 105—132。

〔19〕 林梅村:《楼兰尼雅出土文书》,北京:文物出版社,1985 年,页 45。

〔20〕 林梅村:《楼兰》,北京:中央党校出版社,1999 年,页 102—105。

〔21〕 参见《"楼兰王陵"疑判断有误》,《北京青年报》2003 年 2 月 21 日版。

〔22〕 孟凡人:《楼兰考古学的重要性与开展楼兰考古工作紧迫性、艰巨性、复杂性和可行性》,《新疆文物》2003 年第 2 期,页 74—84。

〔23〕 余太山:《第一贵霜考》,《中亚学刊》第四辑,北京:北京大学出版社,1995 年,页 87。

〔24〕 林梅村:《贵霜大月氏人流寓中国考》,《西域文明》,北京:东方出版社,1995 年,页 33—67。

〔25〕 林梅村:《楼兰尼雅出土文书》,北京:文物出版社,1985 年。

〔26〕 戴维:《汉晋鄯善墓与丝绸之路》,北京大学考古文博学院硕士论文,2005 年。

〔27〕 季羡林等:《大唐西域记校注》,北京:中华书局,1985 年,页 242。

〔28〕 樋口隆康:《シルクロード考古学》,京都:法藏馆,页 123。

〔29〕 甘肃省文物队、甘肃省博物馆、嘉峪关市文物管理所:《嘉峪关壁画墓发掘报告》,北京:文物出版社,1985,页 23。

〔30〕 陕西省考古研究所,榆林市文物管理委员会办公室编:《神木大保当——汉代城址与墓葬考古报告》,北京,科学出版社,2001 年。

〔31〕 孙机:《汉代物质文化资料图说》,北京:文物出版社,1991 年,页 405。

〔32〕 李文儒:《被惊扰的楼兰——楼兰"王陵"核查,楼兰古墓追盗》,《文物天地》2003 年第 4 期特刊,页 47。

〔33〕 加藤九祚主编:《中央アジア北部の仏教遗迹の研究》,《シルクロード学研究》卷 4,奈良:奈良丝绸之路研究中心,1997 年。

〔34〕 田边胜美、前田耕作编:《世界美术大全集·东洋编 15·中亚》,东京:小学馆,1997 年,页 119。

于阗文明

斯基泰人与于阗城邦的兴起

文明的变迁

于阗佛教

丹丹乌里克的"龙女索夫"壁画

于阗佛画与尉迟氏绘画

第一节　斯基泰人与于阗城邦的兴起

新疆和田地处中西交通孔道,古称"于阗"。20世纪初,欧美和日本探险队上演了一场长达半个多世纪的于阗文物争夺战,在塔克拉玛干沙漠古城发现数以万计的精美文物,再现了于阗王国昔日的辉煌以及古代东西方文化交流的盛况。历史比较语言学研究表明,于阗人属于斯基泰人的一支,讲印欧语系伊朗语东部方言。根据柏林大学吕德斯教授建议,学界称于阗语为"斯基泰语"或"于阗塞语",[1]那么于阗人又是如何迁徙到塔里木盆地的呢?

据希腊作家希罗多德记载,斯基泰人起源于伊犁河流域,公元前7世纪,在阿里玛斯帕人打击下,斯基泰人西迁里海和黑海北岸,并与希腊人和后来兴起的波斯人频繁接触。斯基泰人是游牧民族,活动范围相当广泛,从

10-1

波斯王宫浮雕上的斯基泰人

乌克兰一直到新疆伊犁河流域。他们有七大部落，波斯人称其为"塞人"（Saka）。这七大部落分别为：一、跨海塞人（Sakâ paradrayâ），乌克兰塞人部落；二、塞克西耐人（Sakesinai），亚美尼亚塞人部落；三、王族塞人（Pilophoroai），黑海沿岸的塞人部落；四、水边塞人（Âpa-Sakâ），里海东岸塞人部落；五、尖帽塞人（Sakâ tigrakhaudâ），米底塞人部落（实际在乌兹别克斯坦）；六、马萨盖特人（Sakâ Massagetai），哈萨克斯坦塞人部落；七、饮麻黄的塞人（Sakâ haumavargâ），哈萨克斯坦的塞人部落。

波斯帝国建立后，中亚草原的斯基泰部落成为波斯帝国的附庸，不得不向波斯王称臣纳贡。波斯波利斯王宫浮雕上刻有斯基泰人向波斯王供奉裤子、对兽项圈和战马的场景。古波斯王宫朝献者浮雕上有两类斯基泰人：一为尖帽塞人，另一为饮麻黄的塞人。[2]

公元前3世纪，匈奴在蒙古草原崛起。公元2世纪早期，冒顿单于统治时期，匈奴开始称霸草原，并在中亚草原引发了一场大规模民族迁徙运动。首先，匈奴击败敦煌以北草原地带的大月氏人，后者被迫西迁伊犁河流域。[3]伊犁河流域是斯基泰人的原始故乡，在大月氏人打击下，他们被迫离开故

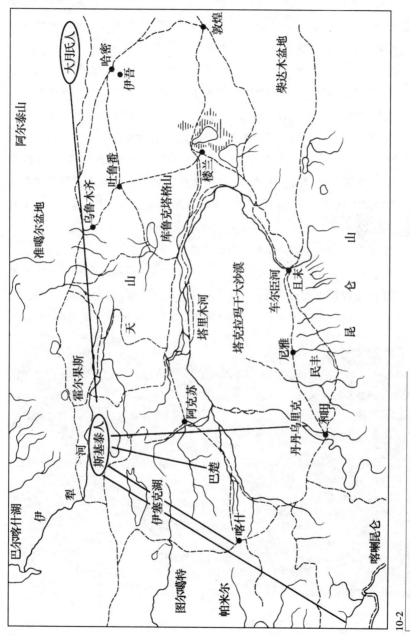

10-2 斯基泰人南迁塔里木盆地示意图

乡。其中一支南迁印度河流域，并以犍陀罗为中心建立新王朝，史称"印度斯基泰王国"（Indo-Scythian Kingdom）。20世纪初，英国考古学家马歇尔在巴基斯坦北部犍陀罗遗址发现大批印度斯基泰的文物和钱币。[4]

在大月氏人打击下，另一部分斯基泰人南下塔里木盆地西部。迁入塔里木盆地的斯基泰人后来逐渐从游牧人演变成农业定居民族。汉代西域三十六国中的疏勒、于阗以及扜弥王国，皆为斯基泰人建立的绿洲王国。[5]

2003年，昆仑山海拔2750米小型山丘台地上发现一处早期铁器时代的墓地，因墓地西侧有一条名为"流水"的小河蜿蜒流过，而命名为"流水墓地"。墓主人采用石堆墓、屈肢葬，与伊犁河流域的斯基泰人石堆墓非常相似。从随葬陶器和青铜马具类型看，年代似在公元前5—前3世纪。这个发现相当重要，说明公元前5—前3世纪斯基泰人已开始南下于阗。[6]

20世纪初，中外探险队在和田的约特干、阿克斯皮尔、丹丹乌里克、圆沙等地发现许多古城。这些古城或遭到严重破坏，或被塔克拉玛干大沙漠吞噬。于阗王都位于和田市西约10公里的约特干遗址，总面积达10平方公里。古代文化堆压在地下3—6米的洪积层下，在冲沟断壁上可见陶片、人物

10-3

和田流水墓地发掘现场与犍陀罗出土斯基泰马具（右下）

或动物陶塑。19世纪70年代,中亚浩罕伪政权派人在约特干挖水渠时发现大批古物。此后,当地村民进行了长达30年的大规模盗掘,导致约特干遗址遭到严重破坏,迄今没有经过正式发掘。

19世纪末,瑞典探险家斯文赫定到约特干考察,从他的约特干风景画看,当年尚有城垛,如今约特干已开辟为农田。欧美和日本探险队和中国考古学家在约特干收集了大批精美文物,并发现王莽货泉、汉佉二体钱、喀喇汗钱币等。[7]北宋大中祥符二年(1009),在长达20余年的圣战之后,于阗灭于信仰伊斯兰教的喀拉汗王朝,约特干可能在这个时期废弃。幸亏敦煌第454窟壁画上保留了一幅10世纪左右的于阗国都城壁画,从这幅画可知于阗王都城平面呈方形,开有两门,城墙四角有角楼,城外有护城河环绕,城内有官署和寺庙。[8]那么汉代于阗城又是什么样的呢?

近年,中法联合考察队在克里雅河畔发现一座古城,今称"圆沙古城"。这个地方属于汉代扜弥国故地,东汉末为于阗所兼并。据《汉书·西域传》,

10-4

敦煌莫高窟454号窟洞顶壁画的于阗都城,北宋时期

扜弥国有"户三千三百四十,口二万四十,胜兵三千五百四十人"。圆沙古城的平面,呈不规则圆形,用土块垒砌城墙,南北各开一门。城内残存零星房址。墓地建在城外,墓中随葬马骨、青铜牌饰、奖章形青铜镜和陶壶,与伊犁河流域的斯基泰古墓相似,年代约在汉代。于阗境内的汉代古城几乎毁灭殆尽,圆沙古城为研究西域三十六国城邦文明的兴起提供了重要材料。

据《新唐书·西域传上》记载,"于阗东三百里有建德力河,七百里有精绝国;河之东有扜弥,居达(建)德力城,亦曰拘弥城,即宁弥故城。皆小国也。"从地理位置看,建德力河就是今天克里雅河,而于阗河东面三百里的建德力城,当在建德力河畔。

从丹丹乌里克出土汉文于阗双语文书看,该城在北魏杨衒之的《洛阳伽蓝记》中称"媲摩城",唐代成为于阗六镇之一。斯坦因认为媲摩城就在和田市东北55英里的乌宗塔提(Uzun-tati),但是乌宗塔提遗址没有汉代遗存。克里雅河流域只有圆沙古城可早至汉代,张骞访问过的扜弥城或在此地,东汉末年于阗灭扜弥后逐渐废弃。

中亚与中原城制有显著差别,中亚流行圆城,中原流行方城。约特干古

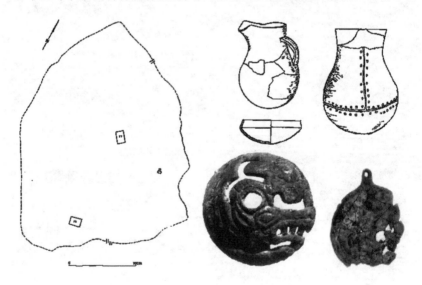

10-5

圆沙古城平面图及其附近汉墓出土文物,公元前2—前1世纪

城和楼兰古城皆采用中原城制，圆沙古城和阿克斯比尔古城皆采用中亚城制。中亚圆城向东最远一直分布到内蒙古西部的额济纳旗，考古学家在额济纳旗发现了一座圆形古城，元代仍在使用。然而，该城有一段城墙被汉代遗址打破，始建年代早于西汉。

第二节　文明的变迁

　　20世纪80年代以来，和田地区山普拉墓地的考古发掘，遂使人们对于阗文化有了更为深入的认识。山普拉墓地位于今和田地区洛浦县山普拉乡西南，北距洛浦县城约14公里，南面遥对昆仑山脉，西临和田河东支——玉龙喀什河，东面是一望无际的戈壁缓坡。整个墓葬群分布在昆仑山山前一

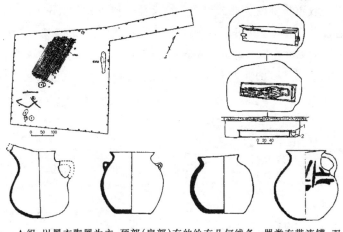

A组：以黑衣陶器为主，颈部（肩部）有的绘有几何线条。器类有带流罐、双系罐、罐、单耳陶罐等

B组：陶色以橙色为主，颈部（肩部）有的刻画有几何纹饰。器类同样有带流罐、双系罐、罐、单耳陶罐等。

10-6
山普拉墓葬分期

大块戈壁台地上,由若干片相对独立的小墓地组成,各个小墓地之间相互间隔一定距离。整个墓地东西绵延约 6 公里,南北宽约 1 公里,面积达 6 平方公里。山普拉墓地的考古工作始于 80 年代,2001 年发表考古报告,使得我们较为系统地了解到这批材料。[9]

山普拉墓地可以明显区分出早晚两类墓葬,年代前后相续。早期墓葬采用"刀形墓",以使用 A 组陶器为特征,多随葬毛织物,年代范围在公元前 1 世纪到公元 1 世纪;晚期墓葬采用长方形竖穴土坑墓,以使用箱式木棺、随葬 B 组陶器为特征,出土有丝绸织物,并出现佉卢文帛书,年代范围在公元 2—3 世纪中叶。

东汉明帝永平十六年(73),于阗国"其俗信巫。巫言:神怒何故欲向汉?汉使有骢马,急求以祠我。"[10]佛门戒律之一是"不杀伐",可见这种杀马祭巫的于阗宗教不是佛教。那么于阗巫教又是一种什么宗教呢?

语言学研究终于揭开了这个谜。原来,于阗人崇祀的巫教是火祆教,所以于阗塞语文书往往用祆教词汇来翻译梵语佛典。例如,于阗塞语文书表示"太阳"的词 urmaysde 即祆教主神 ahura mazdā(阿胡拉·马兹达);于阗佛经用

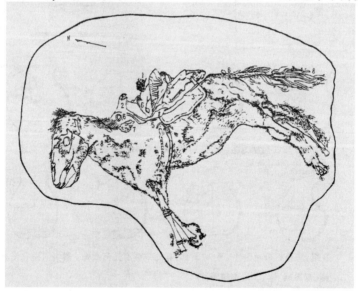

10-7

山普拉汉代墓地的祭马坑

来翻译印度女神 *śrī*（吉祥天女）及梵语佛经的 *mahādevī*（大天女）的词 *śśan-drāmatā-*，源于《阿维斯塔》神祇 *spanta ārmaiti*。于阗人还用《阿维斯塔》中的世界最高峰 *harā* 或 *haraiti* 等词，翻译梵语佛典的 *sumeru*（须弥山）。[11]山普拉墓地发现的祭马坑，则为研究汉代于阗巫教提供了实物资料。[12]

于阗本来实行土葬，山普拉汉代墓地就是土葬墓。佛教传入于阗后，于阗人遁入佛门，一般采用火葬，用骨灰盒。上层僧侣墓则在地表立佛塔。公元 3 世纪中叶，中原高僧朱士行在于阗去世，"依西方法维之，薪尽火灭，尸犹能全……因敛骨起塔焉"。[13]北魏高僧宋云西行求法途中访问于阗。他在游记中说：于阗人"死者以火焚烧，收骨葬之，上起浮图……唯王死不烧，置之棺中，远葬于野，立庙祭祀，以时思之"。[14]因此，我们很少发现公元 3 世纪以后的于阗古墓。

20 世纪 60 年代末，在约特干东南阿拉勒巴格以南 15 里处发现一具古尸，发现地点在伊玛姆木沙·卡孜木麻扎附近。这个古尸身裹绫罗绸缎，据说是个 10 岁左右的女童。[15]于阗女童死后未焚，若按于阗葬俗，墓主人似为于阗公主。1984 年，伊玛姆木沙·卡孜木麻扎附近又发现三具彩棺灵柩。一具绘有菱格纹图案；另外两具用赭色和黑色线条在彩棺四面绘出青龙、白虎、朱雀、玄武等四方神灵和对鸭图案。其中一位墓主人头裹白绫，墨书"夫人信附宰相李枉儿"。于阗王本姓尉迟氏，后得李唐王朝颁赐，改姓李氏。因此，有学者提出伊玛姆木沙·卡孜木麻扎一带可能是于阗王陵所在地。[16]

1996 年，新疆文物考古所考古队发掘了这个墓地中的 12 座墓，据说"均为竖穴墓，出土箱式木棺和木槽棺，部分绘有精美的纹饰。单人葬，尸体、服饰保存较好，随葬唐代钱币、木器等，时代约在唐代"。[17]于阗王改姓李唐姓氏在晚唐五代，这座于阗王族墓地或许要沿用到五代。

斯坦因在和田也发现过一口彩棺，上面绘有贴金佛像，现藏大英博物馆。这口彩棺可能出自伊玛姆木沙·卡孜木麻扎于阗王族墓地。[18]在新疆库车的苏巴什发现一种高僧墓，上建佛塔，下建地宫，内置棺椁。从出土陶器看，年代约在魏晋时期。[19]于阗王族墓很可能也采用这种形式。

西域陵园建寺之风很快传入中国内地，山西大同方山北魏开明太后永固陵，始建于太和五年（481），历时 8 年。太和十四年（490）冯氏死，同年下

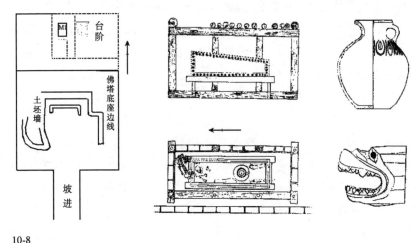

10-8

苏巴什高僧墓

葬。墓园工程浩大,现存墓冢朝南,底基呈方形,南北长117米,东西宽124米,高22.87米。其前有一平面呈长方形的建筑遗址——永固堂,分布有柱础和砖瓦等建筑材料,还有原来树碑用的石龟趺。其前200米又有一座周绕回廊的方形塔基遗迹——思远灵图,冯氏生前虔信佛教,方山墓地是她自己选择的,这种富有佛教色彩的墓地与佛寺相结合的布局,可能出自冯氏本意,同时也反映了特殊的北魏礼制。[20]

西域陵园建寺之风对中原墓葬形制的演变产生深远影响。北魏以来,中国士大夫家族墓地内往往建有佛寺,山西夏县司马光家族墓地就建在佛教禅院旁。[21]据《景定建康志》、《至正金陵新志》等方志记载,秦桧墓也采用坟寺,名曰"旌忠寺",而秦桧父亲的坟寺叫"移忠寺"。2004年1月,南京市江宁区滨江开发区在江宁镇建中村施工时发现一座大型砖石结构古墓,从墓葬规模和下葬时间看,有学者推测可能是秦桧墓。[22]

第三节 于阗佛教

于阗是中国佛教的一个重要传播中心,19世纪末以来,不断发现各类佛教遗物。1890年,法国探险队德兰斯一行到塔里木盆地南部考察,在和田北部沙漠玉龙喀什河畔阿克斯比尔、喀拉喀什河畔的牛角山以及约特干遗址采集到大批希腊罗马艺术和犍陀罗艺术风格的人物、动物形象的陶塑、贵霜钱币以及汉文佉卢文双语钱币。尤其引人注目的是，法国探险队还在和田收购到一部桦树皮书写的佉卢文佛经残卷，据说出自牛角山某寺院遗址。

佉卢文是一种印度古文字，公元前3世纪—公元2世纪流行于犍陀罗地区(今巴基斯坦北部和阿富汗南部)。和田牛角山出土的佉卢文《法句经》，首次证明塔里木盆地的于阗王国也流行佉卢文。千百年来，佛经原本一直是佛教信徒梦寐以求的圣物；因为得到了佛经原本，也就得到了佛的真言。东晋的法显、唐玄奘以及成千上万个不知姓名的佛门子弟历尽艰辛不远万里到印度，就是为了寻找佛经原本。新疆和田佛教圣地牛角山发现的佉卢文《法句经》，抄于公元2世纪末，现在分藏圣彼得堡埃米塔什博物馆和巴黎国立图书馆，是目前所知年代最早的佛经之一。

牛角山寺是于阗著名佛教圣地，屡见于汉文史籍、汉译佛经、敦煌遗书乃至敦煌壁画。2000年在喀拉喀什河畔库马尔山崖间发现了牛角山佛寺遗

10-10

于阗宗教圣地——牛角山

迹。寺基开凿在断崖上,中间梯道和两侧的行道清晰可辨。和田文管所在库马尔山石室西北 1.5 公里处还发现了一座佛寺遗址,残存寺墙遗迹,南北长约 1000 米,东西宽约 100 米,面临喀拉喀什河,文化层约在 20 厘米以上。采集到的遗物有莲花纹石膏陶范、模制石膏装饰件等,在附近还收集到一件泥塑飞天贴壁。有学者对照敦煌遗书,认为可能是传说中虚空藏菩萨在西玉河的住所——萨伽耶仙寺。[23]

据《月藏经》记载,于阗佛教是从疏勒王国传入的。文中说:"今有二万大福德人,见于四谛,从沙勒国而往彼住。以彼二万福德众生有大力故,于此瞿摩娑罗香山大支提处,日夜常来一切供养。"[24]

20 世纪初,日本大谷光瑞探险队在和田采集到两个铜佛头,与乌兹别克斯坦法雅孜塔佩(Fayaz Tepe)贵霜佛寺出土泥塑佛头如出一辙,年代在公元 3 世纪左右,现藏东京国立博物馆。[25]

公元 2 世纪,佛教传入西域后,一种在神殿外环绕一圈回廊的方形佛寺开始在塔里木盆地流行,通称"回字形佛寺"。于阗王国著名佛寺遗址——丹丹乌里克佛寺,就普遍采用回字形建筑。在吐鲁番盆地,这种古老的建筑一直流行到公元9世纪,并对回鹘佛寺和石窟寺产生重要影响。塔里木盆地回字形佛寺有三个早期实例:

一、米兰 M.III 佛寺:1907 年,英国考古学家斯坦因在米兰荒漠(今属新疆若羌县)发掘了 14 所佛寺遗址。其中,米兰 M.III 号佛寺是一个外方内圆的建筑,中间是一座用土坯砌造的佛塔,佛塔四周环绕方形围墙,每边长约 9 米,并在佛塔与围墙之间形成了一个 1.2 米宽的回廊。著名的"有翼天使"壁画,就是在这个回廊上发现的。由于米兰佛寺壁画写有佉卢文题记,可知米兰佛寺的年代在公元 2 世纪末至 3 世纪初。由此可知,早在公元 2 世纪末,塔里木盆地就出现了回字形佛寺,但是佛寺中心是佛塔,说明当时仍以佛塔为崇拜对象。

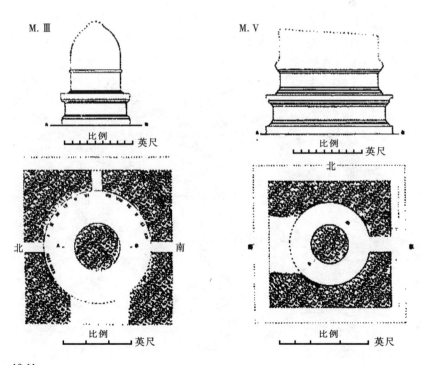

10-11

米兰佛寺,公元 2—3 世纪

二、尼雅佛寺：位于新疆维吾尔自治区民丰县城北150公里尼雅河床左岸的一处周围低平、中部高敞的岛式台地上，东西长，南北窄。中心佛殿构筑在高于其他房址的台地上，平面呈"回"字形，门向东南。墙体采用"木骨泥墙法"修建，东西长5.3米，进深5.2米，面积28平方米。佛殿中央用木板围成一个正方形，四隅各有一木础，上面卯口内立木柱，侧面固定木板，内填土，形成一个正方体基座。基座边长2米，与四壁之间形成行道，行道东和南侧宽1.1米，北侧宽1.2米，西侧宽1.4米。在行道东北角地面上，发现有佛和菩萨的碎片壁画。佛寺东面开门，南面为佛殿，西端是僧房和讲经堂，北面有一组带前廊的房址。整个遗址的东部和南部有一道红柳枝围成的篱笆墙，西部和北部均为台地的漫坡。寺院由五组单元建筑构成，布局规整。斯坦因在尼雅遗址发现写有西晋泰始五年（269）年号的木简，故知这所佛寺的年代在公元3世纪中叶。

三、喀拉墩佛殿：喀拉墩遗址位于新疆和田县城以北大约220公里的沙漠腹地。19世纪末和20世纪初，斯文赫定和斯坦因相继到此考察。1993年，新疆文物考古研究所与法国科研中心135所合作发现并发掘了喀拉墩

10-12

尼雅回字形佛寺，公元3世纪中叶

附近的两座佛殿遗址,编号为 N61 和 N62。这两座佛殿都掩埋在沙漠中,地表只露出一些木建筑构件。

　　N61 佛殿在喀拉墩东部稍偏南处,墙壁用"木骨泥墙法"构筑,有两层殿墙:里面一层主殿,地面中央有一边长 2 米的正方形台基,四周是行道;其外围绕的一层殿墙,边长 8.5 米;两层殿墙间相距约为 2 米。佛殿整体平面呈"回"字形。

　　N62 佛寺位于喀拉墩南部,其形制与 N61 相同。法国科研中心 135 所在其举办的展览中,对该两处佛殿进行了复原,他们认为佛殿中央残存的基座原应为中心柱,与龟兹石窟形制相同。在佛殿靠近台座的行道上,堆积着许多坍塌下来的墙壁碎片,其中有的还描绘着壁画。现存壁画内容主要是佛像,有立佛和坐佛。立佛布局在佛殿侧壁,赤脚立于莲花上。头两侧各有一身坐佛,上端为一排排的坐佛像。有的坐佛两腿相交坐在莲花上,两手手指交叉置腹前;有的呈禅定,身披的通肩袈裟以双线勾出褶襞;用黑线勾勒面部、袈裟的轮廓和莲瓣等,用土红线描绘五官等细部。线条简洁流畅,富有动感。

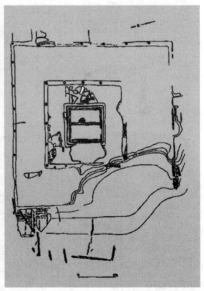

10-13

喀拉墩佛寺,公元 4—5 世纪

发掘者认为,喀拉墩两座佛殿"很可能是目前发现最早的中国佛教遗存之一"。据碳 14 年代测定,N61 号佛殿为距今 1910 ± 250、1193 ± 86 年;N62 号为 1800 ± 40 年,两者皆在魏晋时期,晚于米兰佛寺,与尼雅佛寺的年代相仿。[26]

尼雅和喀拉墩佛寺的发现说明,公元 3 世纪中叶以降,回字形佛寺在塔里木盆地继续流行,但是建筑形式发现一些变化,佛寺中心的佛塔不见了,代之以方形台基。这个台基究竟是像台还是高僧讲台,目前还不是十分清楚。

于阗佛教寺院平面绝大多数呈回字形,有两层殿墙,主要地面中央筑台基,四周有行道;主殿外也有左、右、后三行道。这种佛寺形制后来对回鹘时期的佛寺和石窟寺均产生重要影响,吐鲁番柏孜克里克第 15、20 窟等、交河故城和七个星寺院等皆为回字形佛寺。

关于塔里木盆地回字形佛殿的来源,一直令人疑惑不解。有学者认为,回字形神殿属于伊朗建筑传统。苏联考古学家在东伊朗的木鹿(今土库曼斯坦国的谋夫)卫城内,发现了环绕回廊的方形大厅式建筑,年代约在公元

10-14

高昌古城的回字形佛寺

1—2世纪。发掘者认为,此类建筑带有火祆教圣殿性质。值得注意的是,至少在公元2世纪中叶,这种伊朗建筑风格的回字形神殿就传入中亚大夏。法国考古团在阿富汗苏尔科·科塔尔(Surkh Kotal)发现的火祆教神庙就是一个典型例证(Kotal即波斯语"山口")。[27]

苏尔科·科塔尔位于阿富汗喀布尔以北大约200公里处,神殿建在一个5层的台基上。最顶层台基上有一个宽阔的台基,一直通向神殿。神殿主室包括中心内殿(11×11米),内殿中心有一个方形平台,平台每一侧都带有三层台阶和一个柱基。这所寺院神殿的中心是一个正方形祭坛,而祭坛四周环绕回廊,构成所谓回字形建筑。

10-15

阿富汗苏尔科·科塔尔发现贵霜火祆教神殿

发掘者施龙姆伯格(Daniel Schlumberger)在发掘报告中指出,这个建筑遗址与伊朗神庙非常相似,尤其与苏萨和波斯波利斯神庙相似,但是这所建筑的希腊文化因素不容忽视。例如,绕柱式和立柱支撑的阁楼轮廓就明显受到古典艺术影响。据遗址内出土贵霜碑铭,这所神殿是贵霜王伽腻色迦(约2世纪中叶)所建火祆教神殿。

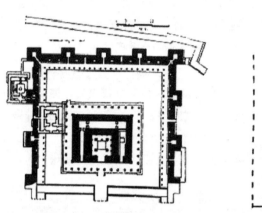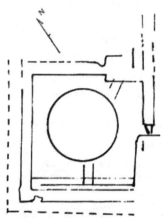

10-16

阿富汗苏尔科·科塔尔与土库曼斯坦旧尼萨的火袄教神殿比较

10-17

喀拉·塔佩发现的贵霜时代回字形佛寺

苏尔科·科塔尔神殿的平面布局、方形带有四根立柱和围廊的内殿,无疑肇源于伊朗。在伊朗本土,这种形式的火祆教神殿在几个世纪里几乎没有太多变化。例如,苏萨神殿(前5—前4世纪)——弗拉塔达拉神殿(前3世纪初)——库希·库瓦加神殿(前2—前1世纪)——纳巴帖恩神殿(前1世纪—1世纪)——哈特拉神殿(1世纪),一直发展到苏尔科·科塔尔(1—2世纪)。

耐人寻味的是,这种回字形火祆教神殿对中亚大夏早期佛教寺院曾产生重要影响。在阿姆河中游北岸铁尔梅兹(Termez)旧城西北角发现了喀拉·塔佩(Kala Tepe)洞窟寺院。这所寺院的第一组建筑由北、中、南三个庭院组成。南院南墙处建造有一所佛堂,主殿外环绕回廊;中院和南院西侧皆开洞窟,而洞窟内的佛堂也是环绕着拱顶回廊。喀拉·塔佩寺院的年代在公元2—3世纪。佛教寺院之所以采用这种建筑形式,或许和早期流行环绕礼拜佛塔仪式有关,这个回廊似乎被僧人当作礼拜道使用。[28]

第四节 丹丹乌里克的"龙女索夫"壁画

丹丹乌里克(Dandan Oilik),位于和田市以北90公里沙漠腹地,来自维吾尔语"象牙房"。据当地出土唐代文书,这里曾是于阗六镇之一杰谢镇所在地。1896年,瑞典探险家斯文赫定在穿越塔克拉玛干大沙漠途中,意外发现一个唐代佛寺遗址。由于斯文赫定主要的兴趣在于地理发现,所以只对丹丹乌里克遗址及其附近作了简单调查,他收集的一些丹丹乌里克文物,后来入藏斯德哥尔摩瑞典民族学博物馆。[29]

斯坦因第一次中亚考察期间(1900—1905),依照斯文赫定绘制的地图,找到丹丹乌里克,并对丹丹乌里克进行大规模考古发掘,从中发现许多佛教艺术品、古代钱币、唐代文书以及婆罗谜文写本。唐代文书的年代范围在公元780—791年,婆罗谜文书的年代在公元8世纪末,中国钱币的年代在公元8世纪后半期。[30]丹丹乌里克出土的唐代文书中提到,这个唐代佛寺群中,有一座名叫"护国寺"。1905年,美国地理学家亨廷顿在丹丹乌里克做过短暂访问,亨廷顿收集品现藏耶鲁大学图书馆。[31]1928年,德国探险家特林克勒在丹丹乌里克也发现许多古物,现藏德国不来梅海外博物馆。[32]

丹丹乌里克最重要的发现是斯坦因在丹丹乌里克2号遗址(D.Ⅱ)东墙附近发现的毗沙门天神泥塑和印度女神壁画。泥塑像头部和左臂已损毁,身披遮膝铠甲和精致装饰品,脚踩一个丑陋恶魔斜扭着的身躯,无疑为毗沙门天王像。泥塑像身后壁画有一个裸体女子,只有头上遮盖一块印度纱巾,颈部、两臂和腰上束有饰物。右手纤指抚着胸部,左臂以曲线形弯至腰部,四条系着小铃的带子系在臀部周围,酷似印度早期雕塑艺术的舞女。斯坦因认为这幅画表现的是《大唐西域记》记载的"龙女索夫传说"。

由于雨水长年冲洗和风沙侵蚀,壁画在发现之初已遭严重破坏。[33]瑞士记者鲍默近年到丹丹乌里克探险,挖开了丹丹乌里克2号佛寺,但是毗沙门天王像大部分毁坏,而"龙女索夫传说故事画"则完全消失。[34]

据我们研究,这幅壁画实际上是佛教因缘故事中的"鬼子母失子因

1.

2.

3.

1. 丹丹乌里克壁画上的鬼子母失子因缘故事公元7—8世纪
2. 释迦牟尼和佛弟子托钵浮雕公元3世纪
3. 美国克利夫兰博物馆藏笈多艺术的母亲神

10-18

丹丹乌里克出土"鬼子母失子因缘"壁画

缘"。在这个佛教因缘故事中,有鬼子母、佛世尊和嫔伽罗三个主要人物。三人无一例外,全在丹丹乌里克2号遗址壁画中出现。

第一,壁画左上角有两个人并肩而坐,以前一直误当作僧人,其实应该是释迦牟尼和他的大弟子迦叶佛,可与希腊亚洲艺术博物馆收藏的一个公元3世纪犍陀罗浮雕比较。坐在左边的人物,头上有发髻,身后有光环,正是佛世尊释迦牟尼的形象。他手里拿着一个托钵,大概是把嫔伽罗扣在下面的那个托钵。坐在右边的人物,是个光头,并且与释迦牟尼并肩而坐,与佛祖关系非同寻常,似为佛陀的大弟子迦叶。据佛教传说,迦叶在鸡足山涅槃并且在那里保持法身,直至弥勒降生。在弥勒的开导下,善无畏为迦叶剃发为僧。[35]因此,在佛教艺术中,大迦叶是光头,而释迦牟尼像则有发髻。丹丹乌里克壁画左上角表现的正是释迦牟尼与他的大弟子迦叶佛的形象。

第二,壁画中的印度女神的膝下有个裸体小儿,在印度艺术中,母亲神往往以膝下裸体小儿为身份标志,例如大英博物馆藏印度艺术的母亲神以及美国克里弗兰博物馆收藏的笈多艺术的母亲神。那么这个印度女神与鬼子母的母亲身份完全相符。[36]

第三,壁画中印度女神膝下的裸体小儿,正是鬼子母的小儿子嫔伽罗。鬼子母救子心切,不得不皈依佛门。当她"受于三归及以五戒"后,释迦牟尼就把她的小儿子嫔伽罗从托钵下释放出来。丹丹乌里克壁画最下端有个骑马的裸体小儿,与鬼子母膝下裸体小儿的形象相似,可能是嫔伽罗从托钵下释放后,骑马回家的场景。

关于这幅画的年代,斯坦因建议定在公元7—8世纪。张广达和荣新江教授以敦煌"瑞像记"和瑞像图为对象,深入调查了唐代密宗绘画在于阗的流行,以为密宗传入于阗在公元7世纪。[37]丹丹乌里克的鬼子母失子因缘壁画不见任何密宗色彩,显然是公元7世纪密宗传入于阗以前的产物。[38]

第五节 于阗佛画与尉迟氏绘画

隋末唐初,于阗王国相继产生两位艺术大师,时称大小尉迟氏。尉迟为于阗王室姓氏,于阗语作 viśa(梵语 vijiya)。大尉迟名叫"尉迟跋质那",小尉

10-19

丹丹乌里克和日本法隆寺金堂的尉迟氏风格绘画

迟名叫"尉迟乙僧"。他们将西域绘画新技法传入长安,不仅改变了中国绘画艺术的传统风格,而且对朝鲜半岛乃至日本美术的发展也有重要影响。[39]

张彦远《历代名画记》卷八云:"尉迟乙僧,于阗国人,父跋质那。乙僧,国初授宿卫官,袭封郡公,善画外国及佛像。"《历代名画记》写于唐宣宗大中元年。他所谓"国初"指唐朝初年。与张彦远同时代的朱景玄也提到尉迟乙僧,他说:"尉迟乙僧者……贞观初,其国王以丹青奇妙,荐之阙下。"[40]故知尉迟乙僧入侍长安在唐贞观初年。

正如泷精一指出的,日本法隆寺旧经堂第6号壁画上的佛像,与丹丹乌里克佛像壁画一脉相承,他根据和田丹丹乌里克佛寺壁画,探讨了佛教美术从印度,经西域以及中国本土,最后传入日本的历史进程。[41]

大尉迟在长安城宣阳坊画过一幅婆罗门图。张彦远《历代名画记》卷八说:"尉迟跋质那,西国人。善画外国及佛像,当时擅名,今谓之大尉迟"本注:"其《六番图》、《外国宝树图》,又有《婆罗门图》,传于代。"婆罗门是梵语 Brah-

10-20

新疆库车都勒都阿护尔佛寺遗址出土《婆罗门像》

madeva（梵天）的简称，或称 Mahābrahman（大梵天），于阗佛教护法神之一。

　　1907 年，伯希和在新疆库车都勒都阿护尔佛寺遗址发现了《婆罗门图》残壁画，年代大约在公元 6 世纪，现存法国吉美博物馆。从这幅残壁画仍可一睹西域凹凸画法绘制的《婆罗门图》的风采。

　　1998 年 10 月，瑞士记者鲍默在当地向导带领下，深入塔克拉玛干大沙漠，再次对丹丹乌里克佛寺遗址进行发掘。尽管这位瑞士人并非考古学家，但是他的运气却相当好，新发现了两张三人一组的唐代木版画。[42] 我们感兴趣的是这两幅画中的婆罗门像。第一幅位于内殿西墙南侧末端靠下，人物刻画比较精致，画面中央的女神除怀抱的小儿外，膝上还坐着一小儿，应为佛教圣母鬼子母；左侧为一三头神，其上方左手中持三支箭，右手中持一弓，乘骑一只靠近其左膝的雄性野鹅（Hamsa），下方左手拿着一只公鸡，右手置于膝上；右侧为一兽首神祇，像一头雄性的野猪或狼，头戴一个中间有一太阳的火焰冠，上方两手中各持一球形物，下方右手中持一似带穗玉米之物，左手亦置于膝上，座位下与女神一样，都为莲花座。在印度教美术中，梵天往往以野鹅为坐骑，那么这幅画左侧神像就是所谓"婆罗门图"。

　　无独有偶，斯坦因在丹丹乌里克发现过一幅三神像木板画。尽管右侧

婆罗门　　　　　　鬼子母　　　　　　象头神

10-21

丹丹乌里克壁画上的婆罗门图之一

10-22

丹丹乌里克出土婆罗门像木板画

神像没画坐骑，但从他一手持弓，一手持箭判断，此神正是我们寻找的婆罗门像。

关于和田出土唐代木板画，有学者以为是寺院墙上的挂画。可是，它们的背面往往绘有佛画，而且木板上没有绳孔或钉孔，尺寸很小，不像挂画。值得注意的是，于阗壁画和木板画内容往往相同，它们更可能是绘制佛教壁画用的样本，唐代称"粉本"。丹丹乌里克新发现的婆罗门壁画就是模仿这类木板画绘制的。

中国传统绘画的构图往往以"粉本"为依据，苏东坡《阎立本职贡图》有诗曰："粉本遗墨开明窗"。王十朋集注："唐明皇令吴道子往视嘉陵江水。回奏云：'臣无粉本，并记在心。'"德国海德堡大学雷德侯教授在他的名作《万物》一书中甚至提出，中国传统书画都是根据各种"粉本"拼凑的，缺乏创造力。[43]这本书在西方美术史界很有影响，前几年在美国获得艺术史研究大奖。雷氏的说法来自西方美术史家贡布里希（E. H. Gombrich）。我们自然不同意中国画缺乏创造力的说法，但是雷德侯说的现象在中国传统绘画中确实存在。其实，西方美术家也是从临摹前人的作品成长起来的，不能因此否

湿婆   鬼子母   婆罗门

10-23

丹丹乌里克壁画上的婆罗门之二

认西方美术大师的艺术成就。

第二幅画位于佛寺内殿的北墙靠西内侧，人物线条的刻画比较简单，中间为抱小儿女神，当即佛教圣母鬼子母；左侧为一三头神，中间头上有三只眼，其左侧为微带笑容的面孔，右侧为愤怒凶恶之面孔，座下有一头黑牛，上方两手分别执有两圆饼状物，下方左手中执一小圆球，在印度教美术中，湿婆往往以牛为坐骑，所以这尊神像应是湿婆像；右面亦为三头男神，上方双手各执一圆形物，下方双手执三叉戟，这幅画也被认为是婆罗门像；在其右边，原来应该还有第四个神，可惜被严重破坏而无法辨认了。

尉迟乙僧在洛阳城毓材坊大云寺佛殿上画过一幅壁画，名曰"黄犬及

1. 唐懿德太子墓壁画上的黄犬和鹰，706年

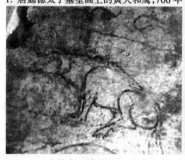

2. 丹丹乌里克壁画上的黄犬

3. 敦煌藏经洞出土绢画上的黄犬和鹰

10-24

丹丹乌里克壁画上的黄犬与唐代黄犬和鹰绘画

鹰。"[44]张彦远《历代名画记》卷八云：洛阳毓材坊"大云寺东门两壁《鬼神》、佛殿上《菩萨》六躯、《净土经变》、阁上《婆叟仙》并尉迟画，《黄犬及鹰》最妙"。有学者认为，这几幅尉迟画出自尉迟跋质那的手笔。[45]然而，大云寺乃武周天授元年所置，至开元二十六年易名开元寺。大云寺的尉迟画只能作于公元 690—738 年间。这时尉迟跋质那恐怕早已不食人间烟火。跋质那的艺海生涯主要在隋代，所以《名画记》卷二说"尉迟跋质那在隋朝"，那么《黄犬及鹰》应为尉迟乙僧之作。

《黄犬及鹰》是唐代非常流行的一个绘画题材，在敦煌藏经洞发现的唐代绘画中有一幅这个题材的绢画。陕西乾陵的懿德太子壁画上也有一幅《黄犬及鹰图》，绘于公元 706 年。更值得注意的是，新疆文物考古所考古队在丹丹乌里克唐代佛寺发现了黄犬壁画，这些唐代绘画为研究尉迟乙僧的名作《黄犬及鹰》提供了第一手参考资料。

尉迟乙僧还画过一些天王像。据《志雅堂杂抄》（1517 成书）记载："除日，人以十四轴来观，尉迟乙僧《天王》小像，郭佑之物。好。"又载："尉迟乙僧《天王像》，绢本，著色，真唐人之笔法也。本立轴，作袖卷池，横看。自宋时已然，后有宣和、绍兴小玺及内府图书之印，并明道元年（1032）十月十日奉圣旨审定及内侍卢道隆等官衔，又元张金界奴上进题名一行，项墨家物也。毕秋帆尚书，以五百金得之，乾隆五十六年七月进呈，今藏内府。"所谓"天王"，指于阗佛教保护神毗沙门天（多闻天），本为印度教守护北方之神，后被佛教徒奉为四大护法天王之一。这幅画著录于《履园丛话》卷十一《书画》，本为清宫内府藏画，后来流散出宫。据北京大学向达教授调查，这幅画一度为端方所有。[46]

唐代高僧慧琳《一切经音义》卷十一记载："于阗……此国今即贯属安西四镇之城。此其一镇也。于彼城中有毗沙门天神庙，七层木楼，神居楼上，甚有灵验。"[47]印度财神在此被当作"北方的君王"或"毗沙门天王"，甚至被尊崇为于阗王族祖先和于阗国的保护神。此外，在于阗还盛传毗沙门天王协助建国的传说，所以毗沙门信仰随之成为塔里木盆地西部佛教的普遍信仰之一。[48]

斯坦因在和田热瓦克遗址发现一个双足站在地神上的人物塑像，[49]可惜只有下半身。从残存情况来看，身穿伊朗式长袍，里面穿百褶裙，双足登筒靴。一般认为，这个泥塑就是毗沙门天像，但到底是不是毗沙门天像还值得

10-25

热瓦克遗址出土毗沙门天泥塑

10-26

丹丹乌里克出土毗沙门天王泥塑像和木板画

研究,它的形象确实与中国单体毗沙门天像非常相似。

　20世纪初,英国考古学家斯坦因在丹丹乌里克2号遗址(D.II)东墙附近发现一个风格独特的泥塑像,头部和左臂已损毁。这个泥塑造像身披遮膝铠甲和精致装饰品,脚踩一个斜扭着身躯的小鬼,当即毗沙门天王像。斯坦因在丹丹乌里克还发现过一个木板画,上有毗沙门天王像,身披铠甲,手持长矛,俨然一幅武士形象。

　随着不空所译的《毗沙门天王经》、《北方毗沙门天王随军护法仪轨》、《北方毗沙门天王随军护法真言》、《毗沙门仪轨》……等密教经典在中原的流行,有关毗沙门天画像法、坛法、咒法等灵验感应的事迹也就时有所闻。不空译密教经典《毘沙门仪轨》说:唐玄宗天宝年间大石(阿拉伯)、康(粟特)五国发兵围安西(今新疆库车),唐玄宗诏令不空请毗沙门天王率领天兵出现城楼,击败敌军。此后,中原地区普遍将毗沙门天王视为护军战神,借以祈求国泰民安。[50]毗沙门天只是北方守护神,中原艺术家还创作了许多四

10-27

龙门石窟的四天王浮雕,美国纳尔逊艺术博物馆藏品

天王雕塑和绘画,以求守护四方。

毗沙门天不只是大小乘经典所记护法神,更是密教增法法门的重要本尊。加上于阗以毗沙门天王为护国神祇,吐蕃视毗沙门天王为财神,凡此遂使毗沙门成为晚唐五代中国各地最为普遍的信仰之一。毗沙门天王像后来逐渐与唐将李靖的艺术形象融会,脱离印度原有形象而逐渐汉化,对中国民间之影响更加深入。[51] 敦煌藏经洞发现的雕版印本的《大圣毗沙门天王像》,便与民间"赛天王"活动息息相关。[52]

据日本松元荣一调查,在敦煌文献中保存有许多唐、五代时期毗沙门天王像的白描。如:P. 4514(1)、(3);P. 4518(5);P. 5018 等白描画。此外,大

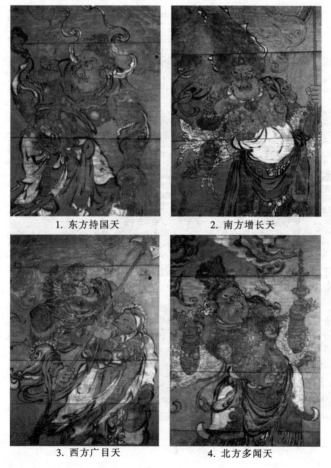

1. 东方持国天   2. 南方增长天

3. 西方广目天   4. 北方多闻天

10-28

苏州瑞光塔出土四天王木函,苏州博物馆藏品

英博物馆、新德里印度国立博物馆、巴黎吉美亚洲艺术博物馆等，亦藏有多幅唐代敦煌绢本及纸本着色毗沙门天王像。[53]

1978年，在苏州城西南盘门内瑞光塔第三层塔宫中发现彩绘四天王木函，画在"真珠舍利宝幢"内木函上，纵124厘米、横42.5厘米。瑞光寺初名普济禅院，相传为孙权为迎接西域康居国僧人而建，今塔系北宋景德元年（1004）至天圣八年（1030）所建，当时佛寺名为瑞光禅院。彩绘木函现藏苏州市博物馆。这件木函内有墨书"大中祥符六年"等文字，当系施主或供养人将木函埋入塔内的时间。这些天王绘画的艺术风格接近晚唐五代绘画，运线如莼菜条，颇有"吴带当风"之感，因而被研究者当作吴道子画风的重要参考资料。

在法门寺地宫内发现一套十分精美的舍利盒，凡七层，其中一层是外饰毗沙门天浮雕的鎏金铜函，为我们了解毗沙门天像在晚唐时期的传播提供

10-29

法门寺出土毗沙门天王像鎏金舍利盒

10-30
正仓院藏天王彩绘木函（左）；弗利尔美术馆藏元代天王像（右）

了重要参考资料。此外，在传世书画中，还有两幅属于尉迟氏画风的天王像。一为日本正仓院藏四天王彩绘木函，年代在公元 8 世纪。这幅画的风格和苏州瑞光塔出土晚唐五代天王像非常相似；另一幅是美国弗利尔美术馆藏元代天王像。从艺术风格看，很可能根据唐代粉本所绘。[54]

注　释

〔1〕　H. Lüders, "Die Sakas und die 'nordarische Sprache'," *SPAW* 23, 1913, pp. 406-427.

〔2〕　哈尔马特等编，徐文堪等译：《中亚文明史》第 2 卷，北京：中国社会科学出版社，2002 年。

〔3〕　《吐火罗人与龙部落》，《西域研究》1997 年第 1 期，页 11—20。

〔4〕　樋口隆康等编：《パキスクン・がンダーテ美术展图录》，东京：日本放送协会出版社，1984 年。

〔5〕　《史记·大宛列传》和《汉书·西域传》。

〔6〕　参见《昆仑山发现 3000 年前古迹显现古代真实生活》，《都市消费晨报》2003 年 8 月 11 日版。

〔7〕　G. Gropp, *Archäologische Funde aus Khotan Chinesisch-Ostturkestan*, Bremen: Verlag Friedrich Rover, 1974; G. Montell, "Sven Hedin's Archaeological Collection from Khotan," *BMFEA*, No. 7 and 10, 1933 and 1938, pp. 145-221 and 83-99.

〔8〕　孙修身主编：《佛教东传故事画卷》，《敦煌石窟全集》12，香港：商务印书馆，1999 年，页 105，图版 90。

〔9〕　新疆文物考古研究所编：《中国新疆山普拉》，乌鲁木齐：新疆美术摄影出版社，2001 年。

〔10〕《后汉书·班超传》。

〔11〕H. W. Bailey, "Saka śśandrāmata," *Festechriftr für Wilhelm Eilers, ein Dokument der internationalen Forschung zum 27*, 1967, pp. 136-143; P. O. Skjaervφ, "Khotan: An Early Centre of Buddhism in Chinese Turkestan," Collection of Essays 1993: *Buddhism across Boundaries— Chinese Buddhism and the Western Regions*, Taipei: Foguang Cultural Enterprise Co. Ltd., 1993, pp. 265-344.

〔12〕新疆维吾尔自治区博物馆，新疆文物考古研究所编著：《中国新疆山普拉——

古代于阗文明的揭示与研究》,乌鲁木齐:新疆人民出版社,2001年,页12,图
26。

〔13〕 梁慧皎:《高僧传·朱士行传》。

〔14〕 杨衒之:《洛阳伽蓝记》卷五引《宋云家记》。

〔15〕 这具古尸原在于阗地区群众艺术馆库房内,今已下落不明;参见杨镰:《荒漠
独行》,北京:中央党校出版社,1995年,页264。

〔16〕 李吟屏:《古代于阗国都再研究》,《西北史地》1990年第3期,页23—36;《佛
国于阗》,乌鲁木齐:新疆人民出版社,1991年,页129—130及图版10。

〔17〕 王炳华和杜根成主编:《新疆文物考古新收获(续)1990—1996》,乌鲁木齐:新
疆美术摄影出版社,1997年,页753。

〔18〕 R. Whitefield, *The Art of Central Asia: The Stein Collection in the British Muse-
um,* vol. 1 (Paintings from Dunhuang); vol. 2 (Paintings from Dunhuang), vol. 3
(Textiles, sculpture and other arts), Tokyo, 1982-1985.

〔19〕 新疆博物馆、库车文管所:《新疆库车昭怙厘西大寺塔墓清理简报》,《新疆文
物》1987年第1期,页10—12。

〔20〕 宿白:《盛京平城一带的拓拔鲜卑——北魏遗迹》,《文物》1977年第11期。

〔21〕 李志荣:《山西夏县司马光墓余庆禅院的建筑》,《文物》2004年第6期,页47—96。

〔22〕 国家文物局主编:《2004中国重要考古发现》,北京:文物出版社,2005年,页
169—173。

〔23〕 李吟屏:《于阗史话》,乌鲁木齐:新疆人民出版社,1994年。

〔24〕 参见那连提犁取舍译《大方等月藏经》。

〔25〕 田边胜美、前田耕作:《世界美术大全集·东洋编15·中亚》,东京:小学馆,
1997年,页240。

〔26〕 Keriya menoires dunfleuve, Archeologie et civilisation des oasis du Talamakan,
2001;中法联合克里雅河考古队:《新疆克里雅河流域考古考察概述》,《考
古》1999年第7期。

〔27〕 林立:《米兰佛寺考》,《考古与文物》2003年第3期,页47—55。

〔28〕 同上。

〔29〕 Sven Hedin, *Through Asia,* London, 1898. 1935年,瑞典考古学家蒙代尔刊布
了斯文赫定中亚收集品,包括丹丹乌里克的材料,参见 G. Montell, "Sven
Hedin's Archaeological Collection from Khotan, (1)", *Bulletin of the Museum of*

Far Eastern Antiquities, VII, 1935, pp. 145-221, pl. I-XX.

〔30〕 M. A. Stein, *Ancient Khotan*, London, 1907, p. 254.

〔31〕 E. Huntington, *The pulse of Asia: A Journey in Central Asia illustrating the geographic base of History*, Boston, 1907.

〔32〕 Emil Trinkler, *Im Land der Stürme, Brockhaus, Leipzig, 1930; Wissenschaftliche Ergebnisse der Dr. Trinklerschen Zentralasien-Expedition*, Berlin: Reimer, 1932.

〔33〕 M. A. Stein, *Ancient Khotan: Detailed Report of Archaeological Explorations in Chinese Turkestan*, London, 1907, p. 254.

〔34〕 Ch. Baumer, "Dandan Oilik Revisited: New Findings a Century Later," *Oriental Art*, vol. XLV-2, 1999, pp. 2-14.

〔35〕 周一良：《唐代密宗》,上海：上海远东出版社,1996 年,页 22。

〔36〕 关于印度艺术的母亲神,参见大英博物馆网站和美国克里弗兰博物馆网站(http://www.clevelandart.org)。

〔37〕 张广达、荣新江：《敦煌"瑞像记"、瑞像图及其所反映的于阗》,《于阗史丛考》,上海：上海书店,1993 年,页 212—279。

〔38〕 张靖敏：《从希腊女神到东方圣母》,北京大学考古文博院本科毕业论文,2005 年。

〔39〕 向达：《唐代长安与西域文明》,北京：三联书店,1957 年；金维诺：《阎立本与尉迟乙僧》,《中国美术史论集》,北京：人民美术出版社,1981 年,页 129—130；吴焯：《佛教东传与中国佛教艺术》,杭州：浙江人民出版社,1991 年,页 228—243。

〔40〕 据《全唐文》卷 547,朱景玄为唐武宗会昌时(841—846)人,生平时代早于《历代名画记》成书年代唐宣宗大中元年(847)。

〔41〕 泷精一：《关于法隆寺金堂の壁画に就て(上)》,《国华》27—2,1916 年。泷精一：《关于法隆寺金堂の壁画に就て(下)》,《国华》27—3,1916 年。

〔42〕 Ch. Baumer, "Dandan Oilik Revisited: New Findings a Century Later", *Oriental Art*, vol. XLV-2, 1999, pp. 2-14.

〔43〕 Lothar Lederos, *Ten Thousands Things: Module and Mass Production in Chinese Art*, Princeton/ New Jersey: Princeton University Press, 2000.

〔44〕 张彦远：《历代名画记》卷三《记两京外州寺观壁画·东都寺观画》,北京：人民美术出版社,2004 年,页 132。

〔45〕 李吟屏：《佛国于阗》,乌鲁木齐：新疆人民出版社,1991 年,页 116。

〔46〕 向达:《唐代长安与西域文明》,北京:三联书店,1957年。

〔47〕 慧琳:《一切经音义附索引两种》第1册,上海:上海古籍出版社,1986年,页438。

〔48〕《大正藏》第51卷,No. 2087,页943a-b。

〔49〕 Aurel Stein. *Ancient Khotan*, Oxford, 1907.

〔50〕 关于毗沙门天王的演变、转化等问题,可参徐梵澄《关于毗沙门天王等事》,《世界宗教研究》,1983年第3期。

〔51〕 有关其他毗沙门天王汉化等问题,参见柳存仁《毗沙门天王父子与中国小说之关系》,收入《和风堂文集》中,上海:上海古籍出版社,1991年,页1045—1094。

〔52〕 郑阿财:《敦煌本龙兴寺毗沙门天王灵验记与唐五代的毗沙门信仰》,《第三届中国唐代文化学术研讨会论文集》,台北:中国唐代学会、政治大学文学院,1997年,页427—442。

〔53〕 松元荣一:《敦煌画の研究・图像篇》,东京:东方文化学院东方研究所,1937年,页417—419。

〔54〕 田边胜美、前田耕作编:《世界美术大全集・东洋编15・中央アジア》,东京:小学馆,1999年。

第十一讲

唐宋时代的海上交通

隋唐中国与西方的海上交通
阿拉丁的神灯
长沙窑的外销瓷
黑石号沉船的发现
宋代的海上交通

第一节　隋唐中国与西方的海上交通

隋统一中国后,国力增强。大业初年(605—606),隋炀帝派水师沿印度支那半岛东岸南下, 大败林邑 (越南岘港) 国王梵志的巨象军;大业三年(607)又派使臣常峻、王君政等人"自南海郡(今广州)乘舟,昼夜二旬,每值便风,至焦石山(今越南占婆岛),东南泊陵伽钵多洲(越南归仁北燕子岬),西与林邑相对,上有神祠焉。又南行,至师子石(今越南昆仑岛附近),自是岛屿连接。又行二三日,西望见狼牙须国(泰国南部北大年)之山,于是南达鸡笼岛(马来西亚北部吉兰丹),至于赤土之界。其王遣婆罗门鸠摩罗以舶三十艘来迎"。

公元 7 世纪中叶,唐高宗派使臣达奚弘通再访赤土国,并继续向西航行到"虔那"国。《中兴书目》列有《西南海诸蕃行记》一卷,"唐上元中(674—676),唐州(治今河南泌阳)刺史达奚弘通撰。弘通以大理司直使海外,自赤土至虔那,几(凡)经三十六国,略载其事。"[1]达奚弘通此行的目的地在"虔那",或认为在阿拉伯半岛南端卡纳(Kana)。[2]

印度洋与南海之间的航线是波斯人开辟的,阿拉伯帝国兴起之初,波斯人仍主宰着波斯湾至广州航线。咸亨二年(671),义净从扬州"至广府(广州),与波斯舶主期会南行",经佛逝(印度尼西亚苏门答腊岛的巨港)、末罗瑜、羯荼三国,然后到东印度(《大唐西域求法高僧传》)。唐开元二年(714),景教僧侣及烈乘海舶从波斯到广州。[3]唐开元年间,南印度金刚智法师从师子国(斯里兰卡)乘波斯舶,先至佛逝国,又至"广府(广州),重遭暴雨。时节度使使二三千人,乘小船数百只,并以香花、音乐海口远迎。至开元八年(720)中,初到东都(洛阳)"。[4]

公元 751 年,高仙芝在怛罗斯(今哈萨克斯坦的塔拉斯河)兵败黑衣大食,唐军上万"士卒死亡略尽"。许多中国工匠被掠入阿拔斯王朝统治下的阿拉伯世界,中国造纸术、陶瓷技术随之传入两河流域。杜环在怛罗斯之役被掠入大食,在海外漂泊了十二年,宝应元年(762)乘波斯舶返回中国。[5]那么"虔那"可能来自波斯语 kalam 或 kaulam,也即波斯人对南印度马拉巴尔(今印度奎隆)的别称。元明时代,这个地方仍是东西交通的重要枢纽,《马可波罗游记》作 coilam,[6]元末汪大渊《岛夷志略》作"俱喃",相当于南宋周去非《岭外代答》、南宋赵汝适《诸蕃志》的"故临"以及《明史·外国列传》的"葛兰"。

天宝十四载(755),安史之乱爆发后,丝绸之路战事连绵,于是中国与西方的海上交通重新受到重视。天宝年间,广州"江中有婆罗门、波斯、昆仑来船,不知其数。并载香药珍宝,积载如山。其船深六七丈"。[7]可见唐代前期中国与西方的海上交通仍以外国海舶为主。波斯和阿拉伯商人来华后,或在中国东南沿海广州、泉州、扬州、杭州,或在内地长安、开封,从事香料、象牙、珠宝、药材和犀角等物品的贩卖,并带回丝绸、茶叶、瓷器等中国特产。

据义净《大唐西域求法高僧传》记载,唐代前期(641—689)一共有 60 位

11-1

敦煌323窟南壁唐初交州与合浦城

西行求法的高僧，从海路到印度的人占了半数以上（38人）。唐人出海采用汉以来传统口岸，集中在交广一带，诸如南海（广州）、乌雷、合浦（广西合浦）、交州（越南岘港）、九真、匕（北）景（今越南）等地。敦煌323窟南壁唐初壁画绘有合浦城和交州城（今越南岘港），生动反映了唐代高僧渡海求法的盛况。

义净西行求法，先在三佛齐（今印度尼西亚巨港）多年，后来才乘船去印度。当时三佛齐附近最著名的寺院是婆罗浮屠，一个以金字塔式曼荼罗形式建造的大乘佛教遗址，建于公元9世纪初，由夏连特王朝在爪哇中部建造，竣工后不久便废弃。塔底呈正方形，总面积将近1.5公顷。中央圆顶距塔底35米，1991年被联合国教科文组织列为世界文化遗产。

关于广州通海夷道，贾耽《皇华四达记》（785—805年成书）记载："广州东南海行，二百里至屯门山（九龙西南），乃帆风西行，二日至九州岛岛石（海口市东北）。又南二日至象石（西沙北礁岛）。又西南三日行，至占不劳山（越南占婆），山在环王国（越南占城）东二百里海中。又南二日行至陵山（越南归仁燕子岬）。又一日行，至门毒国（越南 Tuy Hoa）。又一日行，至古笪国（越南芽庄）。又半日行，至奔陀浪洲（越南藩朗）。又两日行，到军突弄山（越南

11-2

印尼爪哇岛的婆罗浮屠

昆仑岛)。又五日行至海硤(马六甲海峡),蕃人谓之"质",南北百里,北岸则罗越国(马来半岛南端),南岸则佛逝国(印度尼西亚巨港),佛逝国东水行四五日,至诃陵国(印度尼西亚爪哇),南中洲之最大者。又西出硤(马六甲海峡),三日至葛葛僧祇国(马六甲海峡南部不罗华尔群岛之一),在佛逝西北隅之别岛,国人多钞暴,乘舶者畏惮之。其北岸则个罗国(泰国南部克拉地峡)。个罗西则哥谷罗国。又从葛葛僧祇四五日行,至胜邓洲(印度尼西亚亚齐)。又西五日行,至婆露国(亚齐西北巴洛斯)。又六日行,至婆国伽蓝洲(尼科巴群岛)。又北四日行,至师子国(斯里兰卡),其北海岸距南天竺大岸百里。又西四日行,经没来国(南印度马拉巴尔),南天竺之最南境。又西北经十余小国,至婆罗门(南印度)西境。又西北二日行,至拔䫻国(印度西海岸坎贝湾东面 Broach)。

又十日行,经天竺西境小国五,至提䫻国(印度西北岸卡提阿瓦半岛南部 Diudul),其国有弥兰太河,一曰新头河(印度河),自北渤昆(Bakkar)国来,西流至提䫻国北,入于海。又自提䫻国西二十日行,经小国二十余,至提罗卢和国(Shiraf Lar,"提"为"湜"之误),一曰罗和异国(Larwi),国人于海中立华表,夜则置炬其上,使舶人夜行不迷。又西一日行,至乌剌国(Obolla),[8]

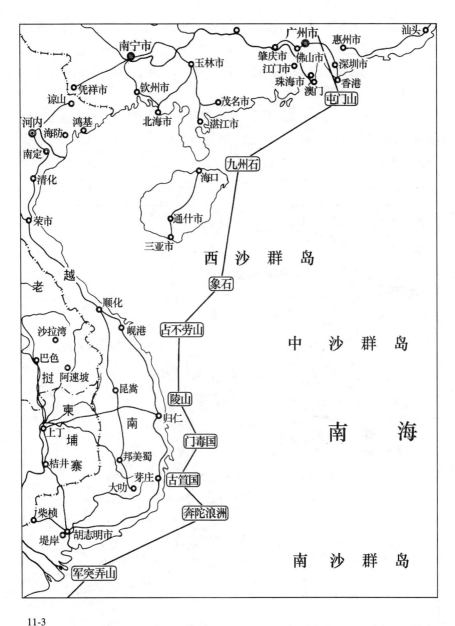

11-3

广州至越南航线

乃大食国之弗利剌河（Furat），[9]南入于海。小舟泝流，二日至末罗国（阿马拉），大食重镇也。又西北陆行千里，至茂门王所都缚达城（巴格达）。"[10]研究者对广州与波斯湾之间的航线尚未达成一致，我们的建议如图11-3所示。[11]

　　关于波斯湾的海港，苏莱曼《中国印度见闻录》介绍说："至于船舶的来处，他们提到货物从巴士拉、阿曼以及其他地方运到尸罗夫（Shiraf），大部分中国船在此装货；[12]因为这里巨浪滔滔，在许多地方淡水稀少。巴士拉距尸罗夫水路一百二十法尔萨赫。货物装运上船以后，装上淡水，就'抢路'——

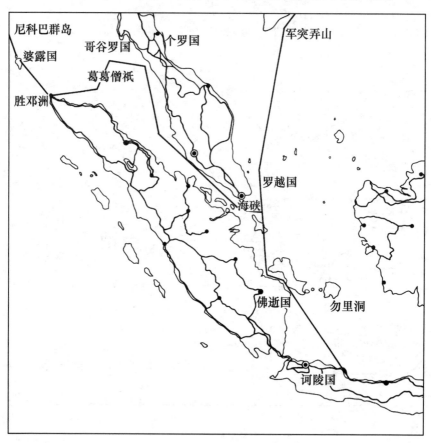

11-4

越南至印度航线

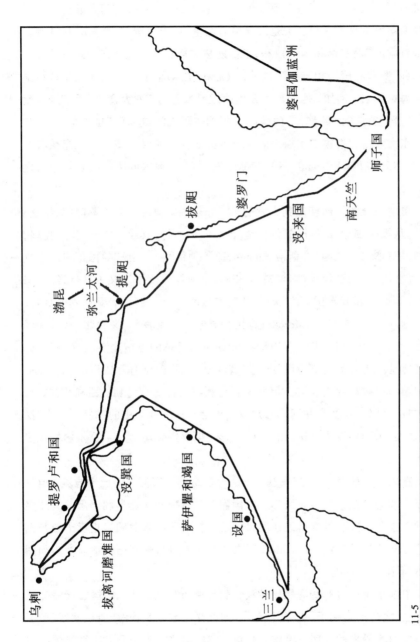

11-5
南印度至波斯湾航线

这是航海的人们常用的一句话,意思是'扬帆开船'——去阿曼北部一个叫做马斯喀特的地方。"尸罗夫是波斯湾著名港口,宋岳珂《桯史》作"尸罗围",也即贾耽的"提罗卢和国"。卢和,指伊朗法尔斯省西南的拉尔(Lar)地区。它的别称"罗和异国",相当于阿拉伯语 Larwi(拉尔围)。阿拉伯人根据地域给各个海域起名,例如,他们把大食国附近海域分为"西大食海"和"东大食海",把阿曼附近海域称作"阿曼海",把拉尔附近海域称作"拉尔海"。拉尔海即东大食海,指霍尔木兹海峡至尸罗夫之间的海域。霍尔木兹海峡有个"拉尔克岛"(Larak Island),《郑和航海图》标作"剌尔可速",来自拉尔海之名。

贾耽还介绍了南印度到大食的另一条航线。他说:"自婆罗门(南印度)南境,从没来国(Malabar)至乌剌国,皆缘海东岸行;其西岸之西,皆大食国,其西最南谓之三兰国(波斯语 Samran,亚丁别称)。"[13]自三兰国正北二十日行,经小国十余,至设国(阿拉伯语 Sihar,今阿曼萨拉拉)。又十日行,经小国六七,至萨伊瞿和竭国(萨拉拉与苏哈尔之间),当海西岸。又西六七日行,经小国六七,至没巽国(Mezoen,今阿曼苏哈尔的别称)。又西北十日行,经小国十余,至拔离诃磨难国(Bahrain Manama,巴林的麦纳麦港)。又一日行,至乌剌国,与东岸路合。"所谓"拔离诃磨难国",来自阿拉伯语 Bahrain Manama,指波斯湾巴林岛麦纳麦港。尸罗夫到乌剌与巴林岛到乌剌的距离相同,只需一日。可见,提罗卢和国必指尸罗夫无疑。这个地名中的"提罗"似为"湜罗"之误,也即尸罗夫(Siraf)的简称,那么"提罗卢和国"意为"拉尔国的尸罗夫港"。

在以往的研究中,"末罗国"被认为是幼发拉底河畔的巴士拉城,但是按照贾耽的说法,从乌剌国到末罗国需要二日航程,比乌剌到尸罗夫还多一日。这个地方不可能指近在咫尺的巴士拉。所以末罗国当指巴士拉与巴格达之间的阿马拉城(Amarah),那么从霍尔木兹海峡到巴格达航线当如图11-6所示。

中国东南沿海有些海域比较浅,而且遍布暗礁,所以中国古代海船采用平底,模仿的是鸭子,史称"沙船"。印度洋海域都是深海,所以波斯、印度和阿拉伯海船采用尖底,模仿的是鱼。北宋以来,为了开发印度洋国际贸

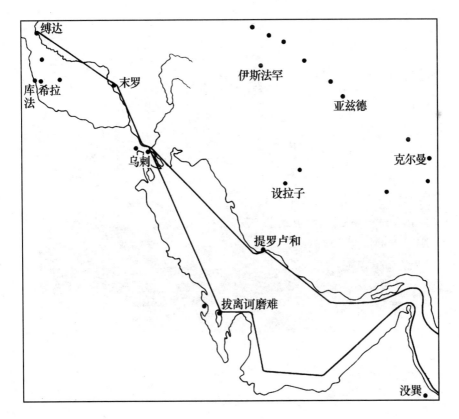

11-6

阿曼至巴格达航线

易,福建海商引进阿拉伯海船技术,大造尖底船,史称"福船"。所以唐代海船无疑为中国传统的平底沙船,如图 11-7 所示。

公元 9 世纪中叶,中国海舶开始取代波斯、大食、印度、昆仑等外国海舶,逐渐控制了印度洋的海上霸权。据阿拉伯旅行家苏莱曼《中国印度见闻录》记载,在印度洋航行的各国船舶中,中国的船舶最大,在南印度故临靠岸后,当地海关要征收一千枚银币关税,而其他国家的船却只需交十或二十枚银币的关税。[14]从这条记载不难想见唐代海舶之大。

11-7

平底沙船模型

第二节　阿拉丁的神灯

　　在阿拉伯民间故事集《天方夜谭》中有个故事,讲述中国小男孩阿拉丁
(Aladdin/ Al Addin)与神灯的故事,名为《阿拉丁的神灯》。据说非洲有一位
巫师,名叫曼苏尔,他从巫术书中得知有一盏神灯埋在中国某个地洞里。阿
拉丁和母亲生活在中国,家里很穷,没有足够的食物。有一天,母亲叫他去
野地里采花,然后用卖花的钱换食物回来。埋藏神灯的地洞就在阿拉丁采
花的田野里,由于洞口太小,巫师进不去,就请阿拉丁帮他取神灯……在神
灯中精灵的帮助下,阿拉丁战胜重重困难,最后与苏丹公主成婚,从此过上
幸福生活。国王死后,阿拉丁当了国王。

　　阿拉丁这个名字,旧译"阿老丁",也即回族的"丁"氏。美国斯坦福大学

教授丁爱博（Albert E. Dien）就是这个姓氏。《明史·文苑传》记载："时又有丁鹤年者，回回人。曾祖阿老丁与弟乌马儿皆世商。元世祖征西域，军乏饷，老丁杖策军门，尽以赀献。"丁鹤年是元末明初大诗人，他的曾祖父阿老丁在杭州兴建清真寺，死后葬于西子湖畔，俗称"回回坟"，今为西湖十景之一。

在唐代长沙窑外销瓷中，有一种异国情调的油灯，东罗马景教堂就用这种油灯照明。阿拉伯帝国伍麦叶王朝定都大马士革，颇受叙利亚景教文化影响，所以伊斯兰清真寺也用这种陶灯照明，只是对景教式油灯稍加改造。比较而言，长沙窑外销瓷的陶灯与阿拔斯的伊斯兰式油灯更为接近。《天方夜谭》的初稿完成于10世纪中叶，作者哲海什雅里卒于942年。[15]长沙窑

一、罗马油灯

1—3世纪

3—4世纪   4—6世纪

二、伊斯兰油灯

7—8世纪   7—8世纪   7—8世纪

三、长沙窑油灯

9—10世纪   9—10世纪   9—10世纪

11-8

景教、伊斯兰教和长沙窑外销瓷的陶灯

兴于天宝十四载（755）"安史之乱"以后，衰于五代（907—1127）。那么中国小男孩阿拉丁的神灯，就是指长沙窑烧造的这种伊斯兰艺术风格的陶灯。

第三节　长沙窑的外销瓷

中国陶瓷手工业在唐代前期有"南青北白"之称，北方有邢窑白瓷，南方有越窑青瓷，但是唐代后期，长沙窑外销瓷异军突起，形成中国陶瓷三分天下的局面。长沙窑的兴起有三个重要原因：

第一，"安史之乱"爆发之后，中原经济受到严重打击，中国经济向南方转移。

第二，751 年，唐军在中国怛罗斯兵败大食，失去对丝绸之路的有效控制，所以东西方的海上交通在晚唐重新受到重视，积极开拓海上国际贸易。

11-9

岳州窑瓷器

第三,陶瓷很重,无法从陆路进行大规模长途贩运。陶瓷之所以成为一种国际贸易商品,与波斯、阿拉伯人积极开展海上国际贸易有密切关系。

长沙窑凭借这三个契机,异军突起,在岳州窑基础上积极开发外销瓷。岳州窑又称"湘阴窑",属于唐代中等水平的瓷窑。陆羽在《茶经》(760年前成书)中评述说:"碗,越州上,鼎州次,婺州次,岳州次,寿州次,洪州次。或以邢州处越上,殊不为然。"

长沙窑瓷器则名不见经传。有学者考证,比陆羽年代晚的唐代诗人刘言史(约9世纪初)在《煎茶诗》提到的"石渚窑"就指长沙窑,而刘言史诗中还提到"湘瓷泛轻花",亦指长沙窑瓷器。关于长沙窑,唐代诗人李群玉(约

1. 长沙窑釉下彩瓷碗　　　　　　2. 台湾博物馆藏长沙窑釉下彩绘瓷碗

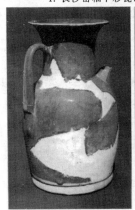

3—4. 长沙窑铜红釉执壶　　　　　5. 长沙窑釉下彩瓷枕

11-10

长沙窑釉下彩、釉下彩绘、铜红釉瓷器

9 世纪中)《石渚》诗说:"古岸陶为器,高林尽一焚。焰红湘浦口,烟浊洞庭云。"湘浦,就在今天长沙石渚一带。1956 年,湖南省文管会首次在长沙市湘江岸边的铜官镇石渚瓦渣坪一带发现长沙窑瓷器,所以长沙窑亦称"铜官窑"或"瓦渣坪窑"。经北京故宫博物院冯先铭、李辉柄最后确认,终于揭开了晚唐五代外销瓷烧造地点之谜。原来,长沙窑外销瓷采用龙窑烧造。其中最大的谭家坡窑,总长 41 米,宽度 3.5 米,窑床坡度不一,分为五段,最陡处 23 度,平缓处 9 度,分为窑头、窑床、窑尾三大部分。1964—1999 年,湖南省文管会和长沙市文物工作队先后四次对长沙窑址进行发掘,出土各类陶瓷近万件,1983 年公布为全国重点文物保护单位。[16]

长沙窑主要销往中东阿拉伯国家,唐代称"大食国"。为适应外销的需要,长沙窑采用了许多新技术,并吸收伊斯兰艺术和印度艺术,开发出大批新产品,有多项技术开创了中国陶瓷史的历史先河:

第一,最早发明釉下多彩:釉下彩的发明,突破了"南青北白"一统天下的局面,丰富了中国陶器的类别。

第二,最早发明铜红釉烧制技术:铜红釉烧制成功,开创了世界彩瓷史的历史先河,并且为宋钧、元明清釉里红及祭红、郎窑红的发展打下了坚实的基础。

第三,最早发明釉下彩绘:长沙铜官窑的彩绘有花鸟画、动物画、人物画、山水景物画、写意画,题材丰富,色彩绚丽,生动简洁,对唐以后瓷绘艺术产生深远影响。

第四,最早开创模印贴花:在伊斯兰陶器影响下,长沙窑大量使用模印贴花技术,在陶泥上模印出花纹后,粘贴在瓷壶的系纽或流下,再施以彩釉。

这些新技术使名不见经传的长沙窑瓷器后来居上,与邢窑白瓷、越窑青瓷和唐三彩一争天下,并迅速占领了国际陶瓷市场的大部分的份额。

英国考古学家怀特·豪斯对波斯湾的西拉夫(即尸罗夫)港口先后进行六次大规模发掘,第一、三、四、五次发掘都发现了长沙窑外销瓷。[17]

1966 年,怀特·豪斯对西拉夫港口遗址第一次发掘中,在早期居住遗址中发现长沙窑贴花纹壶、钵和黄釉绿彩的碗,年代约在 9 世纪中期。

1968 年,西拉夫港口遗址进行第三次发掘的过程中,在大清真寺遗址发现很多黄釉褐绿彩碗片,这座清真寺始建于 780 年,这里出土的年代最晚的钱币为 1050 年发行。这次发掘的市场遗址中也发现黄釉褐绿彩碗片,年代约在 9 世纪中期。

1969 年,西拉夫港口遗址进行第四次发掘,在公元 10—11 世纪的居住遗址中发现大批四曲黄釉褐绿碗,有的器物内壁底部点缀有许多斑点,有些碗的残片显示内壁饰有凌乱花草纹样。

1970 年,西拉夫港口遗址进行的第五次发掘中,在宫殿遗址中发掘出褐釉双耳贴花罐及黄釉褐绿彩碗,该宫殿遗址有着明显的伊斯兰建筑风格,年代约在 9 世纪前期至中期。

西拉夫出土长沙窑瓷器与伊拉克萨玛拉(Samarra)出土的长沙窑瓷器十分类似。除长沙窑瓷器外,晚唐五代的越窑青瓷以及不知窑口的中国白瓷也被大批贩卖到西拉夫。

1980—1982 年,法国巴林阿曼考古队在阿曼苏哈尔(Suhar)进行了考古发掘,出土有彩绘纹碗片,该碗片与在西拉夫地区出土的黄釉绿彩内壁饰花草的碗片十分类似。1982 年李辉柄在此进行考察时,在发掘品种中看到有釉下彩绘壶和褐斑罐。在与巴林岛隔海相望的沙特达兰(Dhahran)地区发现有一片长沙窑碗片,现存大英博物馆。[18]

目前在非洲发现长沙窑外销瓷数量不多,仅在北非埃及、东非肯尼亚和坦桑尼亚有发现。在肯尼亚的曼达岛(Manda)、坦桑尼亚翁古贾·库(Unguja Ukuu)发现了长沙窑瓷器。尽管非洲发现大量中国陶瓷,但是晚唐时代陶瓷器比较多,而长沙窑外销瓷较少。[19]埃及开罗附近福斯塔特(Fustat)遗址出土了六七十万片的陶瓷片,中国陶瓷有一万两千片之多,而唐代的陶瓷片有唐三彩、邢州白瓷、越窑瓷、黄褐釉瓷器、长沙窑瓷器等,以越窑瓷数量最多。据秦大树调查,福斯塔特出土中国陶瓷中有长沙窑陶瓷。[20]

长沙窑衰落于五代宋初。湖南省博物馆藏有五代后梁贞明二年(920)釉下彩双鸾枕和五代后唐天成四年(929)碾槽等长沙窑外销瓷。在长沙窑遗址的地表层中,发现过一些宋代货币和北宋多角坛。而在长沙窑廖家坝遗址的堆积层中,出土了北宋湖田窑刻划花瓷碗。所以长沙窑的下限,可以晚至北宋(960—1127)初年。[21]北宋太平兴国二年(977),波斯湾发生大地震,进口中国货的主要港口——尸罗夫(Shiraf)港被彻底摧毁。[22]长沙窑外销瓷恰恰在这时完全停产,似与这场大地震有一定关系。

长沙窑瓷器价格非常低廉。浙江出土越窑青瓷盘口壶,高 47.9 厘米,上面标价为"价直一千文",而长沙窑外销瓷壶(高 19 厘米)标价只有"五文"钱,这两件唐代瓷壶大小相差不到三倍,差价却高达两百倍。因此,物美价廉的长沙窑外销瓷以价取胜,成为风靡一时的外销产品。

成也萧何,败也萧何。质量问题最后成为导致长沙窑最终停产的重要原因。长沙窑外销瓷介乎"陶"与"瓷"之间,或称"炻器"(Earthenware),远不如同时代的邢窑白瓷或越窑青瓷,更无法与北宋兴起的定窑白瓷、景德镇青白瓷以及龙泉窑瓷器同日而语。北宋定窑白瓷、景德镇青白瓷开炉后,迅速取代长沙窑成为中国外销瓷的主流产品。龙泉窑自北宋初年就在浙江龙泉开炉,不仅大量内销,而且迅速占领国际市场的大部分份额。

11-11

越窑青瓷壶

中国瓷器在东南亚、印度和伊朗古港口到处发现。在印度尼西亚爪哇岛附近海域发现了唐三彩、越窑和长沙窑外销瓷;在南印度古港口——阿里卡梅杜遗址发现了晚唐至元代瓷片;在巴基斯坦卡拉奇东郊班布尔的古海港遗址发现了晚唐越窑青瓷壶和长沙窑外销瓷;在波斯湾阿拉伯古港口——尸罗夫（Shiraf）遗址发现过许多唐宋瓷片,包括邢窑白瓷、越窑青瓷和长沙窑外销瓷。

第四节　黑石号沉船的发现

目前考古发现的海底沉船多为宋代以后,唐代沉船十分罕见。1976—1977 年,在南韩新安水域发现元代沉船,打捞出 18000 余件瓷器,包括南宋官窑、龙泉窑、景德镇窑出产的名瓷,在国际考古界轰动一时。[23]1974 年,在宁波余姚古代海口附近发现一条唐代沉船,打捞出越窑青瓷和长沙铜官窑青釉彩瓷和少量黑釉瓷,其中数百件为完整瓷器,同船出水铭文砖有"乾宁五年（898）"刻款,故知为唐末沉船。余姚在唐代属于明州,去朝鲜半岛或日本的海船一般要从明州港启航,所以这条海船可能是一艘到日本或朝鲜半岛的国际货船。更为重要的考古发现,则是我们将要讨论的印度尼西亚爪哇勿里洞岛（Belitang Is.）水域发现的黑石号沉船。

1998 年,印度尼西亚渔民在苏门答腊东南海域勿里洞岛（Belitung Island）附近海域意外发现一条中世纪沉船,根据发现地点命名为黑石号（Batu Hitam）,打捞工作于 2001 年结束,出水中国瓷器和金银器多达 6 万余件。

沉船文物分类整理工作由海德堡大学陈玉秀女士负责。据调查,沉船多数文物的年代集中在 9 世纪中期,有纪年铭文的瓷器皆晚唐之物。经过两年多的艰苦工作,从沉船中打捞出 6 万余件文物,大部分送到新西兰由专家进行整理,少部分留在印度尼西亚;一部分精品送到海德堡大学进行研究。台湾大学谢明良教授撰写长文,介绍了沉船中 6 万件中世纪瓷器的窑口,包括湖南长沙窑、浙江越窑、河北邢窑、河南巩县窑和广东窑系等及其相关问题,他认为这条船是从扬州启航,经广州等地驶往波斯湾,目的地可能是波斯著名国际贸易港——尸罗夫（Shiraf）。[24]

黑石号沉船地点勿里洞岛（Belitung Island）在苏门答腊东南海域,古称"麻逸洞",唐代属于三佛齐国。《唐会要》卷一〇〇记天复元年（904）"授福建道三佛齐国人朝进奉使都蕃长蒲诃粟（栗）宁远将军"。据德国学者夏德（Hirth）考证,蒲诃粟之"蒲"姓即阿拉伯人习见人名 Abu 的音译,本义为

11-12

黑石号沉船内中国陶瓷

"父"。五代至宋元，旅居中国的阿拉伯侨民几乎控制了中国与南洋的海上交通。最显赫的风云人物是蒲寿庚，旅居泉州。日本学者桑原骘藏著《蒲寿庚考》，详考其事。据《西山杂志》，"蒲氏盖从五代留从效使蒲华子、蒲有良之占城（今越南归仁），司西洋转运使，波斯人咸嘉为号矣。故自宋元以来，

 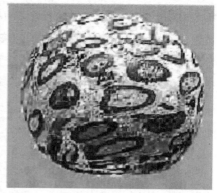

11-13

贝勒尼斯港出土爪哇玻璃珠，公元6—9世纪

泉郡之蒲氏，名于天南也。蒲厔宋末背叛，蒲寿庚航海居菲，一曰麻逸司（同），一曰蒲端国也。"麻逸司似为"麻逸同"之讹，或称"麻逸冻"，就指黑石号沉船地点勿里洞岛。[25]

　　黑石号船体用椰壳皮编织，或以为是波斯船。公元1世纪起，波斯人就开始造单桅尖底船，船体用植物纤维缝合，故称"单桅缝合木船"。《南方草木状》（约4世纪成书）记载，"桄榔树实似并榈，其皮可作绠，得水则柔韧，胡人以此联木为舟。"所谓"胡人"指波斯或中亚人，这里当指波斯人。在造船工艺方面，黑石号沉船与波斯"单桅缝合船"一脉相承，属于波斯舶系统，但是用椰子皮缝合船体，则是昆仑舶的特点，因为波斯没有椰子树，所以此船不像波斯舶。我们认为，这条沉船更可能是蒲寿庚家族操纵的昆仑舶。唐慧琳《一切经音义》，说昆仑舶"用椰子皮为索连缚，葛览糖灌塞，令水不入，不用钉"。在中国古书中，昆仑往往指东南亚，那么"昆仑舶"当指东南亚海船。在红海之滨贝勒尼斯港发现了大批爪哇生产的玻璃珠，年代在公元6—9世纪。

　　唐代晚期，昆仑舶还经常远航到长江上游的扬州。晚唐诗人崔涯写诗嘲弄一个扬州妓女，说她"虽得苏方木，犹贪玳瑁皮。怀胎十个月，生下昆仑儿"。[26]玳瑁为海龟科动物的背甲，产自南海和印度洋。苏方木简称"苏方"，

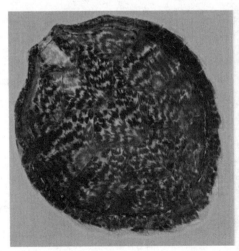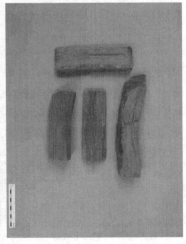

11-14

玳瑁与苏方

是东南亚特有的一种制作红色染料的木材。[27]魏晋南北朝时代，苏方木已传入中国。晋崔豹《古今注·草木》说："苏方木出扶南（今柬埔寨）、林邑（今越南），外国取细破，煮之以染色。"凡此表明，蒲寿庚家族为代表的华化阿拉伯人掌控的昆仑舶，在晚唐时期就开始成为红海至南中国海国际贸易不可忽视的有生力量。

黑石号沉船中的纪年文物如青铜镜等，大多在晚唐时代。一件为八卦四神铜镜，镜背有铭文"乾元（758）元年戊戌十一月九日于扬州扬子江心百炼而成"。此外，沉船中还发现漆器2件，石砚台1件和碎墨若干。

黑石号沉船出土金银器多为晚唐之物，计有：錾花金器11件，金箔2公斤，鎏金银器20件以及个别爪哇本地金银器。器类和法门寺地宫出土金银器相似。安史之乱以后，唐朝金银器工艺遭遇沉重打击，从出土实物看，晚唐金银器艺术明显走向衰落。法门寺地宫出土金银器包括不少皇室用品，但是工艺水平远不如唐初陕西何家村窖藏金银器。

黑石号沉船内的大宗文物是瓷器，约占90%。黑石号陶瓷窑系包括：

1. 广东窑系：青瓷双系带流罐、青瓷四花口碗、青瓷圈底钵、青瓷碗。

2. 邢窑系：白瓷执壶、白瓷碗、白瓷杯、白瓷杯托、白瓷穿带壶、白瓷带

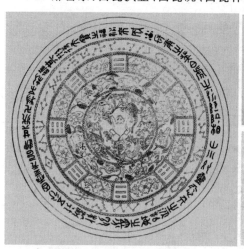

唐 四神十二生二十八宿八卦铭文镜　　　黑石号出水扬州八卦镜

11-15

黑石号沉船内的唐代铜镜

11-16

黑石号金银器

盖罐、白瓷带流壶。中国最早的白瓷是河南安阳北齐范粹墓所出白釉瓶、杯。这项技术在隋唐时代日臻成熟,隋代至唐代前期只施半釉,唐代后期施全釉。邢窑白瓷风靡天下,唐代成为"天下无论贵贱通用之"的一代名瓷。据文献记载,唐代广州烧造过白瓷,唐李绩新修《本草》说"白瓷屑,平无毒,广州良,余皆不如",但是广州地区以及江南地区目前尚未发现白瓷窑址。

3. 长沙窑系:青瓷夹耳罐、青瓷茶盏、贴花褐彩青瓷注子、青瓷小盂、青瓷碟、青瓷碗、青瓷犬、釉下彩绘碗、绿釉四花口杯。长沙窑不见于文献,从考古发现的实物看,始于唐而终于五代(618—959)。长沙窑对中国陶瓷史的重大贡献是首创釉下彩技术,突破了青瓷色彩单一的局面。首先出现釉下褐彩,然后发展出褐绿两彩瓷器。[28]

4. 巩县窑系：白瓷带盖罐、白瓷碗、白釉绿彩穿带壶、白釉绿彩盘、白釉绿彩杯、白釉绿彩带盖罐、白釉绿彩带盖盒、白釉绿彩杯、白釉绿彩四花口盘、白釉绿彩碗、白釉绿彩盒、白釉绿彩三足带盖盂、白釉绿彩执壶、白釉绿彩四花口碗、白釉绿彩四花口碟、白釉黄绿彩贴花龙纹碗、白釉绿彩折沿盘（带"进奉"铭文）、白釉绿彩高足把壶、白釉绿彩大罐、绿釉执壶、绿彩钵、绿釉花口碗、白釉绿彩高足杯、白釉绿彩吸杯、青花瓷盘。

5. 越窑系：青瓷玉璧形足碗、青瓷刻花四方碟、青瓷唾壶、青瓷刻花四花口碗、青瓷执壶、青瓷带盖盒、青瓷刻花鱼形穿带壶、青瓷四花口钵、青瓷折沿盆、青瓷镂空熏盒、青瓷带系盆、青瓷刻花穿带壶。越窑青瓷代表了中国青瓷艺术最高水平，主要流行于唐五代至北宋时期。

6. 波斯锡釉陶系：波斯翡翠蓝釉安弗拉罐、青釉带系大罐。1965 年，在福州五代刘华墓发掘出三件波斯孔雀蓝釉陶瓶。通体上釉，釉色晶莹，瓶内

11-17

黑石号出水巩县窑系三彩瓷

壁作青灰色，陶胎橙红，质地疏松，皆为小敛口，广腹，小底内凹。器高77.5—78.2厘米，口径12—14厘米，腹径40—41厘米，底径16厘米。刘华为闽国第三主王延钧的妃子，卒于后唐长兴元年(930)。此类波斯釉陶瓶的年代，因刘华墓的发现得以确认。1965年，在江苏扬州城南出土过一件波斯翠绿釉陶壶。壶高38厘米，口径9厘米，底径10厘米。经化学分析，此壶含有较高的钙镁元素，釉色属于钠钙系统，着色剂以铜为主，与中国传统的低温釉陶明显有别。据报道，扬州近年出土此类波斯釉陶残片多达二三百片。从出土情况看，属于8—9世纪遗物。

　　7. 唐青花：这条中世纪沉船中最重要的发现是三件青花瓷盘。青花始见于唐代，但是唐青花极其罕见，世界范围内流传至今的完整唐青花瓷只有

11-18

黑石号、扬州和福建出土晚唐五代波斯釉陶器

四五件,而且全部流散海外,目前分藏丹麦、美国和中国香港。20世纪80年代初在扬州唐代遗址发现过少量唐青花瓷片。韩国新安元代沉船发现两万多件瓷器,但是没有青花瓷,所以研究者对唐代是否有青花瓷一直存在争议。黑石号青花的发现为探讨这个问题提供了重要依据。

安史之乱爆发,中原经济受到严重破坏,于是中国经济中心向南方转移。长沙窑烧造的外销瓷成为国际贸易最重要的商品之一,远销东南亚、印度、波斯,乃至东非坦桑尼亚。从长沙走水路到广州往往取道扬州,于是这座长江下游的重要口岸成了东方最大的国际贸易港之一,许多阿拉伯、波斯和东南亚商人云集扬州。邓景山出任扬州长史时"会刘展作乱(约761),引平卢副大使田神功兵马讨贼。神功至扬州,大掠居人资产,鞭笞发掘略尽,商胡大食、波斯等商旅死者数千人"[29]。所以扬州出土唐代遗物中有许多阿拉伯和波斯产品。

陶瓷之所以能够成为一个国际贸易的商品,首先以海路的开通为必有

11-19

黑石号的唐青花

前提。如果说丝绸之路的开辟，为西方人了解东方打开了一个窗口，那么晚唐以来开辟的海上陶瓷之路，则为世界了解中国打开了另一扇窗口。宋代朱彧《萍州可谈》卷二记载，"汉威令行于西北，故西北呼中国为汉。唐威令行于东南，故蛮夷呼中国为唐"。元代周达观《真腊风土记》以及《明史·真腊国》亦载："唐人者，诸番呼华人之称也，凡海外诸国尽然。"这种风俗对今天仍有影响，例如，东南亚和欧美许多国家都把中国侨民居住的地方称作"唐人街"。

第五节　宋代的海上交通

自唐代安史之乱后，吐蕃、契丹、女真、蒙古等少数民族相继崛起，宋朝受辽金的威胁逐渐退缩到东南一隅，政府军费和官俸开支浩大，每年还要负担沉重的"岁币"，不得不想方设法开辟新的财政来源，因而更加重视海外贸易。不仅进一步完善唐代市舶机构，而且疏浚海港，增辟口岸，制定条例，积极鼓励外商来华贸易，并对市舶官员招徕蕃商的成绩予以奖惩。同时，积极支持华商出海贸易。

另一方面，十字军东征、塞尔柱突厥人的兴起，迫使活跃的阿拉伯商人把贸易视线转移到东方，向东方开辟商路，越来越多地出入中国东南沿海口岸，从而在客观上为宋代海外贸易创造了有利的国际环境。宋代对外贸易港口多达二十余处，设有广州、泉州、明州、杭州、密州5个市舶司，市舶司下有的还设有市舶务、市舶场等下属机构。宋神宗元丰三年(1080)，政府正式修定"广州市舶条"，委官推行，并援用于各地市舶司。

从技术条件看，造船工艺和航海技术的进步也推动了宋代海外贸易。宋代造船业的规模和制作技术，都比前代有了长足的进步。中国东南沿海主要海港都有发达的造船业，所造海船载重量大、速度快、船身稳，能够调节航向，船板厚，船舱密隔。载重量之大，抗风涛性能之佳，处于世界领先地位。航海技术的进步表现在海员能熟练运用信风规律出海或返航，通过天象来判断潮汐、风向和阴晴。舟师还掌握了阿拉伯人发明的"牵星术"、深水探测技术，使用中国人发明的罗盘导航，指南针引路，并编制了详细的海道

11-20

敦煌壁画上甚至可以看到宋代海船

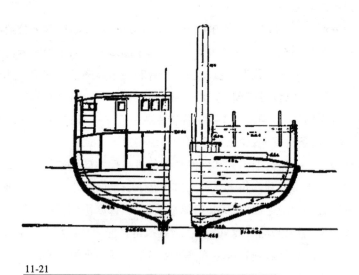

11-21

泉州出土宋代海船

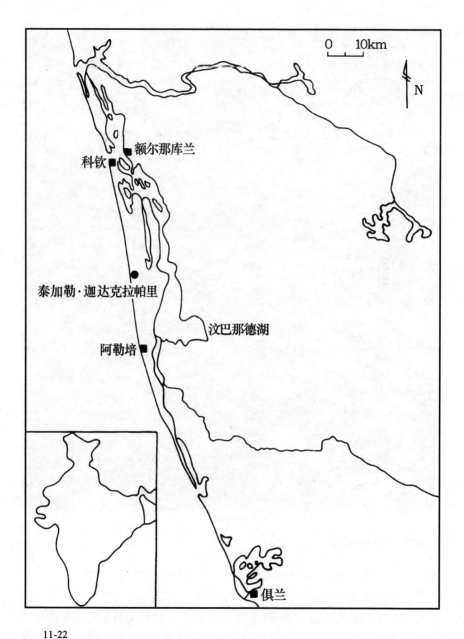

11-22

南印度西海岸泰加勒沉船地点

11-23

泰加勒沉船发掘现场

图。这些新技术的出现，极大推动了宋代海外贸易的勃兴。

　　如果说唐代中国只是开始参与印度洋海上国际贸易的竞争，那么北宋以后则逐渐控制了印度洋的海权，在福建泉州、南中国海乃至南印度海域不断发现宋代沉船，东南亚、中东乃至非洲大陆古遗址到处可见定窑白瓷、景德镇青白瓷和龙泉瓷等宋代外销瓷片，甚至在远离海岸线的敦煌壁画上都可以看到宋代海船的风采。

早在宋代，泉州人就用"桐油加钉子"造出世界上先进的船种——福船。这种海船模仿阿拉伯海船采用尖底，而非中国传统的平底沙船。1925年，泉州湾后诸港出土了这样一艘宋代古船，残长24.2米，宽9.15米，复原之后，它的长度可以达到36米，宽11米，载重量200吨以上，是当时泉州所造中型货运海船。从它的剖面模型上，可以见到它有十三个水密隔仓。水密隔仓在中国的运用始于唐代，比欧洲早了1100多年。

2003年，印度和英国联合考古队在南印度西海岸发现了一条中世纪沉船，出土地点在科罗拉邦科钦市之南的泰加勒·迦达克拉帕里（Thaikkal Kadakkarappally）。

这条沉船长达22米，今称"泰加勒沉船"。这条海船使用平底，带有密封防水舱，并大量使用铁钉，明显有别于阿拉伯、波斯或印度式缝合木船。在福建泉州发现的13世纪中国海船的特点是：采用平底，带密封防水舱、缺少龙骨、茎状物或舰板、平底、成直角的转折部分、多层船板和船首、尾构架，尤其是大量采用铁钉连接部件，所以泰加勒沉船必为中国海船无疑。

据碳14年代数据，这条船沉没于公元11世纪初年，再次说明北宋时代的中国海船业已参与争夺印度洋的海上霸权。[30]

注 释

〔1〕《玉海》卷一六"异域图书"，第1册（南京：江苏古籍出版社／上海：上海书店影印本，1988年，页301）。《宋史》卷二○四《艺文志·地理类》著录达奚弘通《西南海番行记》一卷，同卷著录达奚洪（一作"通"）《海外三十六国记》一卷。所谓"达奚洪"或"达奚通"实乃"达奚弘通"之讹误；西南海番，当作"西南海诸番"。

〔2〕苏继庼：《岛夷志略校释》，北京：中华书局，1981年，页5—6。

〔3〕《册府元龟》卷五四六。

〔4〕《贞元新定释教目录》卷十四，收入《大正藏》第五十五册，页876—877。

〔5〕杜佑《通典·边防典》引杜环《经行记》。

〔6〕这个阿拉伯地名本自波斯人对马拉巴尔的称谓，但是有学者以为kalam／kaulam系阿拉伯语，参见陈佳荣、谢方、陆峻岭编：《古代南海地名汇释》，北京：中华书局，1986年（2002年第二版），页1024。

〔7〕 元开撰,汪向荣校注:《唐大和尚东征传》,北京:中华书局,1979 年。

〔8〕 汉代安息王国最西界,可从海道通大秦国(《后汉书·西域传》和《三国志》第三十卷裴注引《魏略》),今伊拉克巴士拉附近。该城废弃后,始建巴士拉城。

〔9〕 幼发拉底河与底格里斯河汇流后,形成 furat 河,然后入海。

〔10〕 《新唐书·地理志》。

〔11〕 桑原鸳藏著,杨练译:《唐宋贸易港研究》(史地小丛书系列),上海:商务印书馆发行,1935 年;韩振华:《第八世纪印度波斯航海考》,《中外关系历史研究》,香港:香港大学亚洲研究中心,1999 年。

〔12〕 岳珂《桯史》卷十一作"尸罗围";《诸蕃志》大食条译作"施那帏"。

〔13〕 家岛彦一:《南阿拉伯之东方贸易港——贾耽道里记中的印度洋西岸航路》,《东方学》第 31 册,1956 年。

〔14〕 索瓦杰译注,汶江和穆根来译:《中国印度见闻录》,北京:中华书局,1983 年,页 8。

〔15〕 希提著、马坚译:《阿拉伯通史》,北京:商务印书馆,1990 年,页 478—479。

〔16〕 长沙窑课题组编:《长沙窑》,北京:紫禁城出版社,1996 年。

〔17〕 David Whitehouse, "Excavations at Siraf: First Interim Report," Iran, vol. 6, 1968, pp. 1-22; David Whitehouse, "Excavations at Siraf: Third Interim Report," Iran, vol. 6, 1970, pp. 1-18; David Whitehouse, "Excavations at Siraf: Forth Interim Report," Iran, vol. 9, 1971, pp. 1-17; David Whitehouse, "Excavations at Siraf: Fifth Interim Report," Iran, vol. 9, 1972, pp. 62-87; David Whitehouse, "Some Chinese and Islamic Pottery from Siraf," Pottery and Metalwork in Tang China, London, 1972, pp. 30-34.

〔18〕 李辉柄:《中国阿曼友谊的历史见证》,《外国史知识》1983 年第 10 期,页 32—33。

〔19〕 马文宽、孟凡人:《中国古瓷在非洲的发现》,北京:紫禁城出版社,1987 年,页 34—35。

〔20〕 秦大树:《海交史研究》1995 年第 1 期,收入北京大学中国传统文化研究中心编:《北京大学百年国学文粹》,北京:北京大学出版社,1998 年,页 679—690。

〔21〕 长沙窑课题组编:《长沙窑》,北京:紫禁城出版社,1996 年,页 235。

〔22〕 马文宽、孟凡人:《中国古瓷在非洲的发现》,北京:紫禁城出版社,1987 年,页

34—35。

〔23〕 李德金：《朝鲜、新安海底沉船中的中国瓷器》，《考古学报》1979 年第 2 期。

〔24〕 谢明良：《记黑石号（Batu Hitam）沉船中的中国陶瓷器》，《台湾大学美术史研究集刊》第十三期，台北：台湾大学艺术史研究所，2002 年，页 1—59。

〔25〕 陈佳荣、谢方、陆峻岭：《古代南海地名汇释》，北京：中华书局，1986 年，页 208。

〔26〕 这个故事流传甚广，本文引自《太平广记》卷二五六《嘲诮四·崔涯》。

〔27〕 谢弗著、吴玉贵译：《唐代的外来文明》，北京：中国社会科学出版社，1995 年，页 460。

〔28〕 肖湘：《唐代长沙铜官窑址调查》，《考古学报》1980 年第 1 期。

〔29〕 《旧唐书·田神功传》。

〔30〕　Victoria Tomalin et al., "The Thaikkal-Kadakkarappally Boat: an Archaeological Example of Medieval Shipbuilding in the Western Indian Ocean," *The International Journal of Nautical Archaeology* (2004) 33. 2, pp. 253-263.

第十二讲

唐蕃古道

藏族的形成及其与外界的交往
唐蕃古道的开辟
《唐蕃会盟碑》与《大唐天竺使出铭》
吐谷浑与青海都兰吐蕃大墓
青藏高原考古新发现与吐蕃权臣噶尔家族

第一节　藏族的形成及其与外界的交往

唐蕃古道的"蕃"指吐蕃,也就是分布于青藏高原的藏族。现代藏族由中国西南四大部族——吐蕃、苏毗、羊同和吐谷浑相互融合而成,而唐蕃古道的研究主要围绕吐蕃四大部族与外界的交往展开的。

吐蕃人以逻些(Lha-sa,今拉萨)为中心,这里是吐蕃文明发源地和政治文化中心。公元2世纪,希腊籍作家马林诺斯《地理学导论》提到中国西部有Bauta人,挪威印度学家拉森认为其名就是印度梵语 bhota,[1]唐礼言《梵语杂名》作"吐蕃"。吐蕃之名在犍陀罗语书中写作 bhoti,可知吐蕃人与塔里木盆地的居民很早就发生交往。犍陀罗语文书两次提到吐蕃:其一见于斯坦因收集品第69号文书,写作 bhoti nagara(吐蕃城);其二见于斯坦因收集品第84号文书,写作 bhotici manuśa(吐蕃人),也就是罗马推罗城作家马林诺斯《地理学导论》提到的 bhautai 人。这是目前所知有关藏族人最早的文字记录之一。[2]

苏毗人本在藏北与新疆昆仑山和阿尔金山之间游牧,骁勇善战,吐蕃军队主要从苏毗人当中招募。新疆出土佉卢文犍陀罗语书和于阗塞语文书多次提到 Supiya 人。[3]这是一个强悍的游牧部落,经常从昆仑山北下塔里木盆地,不断与于阗、鄯善等绿洲王国的居民发生冲突。[4]这个族名起初被误释为"鲜卑"。英国藏学家托马斯(F. W. Thomas)根据伯希和的研究正确指出,Supiya 当释"苏毗人"。[5]

苏毗人在汉文史籍出现较晚,始于《隋书·西域传》。文中说:"女国在葱岭之南,其国代以女为王,王姓苏毗,字末羯,在位二十年,女王之夫号曰'金聚',不知政事。国内丈夫唯以征伐为务。"金聚译自梵语 suvarṇa-gotra,后一成分 gotra 有"家族"之意。所以《大唐西域记》卷四译作"金氏",并说:"有苏伐剌瞿呾罗国,唐言金氏。出上黄金,故以名焉。东西长,南北狭,即东女国也。世以女为王,因以女称国。夫亦为王,不知政事。丈夫唯征伐田种而已。土宜宿麦,多畜羊马。气候寒烈,人性躁暴。东接吐蕃国,北接于阗国,西接三波诃国。"[6]苏毗人在鼎盛时领有西藏高原中部和西北部,公元 7 世纪被吐蕃王朗日论赞兼并。

吐蕃名臣禄东赞就是苏毗人。吐蕃赞普松赞干布于贞观八年(634)派出第一批使臣出访长安,受到唐太宗的隆重招待,并于同年遣唐使回访。宫廷画师阎立本为这个吐蕃使团画过一幅《职贡图》,也即传世书画中的《步辇图》。画中表现吐蕃使团首领禄东赞,身穿粟特艺术风格的连珠鸟纹织锦长袍,为松赞干布向唐太宗请婚的盛大场景。

羊同人(或称"象雄")在今天西藏西南吉隆、阿里和克什米尔的拉达克之间繁衍生息,这个地方从古至今都是宗教圣地,吐蕃人原始宗教——苯教就起源于象雄。

公元 3 世纪末 4 世纪初, 单于涉归庶长子吐谷浑率所部从慕容鲜卑中分离出来,西迁至今内蒙阴山。西晋永嘉末,又从阴山南下,至陇西(今甘肃临夏)西北,然后子孙相继,向南、北、西三面开拓疆域,统治今甘肃南部、四川西北和青海等地的氐、羌等族。吐谷浑孙叶延时,仿效汉族帝王传统,以

12-1

阎立本《步辇图》所绘禄东赞(中)

其祖之名为氏,亦为"国号",初步形成了一套简单的管理国家的政治机构。从此,吐谷浑亦由人名而为姓氏、族名,乃至国名。今天青海、甘肃的藏族,绝大部分是吐谷浑人的后裔,他们是从辽东迁来的慕容鲜卑人的后裔,或称"安多人",当今达赖喇嘛实际上是青海安多人。此外,青海还是青藏高原的著名产粮区,素有吐蕃粮仓之称。

吐谷浑西与于阗交界。楼兰鄯善王国灭亡之后,吐谷浑人进入塔里木盆地东部,而楼兰文明则被吐谷浑人传承。新疆米兰吐蕃古戍堡本为吐谷浑戍堡,从敦煌阳关出发,西南行可达米兰。这条丝绸古道就是中国俗语说的"阳关大道"。

米兰古戍堡位于甘新公路要道上,南北宽约 56 米,东西长约 70 米,呈

12-2

米兰吐蕃戍堡

不规则正方形。城垣为夯土筑,夯土层中夹有红柳枝,夯土层上用土坯砌成,西墙有两段宽达5—6米的缺口,可能是古戍堡城门。北部为一阶梯形大土坡,自低凹处至戍堡北墙依坡盖屋,屋为平顶,不见门洞,其构造形式类似西藏布达拉宫。堡东部为一大型房屋,南部为一高近13米的土台,土台上立有烽杆,似为烽火台遗址。

米兰古堡东西两侧,排列着众多的佛塔和规模宏大的寺院遗址,今称东、西两大寺。西大寺属于鄯善王国时期,佛寺壁画带有犍陀罗艺术风格;东大寺则进入吐谷浑时代,所以《梁书》说吐谷浑,"国中有佛法"。东大寺现存建筑高约6米,分上下两层,外面围以较高院墙,寺内建有12米×0.6米×2.4米的佛龛,佛教塑像带有笈多艺术风格。佛龛内尚存半浮塑的菩萨和天王像,其下面四周还存有卷云柱头浮塑。佛殿废墟东侧的建筑物下面,尚存有大型坐佛塑像和大佛头。

目前所知最早的古藏语文献,都是在吐谷浑人分布区发现的。斯坦因在米兰吐蕃戍堡发现大批古藏文木简残纸,青海都兰出土了吐蕃文碑铭和简牍。这些古藏文材料以及敦煌藏经洞发现的古藏文佛经,都用藏语安多方言书写。唐景龙四年(710),金城公主进藏,与吐蕃赞普弃隶缩赞(又名墀

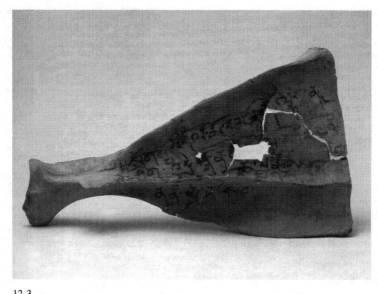

12-3
米兰出土古藏文卜骨

德祖赞)完婚。她入藏后资助于阗等地佛教僧人入藏建寺译经,同时向唐朝求得《毛诗》、《礼记》、《左传》、《文选》等典籍,吐蕃文明得以发扬光大。故有学者认为,古藏文可能是根据于阗文创建的。

第二节　唐蕃古道的开辟

从长安,经甘肃、青海、西藏到印度之路可能很早就存在。西汉使臣张骞从大夏返回长安"并南山,欲自羌中归",经过这条古道的东段。北凉僧人昙无竭、刘宋僧人法献、北魏僧人宋云、惠生途经此路东段到塔里木盆地南缘鄯善和于阗王国,然后再去中亚和印度。吐蕃赞普松赞干布于贞观八年(634)派出第一批使臣出访长安,受到唐太宗的隆重招待,并于同年遣唐使回访。639年尼泊尔的赤尊公主(白利古蒂)下嫁松赞干布;贞观十五年(641)文成公主入藏,与松赞干布成婚。景龙四年(710)金城公主进藏,与弃隶缩赞完婚;显庆二年至龙朔元年(657—661)唐朝使臣王玄策先后四次出使吐蕃和北印度。唐贞观年间,玄照、道生等僧人从西藏去印度取经使这条古道空前繁荣起来。有唐一代,唐蕃双方使者往来多达 200 余次,所以这条中外交通孔道被称作"唐蕃古道"。

尽管自古以来就有从青海或塔里木盆地入藏的道路,但是从逻些到长安或从长安取道西藏去印度始见于唐代文献。据《释迦方志·遗迹篇》记载,"自汉至唐往印度者,其道众多,未可言尽,如后所纪,且依大唐往年使者,则有三道。依道所经,且都遗迹,即所序之。"《释迦方志》把长安通往印度之路分为东道、中道和北道。前人对中道和北道均有记述,唯有东道,即从吐蕃,经尼婆罗到印度之路不见前人著作,甚至不见《大唐西域记》、《旧唐书》和《新唐书》等同时代著作。虽然义净《大唐求法高僧传》介绍玄照等六位僧人从吐蕃到印度,但是书中没这条路的具体行程,所以《释迦方志》对这条古道的记录十分重要。

据《新唐书·地理志》鄯州鄯城县下注,长安与逻些之间唐蕃古道具体行程是:东起长安(陕西西安),历秦州(甘肃天水)、狄道(甘肃临洮)、河州(甘肃临夏)进入今青海境内,经龙支(青海民和)、鄯州(青海乐都)、鄯城(青海西宁)、赤岭(日月山)等地,至悉诺罗驿,出今青海境,过阁川驿(藏北那曲),农歌驿(藏北羊八井北),然后到逻些(西藏拉萨),全长 3000 公里。

关于青海至尼泊尔之间唐蕃古道的具体行程,《释迦方志·遗迹篇》说:"其东道者,从河州西北度大河,上漫天岭,减四百里至鄯州。又西减百里至鄯城镇,古州地也。又西南减百里至故承风戍,是隋互市地也。又西减二百里至清海,海中有小山,海周七百余里。海西南至吐谷浑衙帐。又西南至国界,名白兰羌,北界至积鱼城,西北至多弥国。又西南至苏毗国,由西南至敢国。由南少东至吐蕃国,又西南至小羊同国。又西南度坦仓法关,吐蕃南界也。又东少南度末上加三鼻关,东南入谷,经十三飞梯、十九栈道。又东南或西南,缘葛攀藤,野行四十余日,至北印度尼波罗国(此国去吐蕃约为九千里)。"《释迦方志》为唐代僧人道宣所撰,成书于 650 年,那么唐蕃古道的开辟大约在公元 7 世纪中叶。

《新唐书·地理志》和道宣的记述失于简略,而且夹杂许多陌生的藏汉古地名,仅凭这段文字仍无法确切知道唐蕃古道的具体旅程。我们今天能知道这条古道的具体路线,归功于现代考古学的兴起。

唐玄宗开元十八年至十九年（730—731），吐蕃使臣名悉腊和唐使者皇甫惟明、崔琳等在长安和逻些进行外交活动，为开元二十二年（734）赤岭（青海日月山）划界树碑和设市贸易铺平了道路。1963年，北大教授阎文儒带研究生在甘肃炳灵寺实习，他们在第148窟发现开元十九年和蕃副使魏季随出使吐蕃时刻写的《灵岩寺记》。自和蕃大使御史大夫崔琳以下题名者凡七十一人，皆各部、台、寺与内侍省官员及诸道将吏。灵岩寺即唐人对炳灵寺之称谓。后来吐蕃僧人入居此寺，故更名为"炳灵寺"。其名来自藏语 bum Rgyal-ba（亿万佛）。[7]炳灵寺所在地唐代属河州，即《释迦方志》所说唐蕃古道第一站"河州"。凡从长安去吐蕃都要在这里渡黄河，有渡口晋称"风林津"，唐称"风林关"。[8]炳灵寺石窟相对的黄河南岸桥滩有筑桥遗址，河边巨石上刻有"天下第一桥"五个大字，现为刘家峡水库淹没。或以为风林津当在此处。[9]

12-4

唐蕃古道的风林津

唐蕃古道甘青段的另一重要考古发现在青海境内。1983年，青海文物普查队在青海湖东岸日月山大牙豁的草丛中发现了一唐碑，碑文因久经风雨侵蚀和人为破坏而剥落无存，但其碑额、碑座均为唐代石碑形制。

12-5

青海日月山的唐蕃分界碑

　　日月山，就是《释迦方志》说的唐蕃古道上的赤岭。《旧唐书·李蒿传》记载：开元二十一年（734），"金城公主上言，请以九月一日树碑于赤岭，定蕃汉界。树碑之日，诏张守硅、李行炜与吐蕃莽布支同往观焉"。另据《新唐书·吐蕃传》记载，入蕃会盟的唐使臣刘元鼎于长庆二年（822）使蕃经赤岭时，见到"信安王玮、张守硅所定封石皆仆，独虏所立犹存"。这个在日月山发现的唐碑便是开元中唐蕃分界碑。[10]

第三节 《唐蕃会盟碑》与《大唐天竺使出铭》

唐穆宗长庆元年(821),吐蕃使臣纳罗和唐使刘元鼎分别在长安同宰相崔植以及在逻些和赞普赤热巴巾会盟,重申"甥舅之好"并发展唐蕃"同为一家"的友好关系。长庆三年(823)又在逻些大昭寺前立碑,记述唐穆宗与吐蕃赞普可黎可足有舅甥之谊,"汉蕃商议社稷如一,结立大和盟约","患难相恤"等。故此碑被学界称为"唐蕃会盟碑"或"长庆舅甥会盟碑"。藏族同胞称其为"祖拉康多仁",意为"大昭寺前之碑"。

唐蕃会盟碑一共有三块,一块立于拉萨大昭寺前。碑高 4.78 米,宽0.95 米,厚 0.50 米,上有篆顶石盖。碑身四面刻字。正面刻汉藏文双语对照盟约。汉文在右,正书 6 行,现存 464 字;藏文在左,横书 77 行。盟约规定彼此不为敌仇,不兵戎相见。不相侵封疆,不相掠人口。碑两侧为唐朝和吐蕃

12-6
唐蕃会盟碑

参加此次会盟的官员的名单。唐官在碑左侧,共 18人;蕃官 17 人,在碑右侧,亦汉藏双语对照。此碑背面刻藏文 78 行,内容叙述唐蕃舅甥二主结约会盟之始末。唐蕃会盟碑对研究汉藏古音、唐代中原于吐蕃关系提供了重要资料,故历来为中外学者所重视。英国藏学家黎吉生 (H. E. Richardson)、日本藏学家佐藤长、我国学者陈寅恪都对唐蕃会盟碑的研究作出巨大贡献。目前研究唐蕃会盟碑的力作首推美国学者柯布尔

12-7

西藏吉隆县的《大唐天竺使出铭》

和美籍华裔学者李方桂合作于 1987 年在台北出版的《古代吐蕃碑铭研究》。

1990 年，西藏文管会文物普查队在靠近尼泊尔边境的一个山口发现摩崖碑刻《大唐天竺使出铭》。此碑系唐显庆三年（658）所刻，碑文记载了唐代使节王玄策率随从刘嘉宾、贺守一等人历尽艰难险阻，出使天竺，经小杨童（同）等，路过吉隆，于此勒石纪功的情形。吉隆在吐蕃时代称 Mang-yul（茫域），清代文献作"济咙"。1994 年，霍巍在日本《东方学报》和《中国藏学》发表了更为详细的研究报告。[11]碑刻所在位置北面为宗喀山口，系昔日进入吉隆盆地的古道入口，东西两侧为群山环抱，南面为通往县城的现代公路。

《大唐天竺使出铭》刻在山嘴—西北至东南走向的崖壁上，铭文上方有突出的崖檐可遮风挡雨，下方有一小溪，此地海拔 4130 米。碑铭宽 81.5 厘米，残高 53 厘米，其下端已损毁残缺。碑额篆刻阳文一行七字"大唐天竺使出铭"；碑文阴刻楷书 24 行，满行原来估计约 30—40 字。现残存共约 222 字。碑文相当一部分字迹漫漶，行、字之间阴刻 4×3.5 厘米细线方格。每字约 2 厘米见方。这通唐碑首次以考古实物补证了吐蕃——尼婆罗道南段走向、出山口位置、王玄策使团的组成等若干史实，是研究吐蕃王朝时期唐蕃交通的重要石刻文字材料。[12]

12-8

印度佛教圣地那烂陀寺

　　王玄策的目的地是印度佛教圣地那烂陀寺，玄奘西行印度就在这所寺院学习梵语和佛学。敦煌壁画中就有许多表现玄奘和王玄策在印度求法的壁画。王玄策还从西域带回一幅佛足迹图像。敦煌壁画中有些佛足迹壁画，就是模仿王玄策从印度带回的范本绘制的。王玄策不仅对印度和中亚诸国颇具影响，对日本佛学也产生影响。奈良药师寺至今藏有一块唐代佛足迹石。上面有太平胜宝五年(753)铭文，记载此佛迹是根据日本遣唐使从中国带回的王玄策摹本而造。

奈良佛足迹石东面铭文为："释迦牟尼足迹图。案《西域记》云：今摩揭陀国者，阿育王方精舍中，有一大石，有佛足迹。今丘兹国城北四十里寺佛堂中至石之上，亦有佛足迹，斋日放光。道俗至时，同往庆修。"其旁还有太平胜宝五年（753）铭文记载此佛迹据日本遣唐使从中国带回的王玄策摹本而造。其铭曰："大唐使人王玄策，向中天竺鹿野苑中转法轮处因见迹，得转写，搨是第一本。日本使人黄文本向大唐国于普光寺得转写，搨是第二本，此本在吾京四条一坊禅院，向禅院坛披见神迹，敬转写，搨是第三本"[13]等。

12-9
日本奈良药师寺

据此，王玄策从中天竺鹿野苑摹写回佛足迹。日本遣唐使黄文本根据王玄策摹本摹写回日本，再经智努王根据黄文本的摹本转写、刻画到奈良药师寺。这项工程最后在唐天宝五年（746）间，由药师寺的画师、书写者、石刻手多人完成。[14]

第四节　吐谷浑与青海都兰吐蕃大墓

　　《洛阳伽蓝记》记述北魏僧人宋云、惠生在吐谷浑王伏连筹时代(518)去西域取经,取道吐谷浑,他们描述当时吐谷浑语言文字同于北魏,流行汉语,但"风俗政治,多为夷法"。1960 年和 1981 年考古工作者曾两次对位于今青海湖西岸的吐谷浑晚期都城伏俟城进行了调查研究,探明伏俟城由内城和郭城组成。郭城呈长方形,东西宽 1400 米,北垣被切吉河冲毁,长度不明,城垣有砾石垒砌。内城在郭城西部,方形,边长约 200 米。墙无雉堞,仅东墙正中开门。宫殿遗址可能建在位于城内偏西北处发现的边长为 70 米方形台基处。城门和宫殿皆东向,可能是沿袭鲜卑"以穹庐为舍,东开向日"的旧俗。地面遗迹稀少,反映了吐谷浑后期仍然过着游牧为主的生活。[15]

　　公元 7 世纪,吐谷浑被吐蕃帝国兼并。吐蕃人强盛之时,一度统治西域乃至中亚。吐蕃人采用以夷制夷的方法,继续让吐谷浑王公贵族实施统治,

12-10

青海湖畔的伏俟城

并与吐谷浑王互为婚姻。在青海都兰一座吐蕃大墓中发现了吐蕃赞蒙（皇后）与吐谷浑王通信的简牍，今称血渭一号大墓。

血渭一号大墓位于青海海西蒙古族藏族自治州都兰县察汗乌苏镇东南约 10 公里的热水乡，属唐代早期吐蕃墓葬，也是我国首次发现的吐蕃墓葬，从中发掘出波斯织锦、粟特系统镀金银器、波斯、拜占庭织锦以及阿拉伯世界出产的大食锦等珍贵文物，生动反映了唐蕃古道国际贸易的盛况。[16]

12-11

血渭一号大墓

这座墓坐北向南，高 33 米，东西长 55 米，南北宽 37 米，从正面看像一个"金"字，因此有"东方金字塔"之称。墓堆下有三层用泥石混合夯成的石砌围墙。墓冢从上而下，每隔 1 米左右，便有一层排列整齐横穿冢丘的穿木，共有九层之多，一律为粗细一般的柏木，当地农牧民群众因此也称它为"九层妖楼"。据推算，营造这样的大墓需一万人修建一年以上。目前血渭一号大墓仅发掘了墓葬一、二层，出土了大量陪葬物品和陪葬的马、牛、羊等动物遗骸 700 余具。在众多的随葬品中，有古代皮靴、古藏文木片、古蒙古族文牍、彩绘木片及金饰、木碟、木鸟兽、粮食和大量丝绸。考古人员还在墓葬前发现了 5 条葬马沟和 13 个环形牛、狗等动物陪葬坑，出土了 87 匹马的完整骨架及大量其他动物骨骸。此外，大墓周围还分布有数十座小型墓葬。

公元 7 世纪，萨珊波斯一朝覆亡。许多波斯王室成员流亡唐朝，血渭一号大墓出土波斯织锦，写有波斯王的名字，本为波斯王室所有。[17]这件波斯王室用品流入中国，显然是这些波斯难民带入中国的。

公元 7 世纪，随着阿拉伯帝国的崛起，伊斯兰文明迅速取代拜占庭、波斯和粟特文明，成为美索不达米亚和中亚的主流文化。阿拉伯人本为游牧人，长期生活在贫瘠的荒漠地带，文明程度不高。因此，伊斯兰文化兴起之初，不得不依赖于阿拉伯帝国各地被统治民族的文化艺术。例如，白衣大

12-12

都兰吐蕃墓出土波斯和粟特织锦

食—伍麦叶王朝定都大马士革，颇受拜占庭文化影响；黑衣大食—阿拔斯王朝定都巴格达，得益于古老的波斯文化。萨曼王朝定都布哈拉，实际上传承了具有千年文明史的粟特文化。在青海都兰吐蕃墓中发现了伊斯兰风格的大食锦。[18]

　　青海都兰唐代吐蕃墓葬群发现后，盗墓贼不断来此大肆盗掘，许多珍贵文物流散到欧洲和美国。例如，美国克里夫兰艺术博物馆收藏的一件粟特丝绸上衣，就是来自都兰唐代吐蕃墓。美国新泽西州纽瓦克博物馆收藏的一件粟特丝绸马甲以及敦煌博物院和甘肃省博物馆收藏的唐代丝绸残片，皆出自青海都兰吐蕃墓葬群。

　　这次发掘在墓中发现了一块大相（blon）墓石，字迹十分清晰，从残留的金箔痕迹看，阴刻文字内原来贴有金箔。所谓 blon，汉字译为"论"。《新唐书·吐蕃传上》云："其官有大相曰论茝，副相曰论茝扈莽。各一人，亦号为大论、小论。……总号曰尚论掣逋突瞿。"吐蕃官吏"论"，相当于部长一级的长官，可译为"相"；"论茝"就是"大论"，也就是大相、首相。吐蕃职官还设有内大相、外大相、小相等。所谓"总号曰尚论掣逋空瞿"，意思是"所有大尚论"。"尚"是与王室通婚的外戚家族，出任官员，称为"尚论"，更握有一定实权。这方墓石标明墓主人的身份是 blon（论），属于政府高级官员无疑，否则也不可能有如此豪华

12-13
吐蕃大相（blon）墓石

的陪葬品,更不可能有此墓石的竖立。

这次发掘出土木简中,还有一简今称"尚思结木简"。简文写有 vdzong/zhang-skyes 一词,似乎这就是墓主人的名字,可译作"为尚思结送葬"。前文说过,"尚"是与王室通婚的家族。在吐蕃时期,和王室通婚的有四大家族。它们是:一、vbro 氏,汉文译作"没庐氏";二、sna-nam 氏,汉文译作"南东氏";三、mtshims 氏,汉文译作"綝氏";四、tshe-spom 氏,汉文译作"蔡邦氏"。这四大家族成员往往以后党身份,由外戚入主大政,专任"尚论"一职,左右吐蕃政教事务。值得注意的是,墓主人名曰"尚思结"。中央民族大学的王尧教授怀疑,此人就是《敦煌本吐蕃历史文书》提到的"结桑",按照古代发音,应读作"思结桑"。这位尚论思结桑,名叫"甲贡",一直参与并主持会盟重典,权力很大,在公元757年死于任上。这个发现提示我们,是否因为那时吐蕃已经攻陷青海、河西一带城池,军事攻略的军帐就设在吐谷浑旧地,而都兰一带属于吐蕃后方,故葬于此地。[19]

第五节　青藏高原考古新发现与吐蕃权臣噶尔家族

2002年8月,青海省文物考古所与海西州民族学博物馆联合考古队对德令哈市郭里木乡的两座古墓进行发掘,从中发现三具唐代彩绘木棺,上有四神图案和莺歌燕舞图等,十分精美,发掘者认为属于唐代吐蕃墓。[20]

在棺木外绘制彩色图案,是东汉以来河西走廊西部和罗布泊一带兴起的葬俗。例如,甘肃酒泉出土东汉魏晋时代的彩棺;新疆尉梨县营盘墓地出土东汉至魏晋彩棺以及新疆若羌县北境 LE 城附近魏晋壁画墓出土彩绘木棺。这个文化传统在塔里木盆地一直传承到晚唐五代时期。

在新疆和田发现了晚唐五代时期的彩绘木棺,上面绘有四神图案,与郭里木唐代彩绘木棺如出一辙。[21]

在郭里木吐蕃彩棺上绘制的狩猎图相当有趣,其中一幅是狩猎青海地方特产牦牛的场景。目前学术界对这两座古墓的族属存在争议,有吐谷浑、吐蕃和苏毗三说。我们主张苏毗说。

公元7世纪,雅鲁藏布江中游雅隆河谷的吐蕃人迅速崛起,建立了南至

12-14

郭里木吐蕃彩棺的帐居及宴饮图

12-15

郭里木吐蕃墓彩棺的玄武和朱雀

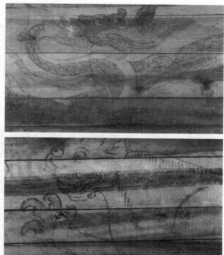

12-16

于阗王公贵族墓四神彩棺的青龙和白虎

12-17

青海的牦牛

12-18

郭里木吐蕃彩棺的狩猎及商旅图

新疆塔里木盆地，西至中亚，东至甘肃、青海、四川、云南的庞大帝国。吐蕃军队主要由苏毗人组成，随着吐蕃帝国的扩张，苏毗人不断向东迁徙。据《新唐书·女国传》记载，一部分苏毗人从西藏昌都迁入四川西北，建立了"东女国"。另一部分苏毗人则在青海东部定居，与吐谷浑为邻。因此，唐朝陇右节度使哥舒翰在天宝十四年(755)写给唐玄宗的书信中说："苏毗一蕃，最近河(指黄河上游)北吐泽("吐浑"之误，指吐谷浑)部落，数倍居人。盖是吐蕃举国强援，军粮马匹，半出其中"(《册府元龟》卷九七七《外臣部降附》)。今天青海互助哈拉直沟乡有"苏毗村"，而贵德县东与黄南尖扎县交界有"苏毗峡"，皆为唐代东迁青海的苏毗人不甘磨灭的历史遗迹。[22]这些东迁青海的苏毗人主要由禄东赞所出噶尔家族统领，而新发现的吐蕃棺板画正是在噶尔家族所统苏毗人活动区域内发现的。

早在2001年下半年，出土棺板画的吐蕃墓地就被盗墓贼发现。2002年8月，青海考古工作者对其中两座墓进行抢救性发掘，结果发现了彩绘棺板画。关于这两座墓的年代，发掘者认为随葬丝织品中有盛唐时代流行的卷

12-19

青海新发现的银鹿(1 和 3)与新疆、蒙古出土银鹿

草宝花、印花、双连珠对龙等纹样，故将两墓年代定在盛唐，也就是公元700—750 年之间。发掘者还披露："出土木结构上书写有墨书古藏文，也证明墓葬属于吐蕃统治下的吐谷浑邦国贵族的墓葬。"

这两座墓在发掘前，业已遭到盗墓贼严重破坏；否则不知要出多少金银艺术品。就在两墓惨遭盗掘的同时，西宁文物市场上突然出现一批古代动物形银器。数量之多，造型之精美，令人震惊。据报道，"2001 年下半年和

2002 年上半年，青海省文物考古研究所在西宁征集到一批都兰吐蕃墓葬的盗掘文物，共 35 件。其中动物造型的银器有 20 件。这批动物造型的银器分容器和俑两类，有鸟、马、牛、鹿、狗、羊、虎等种属。"[23]就目前所知，这批银器中的卧鹿以前在新疆米兰发现过，但是误当作匈奴艺术品。看来，这类动物形银器的年代应在吐蕃统治青藏高原时期。这批银器中的立鹿，与土耳其考古队近年在蒙古高原发现的突厥毗伽可汗宝藏中的银立鹿如出一辙，属于国王一级的皇家艺术品。[24]青海考古工作者发掘郭里木吐蕃大墓的时间在 2002 年 8 月，而这批银器在西宁文物市场上出现的时间在"2001 年下半年和 2002 年上半年"，显然不是偶然的巧合。因此，这批具有皇家艺术风格的动物形银器不一定出自都兰吐蕃大墓，更可能出自郭里木发现的吐蕃大墓。

我们之所以认为这批棺板画大墓属于苏毗贵族墓，有以下几条证据：

其一，据《隋书·女国传》记载，苏毗"贵人死，剥其皮，以金屑和骨肉置于瓶内而埋之。经一年，又以其皮内(纳)于铁器埋之"。郭里木吐蕃墓中有一座属于迁葬墓。此墓先将人骨架装在小棺内，再将小棺置于大棺内。大棺用柏木封顶，柏木上放置殉牲羊骨架。墓内随葬木鞍、木鸟、箭囊等随葬品。由于受到盗墓贼破坏，无法了解这座迁葬墓的具体细节，但是二次迁葬则与苏毗人丧葬习俗完全吻合。

其二，发掘者注意到棺板画上的一个细节，"吐蕃墓棺板画中有两处出现树纹，这在中国传统狩猎图中是没有的，因此，很容易令人想起西亚、中亚艺术中的'生命树'"。其实，这两处发现"生命树"的画面应该是苏毗人崇祀的神树的场景。据《隋书·女国传》记载，苏毗人"俗事阿修罗，又有树神。岁初以人祭，或用猕猴"。郭里木棺板画所绘神树上有绳索，也许是苏毗人举行人牲祭祀时使用的绳索。

其三，苏毗人保留了许多母系氏族社会的残余，重女轻男，实行一妻多夫制。《新唐书·东女国传》说："其俗贵妇人，轻丈夫，而性不忌妒"，故称"女国"。更为不可思议的是，苏毗国实行一妻多夫制。《唐会要》记载："其女子贵者，则多有侍男。男子贵不得有侍女。虽贱庶之女，尽为家长，尤有数夫焉，生子皆从母姓。"郭里木棺板画上有一幅男女合欢图，对苏毗人"一妻多夫"的习俗作了生动描述,并非时下所言藏传佛教密宗法术或吐谷浑巫师作法。

第一,这幅男女合欢图上的青衣女子居上位,而男子居下位,并且跪在地上,充分反映了苏毗人"女尊男卑"的意识形态。

第二,《旧唐书·东女国传》记载:苏毗女王夏季"服青毛绫裙,下领衫,上披青袍,其袖委地。冬则羔裘,饰以纹锦。为小鬟髻,饰之以金。耳垂档,足履靴"。吐蕃棺板画中正在合欢的女子身穿青色长袍,正是史书描述的苏毗女王的形象。

第三,两唐书《东女国传》称,苏毗人"俗重妇人而轻丈夫"。《唐会要》、《通典》进一步描述说:苏毗"妇人为吏职,男子为军士。女子贵,则有多侍男。男子不得有侍女。虽贱庶之女,尽为家长,有数夫焉。生子该从母姓。"《隋书·女国传》又载:苏毗"女国,在葱岭之南,其国代以女为王。王姓苏毗,字末羯,在位二十年。女王之夫,号曰金聚,不知政事。国内丈夫,唯以征伐为务。"据英国藏学家托马斯(F. W. Thomas)考证,汉语"金聚"一词,来自藏语 khyim-tsun,意为"家人"[25]。我们以为,金聚当即《唐会要》所谓苏毗女王的"侍男"。郭里木棺板画上与青衣女子合欢的男子以及正准备与青衣女子合欢的男子,表现的正是苏毗女王的"侍男"或"金聚"。

在棺木外绘制彩色图案,是东汉以来河西走廊西部和罗布泊一带流行的葬俗。例如,甘肃酒泉、新疆尉梨县营盘墓地以及楼兰 LE 城魏晋壁画墓皆发现过东汉至魏晋时代的彩绘木棺。这个文化传统在塔里木盆地绿洲王国一直传承到晚唐五代。在新疆和田发现了晚唐五代时期的彩绘木棺,上面绘有四神图案,与郭里木的彩绘木棺如出一辙,早在公元 3 世纪,苏毗人就开始和于阗、鄯善两个沙漠绿洲王国频繁发生接触。公元 6—8 世纪的于阗语文书屡次提到苏毗人,那么苏毗人采用彩绘木棺的习俗很可能来自塔里木盆地的绿洲文明。

既然郭里木棺板画墓是苏毗贵族大墓,那么它们的主人又是什么人呢?吐蕃大相禄东赞死后,其子钦陵、赞婆、悉多于、勃论兄弟四人,继续职掌吐蕃军政大权。然而,就在棺板画墓主人下葬前夕,吐蕃统治阶层爆发了一场血雨腥风的权力之争,不可一世的噶尔家族以失败告终,惨遭灭族之灾。

据《新唐书·吐蕃传上》记载，禄东赞死后，其子噶尔"钦陵专国久，常居中制事，诸弟皆领方面兵，而赞婆专东境几三十年，为边患。兄弟皆才略沉雄，众惮之。器弩悉弄既长，欲自得国，渐不平，乃与大臣论岩等图去之。钦陵方提兵居外，赞普托言猎，即勒兵执其亲党二千余人杀之。发使者召钦陵、赞婆，钦陵不受命，赞普自讨之。未战，钦陵兵溃，乃自杀，左右殉而死者百余人。赞婆以所部千余人及兄子莽布支等款塞……"可知禄东赞之子噶尔钦陵因反叛吐蕃赞普而在吐蕃东境（今青海）自杀身亡。史书还提到吐蕃本土的噶尔家族被杀者达两千余人，钦陵自然无法归葬故土，只能在青海就地掩埋。

关于噶尔家族最后的命运，《新唐书·论弓仁传》又载："论弓仁，本吐蕃族也。父钦陵，世相其国。圣历二年（699），弓仁以所统吐浑七千帐自归。授左玉钤卫将军，封酒泉郡公。"论弓仁是钦陵的长子，既然他从吐谷浑率七千帐投奔唐朝，其父钦陵显然葬在了吐谷浑。发现吐蕃棺板画的郭里木之南，就是吐谷浑王的夏宫和王陵所在地。

1999年夏，在美国企业家罗杰伟（Roger E. Covey）唐研究基金会的资助下，我曾率领北京大学考古队到青藏高原工作了三个月，在青海都兰县热水乡发掘了四座吐蕃大墓，最近出版了《都兰吐蕃墓》（北京：科学出版社，2005年）一书，这也是青藏高原吐蕃考古第一个科学发掘报告。我们在都兰发掘的四座大墓皆为木椁墓，墓中随葬灰陶罐、灰陶杯、漆木碗、彩绘木鸡、木马鞍、各种动物和人物形小木俑、彩绘木器物、皮靴、金银饰件、铜铁饰件、珍珠、绿松石、藏文木简以及各类丝织品残片。从墓中出土吐蕃碑铭和木简看，一号墓（99DRNMI）为吐蕃尚论（宰相）思结桑墓。据中央民族大学王尧教授考证，此人就是《敦煌本吐蕃历史文书》提到的"论（思）结桑甲贡，任副大相多年"，死于鸡年（唐肃宗至德二年/757）。郭里木吐蕃大墓的规格相当高，绝不亚于我们在都兰发掘的吐蕃大论思结桑墓。因此，两墓之中必有一座是吐蕃大相噶尔钦陵之墓。钦陵自杀时，左右殉死者百余人，因此，郭里木吐蕃大墓中的合葬墓更可能是噶尔钦陵之墓，与他合葬的女性墓主人也许是为他殉死的一位苏毗王妃。[26]

注 释

〔1〕 G. Lassen, *Indische Altertumskunde,* vol. III, Bonn, 1861, p. 132.

〔2〕 林梅村：《公元 100 年罗马商团的中国之行》，《中国社会科学》1991 年第 4 期；
收入林梅村：《西域文明》，北京：东方出版社，1995 年。

〔3〕 H. W. Bailey, *Khotanese Texts,* vol. VII, Cambridge, 1985, pp. 79-81.

〔4〕 林梅村：《沙海古卷——中国所出佉卢文书初集》，北京：文物出版社，1998 年。

〔5〕 伯希和著，冯承钧译：《苏毗考》，《西域南海史地考证译丛》第 1 辑，北京：商务
印书馆，1962 年；P. Pelliot, *Notes on Marco Polo*, vol. II, 1963, pp. 704-706.

〔6〕 季羡林等：《大唐西域记校注》，北京：中华书局，1985 年，页 408。

〔7〕 榊亮三郎：《梵藏汉和四译对照翻译名义大集》（京都帝国大学丛书第三），页
514—825。

〔8〕 《太平寰宇记》。

〔9〕 陈小平：《唐蕃古道》，西安：三秦出版社，1989 年，页 50—51。

〔10〕 陈小平：《唐蕃古道》，西安：三秦出版社，1989 年，页 66—68。

〔11〕 霍巍：《〈大唐天竺使出铭〉及其相关问题研究》，《东方学报》第 66 册，1994 年，
页 253—270；霍巍：《从考古材料看吐蕃与中亚和西亚的古代交通》，《中国藏
学》1995 年第 4 期，页 48—63。

〔12〕 西藏自治区文管会文物普查队：《西藏吉隆发现唐显庆三年大唐天竺使出铭》，
《考古》1994 年第 7 期。

〔13〕 柳诒征最先在国内引用此材料，见所著《王玄策事迹》，《学衡》1925 年第 39 期。
《全唐文·拾遗》卷 72 亦收入此碑铭录文，题为《佛迹石台刻字二首》，但录文
多有错误。本文所用录文据孙修身先生新近从奈良抄回的录文（见孙修身：
《唐朝杰出外交活动家王玄策史迹研究》，《敦煌研究》1994 年第 3 期）。

〔14〕 陆庆夫：《关于王玄策史迹研究的几点商榷》，《敦煌研究》1995 年第 4 期。

〔15〕 黄盛璋、方永：《吐谷浑故都——伏俟城发现记》，《考古》1962 年第 8 期；青海
省文物考古队：《青海湖环湖考古调查》，《考古》1984 年第 3 期。

〔16〕 许新国：《都兰吐蕃墓中镀金银器属粟特系统的推定》，《中国藏学》1994 年第 4
期；许新国：《都兰吐蕃出土含绶鸟织锦研究》，《中国藏学》1996 年第 1 期。

〔17〕 这件织有婆罗钵文的波斯织锦的另一半现在流散海外，上面有波斯王的名字，
可知这个织锦的年代在公元 7 世纪。承蒙纽约大都会艺术博物馆屈志仁先生
告知此事，谨致谢忱。

〔18〕 林梅村:《青海都兰出土伊斯兰织锦及其相关问题》,《中国历史文物》2003 年第 6 期,页 49—55。

〔19〕 北京大学考古文博院、青海省文物考古研究所编:《都兰吐蕃墓》,北京:科学出版社,2005 年。

〔20〕 许新国:《郭里木吐蕃墓葬棺板画研究》,《中国藏学》2005 年第 1 期,页 56—64。

〔21〕 新疆文物局主编:《新疆文物古迹大观》,乌鲁木齐:新疆文物摄影出版社,1999 年,页 98—99。

〔22〕 张云:《丝路文化——吐蕃卷》,杭州:浙江人民出版社,1995 年,页 66—67。

〔23〕 许新国:《都兰吐蕃墓出土的动物形银器》,藏学研究网。

〔24〕 林梅村:《毗伽可汗宝藏与中世纪草原艺术》,《上海文博》2005 年第 1 期,页 68—76。

〔25〕 托马斯著,李有义、王青山译:《东北藏古代民间文学》,成都:四川人民出版社,1988 年,页 8。

〔26〕 林梅村:《棺板彩画:苏毗人的风俗图卷》,《中国国家地理》2006 年第 3 期,页 96—98。

第十三讲

吐鲁番文明

文明的变迁

佛　教

火祆教

景教和基督教

摩尼教

第一节　文明的变迁

吐鲁番位于新疆东部天山南部盆地,汉代称"车师",十六国至唐代称"高昌"。历史上,这里一直是多民族聚居地,西域地区汉文化遗迹在吐鲁番保存最多,比如阿斯塔那古墓出土吐鲁番文书,成为中原汉文化西传的一个重要窗口。唐开成五年(840),回鹘人从蒙古草原西迁中亚,吐鲁番开始了突厥化、伊斯兰化进程。吐鲁番的古代史可以分为史前时期、车师王国、高昌王国、唐代西州、回鹘高昌、伊斯兰化六个时期。

一、史前时期

在吐鲁番火焰山脚下有一个公元前 3 世纪的墓地,属于鄯善苏贝希乡,今称苏贝希墓地。1992 年新疆文物考古所考古队在吐鲁番地区鄯善县的苏

13-1
吐鲁番的火焰山

贝希村发掘古墓 34 座,出土木乃伊共 27 具。其中一具古尸动过胸腔大手术,是用马鬃缝合的伤口。这具男尸下葬年代约在公元前 3 世纪。至于吐鲁番的古代医师用什么麻醉方式实施外科手术,考古资料没有提供直接证据。[1]

　　东西方传统医学的观念不一样,中国的传统医学都是号脉,看舌苔、看气色等。大型外科手术是西方医学传统,哪个地方不好了,就打开看一看、修一修。吐鲁番盆地的早期医术受西方文化传统影响。这就引发出一个问题,这个期间一定是有麻醉。三国时关羽中了一箭,绑起来,然后治疗,有人说这不太可能的,这么大的手术,无疑需要麻醉。

　　据古书记载,西域医学很早就对中原发生影响,《黄帝内经·素问》第十二篇《异法方宜论》记载:"西方者,金玉之域,沙石之处,天地之所收引也。其民陵居而多风,水土

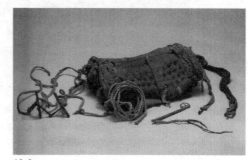

13-2
苏贝希墓地出土马鞍子

刚强,其民华食而脂肥,故邪不能伤其形体,其病生于内,其治宜毒药者。故毒药者,亦从西方来。"从气候和地理环境看,《异法方宜论》说的"西方"显然指多风少雨,沙丘纵横的新疆地区。据陈寅恪考证,华佗是一位印度医师,所以华佗给关羽"刮骨疗毒"以印度医学在中国传播为背景。[2]吐鲁番苏贝希的发现,说明远在华佗以前,西域医师已开始实施外科手术。

苏贝希墓地另一件特别的文物是马鞍,年代在公元前3世纪。这个马鞍做得非常好。因为对于骑马民族来说,马鞍非常重要。有了这些东西,就能更好地发挥骑马功能。年代这么早的马鞍子以前从来没有见过,而且保存得非常完整。[3]

2004年,在新疆鄯善县洋海乡南边小沙漠挖掘了一百多座墓葬,墓地年代在公元前7—前2世纪,也就是西汉以前。值得注意的是,其中一座墓出土了一个古箜篌。这种乐器起源于埃及和西亚,埃及法老墓随葬有演奏箜篌的彩绘木俑,年代在公元前3000年;古巴比伦演奏箜篌的浮雕泥版,年代在公元前2004—1595年。吐鲁番出土的箜篌保存完好,年代在公元前

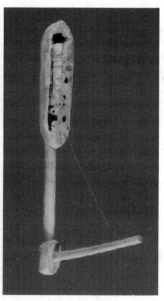

13-3

巴比伦箜篌浮雕和吐鲁番出土箜篌

700年,是目前中国境内出土的最早的古箜篌。为我们研究西亚与中国之间音乐文化的交流,提供了重要的实物材料。[4]

二、车师王国时期

吐鲁番是汉代西域三十六国之一车师国所在地。车师民族在天山北部吐鲁番盆地有一些,这个地方便于交通。北边的中心在吉木萨尔古城一带;南部中心则在交河城。西汉时期,汉武帝打大宛,就把伤兵留在吐鲁番养伤,于是出现高昌兵。这就是高昌人的开始,汉代以后吐鲁番的中心逐渐转移到高昌,一直到13世纪吐鲁番中心都在高昌这个地方。从元代以后吐鲁番的中心转移到今天吐鲁番市了。汉代吐鲁番文化中心在交河古城,这里是西域三十六国之一车师前王国的都城。

13-4

交河古城

交河古城保存下来的汉代遗物很少,只在一些水井中发现过一些汉代灰陶器。唐代遗存中有一些壁画,但是保存的不好。在吐鲁番还有一些汉僧寺院,德国吐鲁番考察队在交河古城的一所寺院里发现了鬼子母麻布画。这位佛教圣母完全不是印度的母亲神的形象,而是中国的母亲的形象,正在给一个婴儿喂奶,周围有八个小儿,也就是用中国传统母亲神——九子母的形

13-5

交河车师大墓（M16）

象来表现佛教的鬼子母。

　　交河最重要的发现是古城外的车师王陵,早就被盗掘,没有留下多少东西。墓葬形制采用偏洞室墓,周围有殉葬骆驼和马的祭祀坑。在一个公元前2世纪大墓（M16）发现了黄金颈饰、宝石、黄金装饰物、汉代铜镜、玻璃耳坠

13-6

交河车师大墓（M16）出土草原艺术风格的文物

等,说明汉代车师文明受匈奴文化影响。

三、高昌王国和唐西州时期

第一个高昌王国(442—460)是匈奴人后裔沮渠氏建成的,继之而起的是阚氏高昌国、张氏高昌国、马氏高昌国以及麹氏高昌国,尤以麹氏高昌国在吐鲁番历史上影响最大,共传十王,历时 141 年。

唐朝建立不久,麹氏高昌王国由麹文泰继位。玄奘赴天竺取经,途经高昌。吐鲁番盆地当时在麹氏高昌王统治下,当地流行佛教。贞观八年(640),唐太宗平高昌后,将吐鲁番建立为唐朝西州。

高昌王国都城就在高昌古城,位于吐鲁番市东面四十余公里三堡乡火焰山脚下。汉代称"高昌壁",历经高昌郡、高昌王国、唐代西州、回鹘高昌、火州等长达 1300 余年的变迁,公元 14 世纪毁弃于战火。高昌王还发行了独立货币——高昌吉利,德国吐鲁番考察队和黄文弼先生都在高昌遗址发现过此类钱币,20 世纪 70 年代在西安何家村唐代金银器窖藏亦有发现。

哈巴狗,古称"拂菻狗",大约在唐代初年从高昌传入中国。据古书记载,唐武德七年(624),高昌王麹文泰"献狗雌雄各一,高六寸,长尺余,性甚慧,能曳马衔烛,云本出拂菻国。中国有拂菻狗,自此始也"。[5]

这种聪慧的小狗属于尖嘴丝毛犬,曾经是希腊妓女和罗马主妇的宠物。唐朝人又将这种叭儿狗称作"猧儿"或"猧子"。《酉阳杂俎·忠志》记玄宗弈棋故事说:杨贵妃在旁边观棋时,怀中抱着"康国"猧子,"上数秤子将输,

13-7

高昌王国发行的钱币——高昌吉利

贵妃放康国猧子于坐侧,猧子乃上局,局子乱,上大悦。"与罗马的情形类似,这种小狗引入唐朝以后,也备受中原妓女和贵妇的宠爱。

四、高昌回鹘时期

新疆维吾尔族的祖先回鹘人在 840 年之前,生活在蒙古草原的鄂尔浑河流域,今天蒙古国中部。唐朝爆发安史之乱时,唐朝皇帝曾借助回鹘人镇压安史之乱。在这个时期,蒙古草原由于受中亚粟特人影响,开始信仰

13-8

吐鲁番阿斯塔那唐代古墓出土高昌哈巴狗残画

摩尼教。唐开成五年(840),由于受到北方另一个民族黠戛斯人(柯尔克孜人的祖先)的打击,回鹘人被迫离开鄂尔浑河流域,分三支向西方逃亡:一支到中亚,一支到河西走廊,另一支到吐鲁番盆地,于是吐鲁番开始进入高昌回鹘王朝时期。

高昌回鹘时代,吐鲁番人的文化水平是很高的。德国吐鲁番考察队在吐峪沟发现了一个类似敦煌藏经洞的中世纪图书馆。勒柯克(A. von Le Coq)在图书馆里发现 17 种文字拼写的 24 种语言的各种宗教文书。除了伊斯兰教以外,几乎囊括了所有东方语言的宗教文书。

这次考察的初步报告刊于《英国皇家亚洲杂志》,题为《第一次普鲁士皇家(第二次德国)吐鲁番考察队在中国突厥斯坦

13-9

日本美秀博物馆藏唐三彩拂菻狗俑

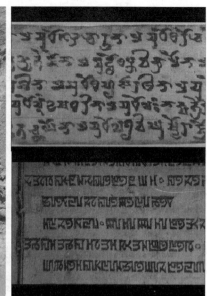

13-10

吐峪沟藏经洞及其出土文书

记行和考察结果简报》；[6]正式报告为《火州：普鲁士皇家第一次吐鲁番考察重大发现图录》。[7]火州为高昌古城的别称，实际上该书 75 幅图版（彩版 25 幅）中，只有 1—12 属于高昌古城，图版 13—15 是吐鲁番胜金口遗址，图版 16—38 是柏孜克里克千佛洞壁画。勒柯克认为，柏孜克里克壁画存在犍陀罗艺术和笈多艺术两种风格，持花飞天的造型，与龟兹和阿富汗巴米扬石窟寺壁画所见雷同，属于"中亚画法"。这个发现说明丝绸之路流行各种语言和宗教。这批珍贵文物如今收藏在柏林普鲁士文化藏品图书馆。

五、伊斯兰化时期

在吐峪沟，有中国境内最早的伊斯兰教的文物古迹。据新疆文物考古研究所王炳华调查，吐峪沟有一个很大的伊斯兰教寺院遗址，这所清真寺就建在佛教遗址之上，寺里保留了佛龛，说明这个早期清真寺是在古代佛教寺院基础上改造而成。

第二节　佛　教

丝绸之路开通后,尤其在汉唐时代,丝绸之路商业活动的一个中心就在吐鲁番。因为当时在新疆东部地区,最早的政治中心、经济中心、军事中心都在这个地方,人口也很多,生产也很发达,周围出现了很多佛教寺院,宗教文化就由此而派生出来。吐峪沟、柏孜克里克等佛教石窟寺,大都建在高昌古城周围。

13-11
交河古城佛寺

吐鲁番最早的佛教遗物属于东晋时期。20世纪初,日本大谷探险队在吐峪沟石窟寺挖走一批佛教文物,其中一件是支法护译《诸佛要集经》抄本残页。这个抄本的跋语提到,此经由敦煌月支菩萨法护所译,并他的大弟子竺法(乘)在东晋元康六年(296)三月所抄。[8]

支法护,或称"竺昙摩罗刹",是大月支人后裔,世居敦煌,精通汉语和各种西域语言。据《高僧传》卷一本传,他在"晋武(265—290)之世⋯⋯随师至西域,游历诸国,外国异言三十六种,书亦如之,护皆遍学,贯综训诂,音义字体,无不备识。遂大赍梵经,还归中夏"。法护到中原后,曾经在长安城青门外,精勤传道传教,据说"德化遐布,声盖四远,僧徒数千,咸所宗事"。据《梁高僧传》本传,支法护翻译的佛经有一百六十五部之多,据北京大学汤用彤统计,现存者仍有九十五部,所以汤先生对竺法护在中国早期佛教史上的地位给予很高评价。

支法护的大弟子竺法乘,在长安帮助其师赢得世家大族信奉之后,又回到敦煌,建立寺院,传布佛学,使佛教在河西地区广泛传播,并影响到西域佛教。据《梁高僧传》卷四《竺法乘传》记载,"竺法乘,……后西到敦煌立寺延学,忘身为道,海而不倦,使夫豺狼革心,戎狄知礼,大化西行,乘之力也,后终于所住。"吐峪沟出土的《诸佛要集经》,正是竺法乘在敦煌传教并使佛学"大化西行"时代的证据。

吐鲁番现存最早的佛教遗迹属于北凉时期,德国吐鲁番考察队在高昌古城发现过一座八面体基座的北凉石佛塔,现藏柏林印度艺术博物馆。这座石佛塔是当地村民在高昌古城围墙内西南角(德国考察队编为 E 号遗址)一座柱式大佛寺遗址发现。石塔高 66 厘米,采用吐鲁番北山红色岩石雕凿。石塔下身为八面体基座,每面上端刻八卦符号,其下为线刻菩萨像。塔身

13-12

柏林印度艺术博物馆藏吐鲁番出土北凉佛塔与凉州佛塔

呈圆柱形,上面刻有汉译佛教《佛说十二因缘经》。经文上雕刻有八个佛龛,每龛有一个端坐在莲花座上的浮雕佛像,这八个佛像分别为过去七佛和弥勒佛。佛龛之上是石塔的莲花顶,可惜下面的方形基座和塔刹皆佚失。[9]《弥沙塞种和醯五分律》卷二十六记载:"佛言,听有四种人应起塔:如来圣弟子辟支佛转轮圣王。诸比丘欲作露塔、屋塔、无壁塔。"吐鲁番北凉石塔是在一个寺庙内发现的,属于所谓"屋塔"。在中国境内,这种佛塔最早出现在楼兰城,下面是一个正方形基座,中间为八面体基座,其上为佛像和交脚弥勒造像。八面体佛塔的艺术源头在犍陀罗,法国考古队在犍陀罗(今阿富汗哈达)发现过八面体基座的佛塔,年代在公元3—6世纪。犍陀罗佛塔后来经楼兰佛教艺术,对北凉佛塔的制作工艺产生重要影响。河西地区出土了许多类似的佛塔,主要流行于南北朝时期。[10]

　　在吐鲁番地区的佛教石窟寺当中,以吐峪沟石窟的年代最早。高昌古城出土《且渠安周造寺功德碑》提到"入定窟以澄神",宿白先生在《凉州石窟遗

13-13

吐峪沟佛教石窟

迹和"凉州"模式》中指出,"僧人习禅之窟或名定窟"。[11]吐峪沟很多石窟都属于这种禅定窟,从《且渠安周造寺功德碑》的有关记载看,吐峪沟石窟至少在北凉时代业已开凿。

唐朝建立不久,麴氏高昌王国由麴文泰继位,玄奘赴天竺取经,途经高昌。吐鲁番盆地当时在麴氏高昌王统治下,当地流行佛教。玄奘去西域得到高昌王麴文泰的鼎力相助。高昌以西各地当时在西突厥统辖之下,但是西突厥与麴氏王朝通婚。为了保障玄奘西行途中安全,麴文泰修书二十封,每封信并附大绫一匹,通告前面西域诸国。

公元5世纪以后至13世纪,吐鲁番的佛教中心转移到柏孜克里克千佛洞。德国吐鲁番考察在柏孜克里克千佛洞做了很多考古调查,同时也对石窟寺造成极大破坏。例如,他们把石窟寺壁画切割下来,搬回柏林民俗学博物馆(柏林印度艺术博物馆的前身)。这批壁画有的非常大,被镶嵌在柏林民俗学博物馆的墙上。二战时期,盟军和苏联红军轰炸柏林时全被炸毁了,现在柏林印度艺术博物馆仍保存了一些比较小的壁画,据说有些壁画被苏联占领军作为战利品搬到圣彼得堡,至今下落不明。

13-14 吐峪沟藏经洞出土梵文、汉文和回鹘文三语佛经

　　唐代吐鲁番本地居民信仰佛教,而回鹘人信仰摩尼教和萨满教,但是吐鲁番人文明程度要比回鹘人高得多,回鹘人最后实际上被吐鲁番当地居民同化了,所以回鹘人当中发生了从信摩尼教到改信佛教的过程,这个过程在高昌古城和柏孜克里克千佛洞遗存,尤其是出土文书看得很清楚。例如,回鹘人在蒙古鄂尔浑河流域使用突厥文,在高昌古城和佛教寺院壁画上都能够看到回鹘人所写的各种突厥文书面材料。后来,回鹘人开始对文字进行改造,利用粟特文拼写回鹘语,形成所谓回鹘文。回鹘文对中亚和蒙古草原游牧人影响很大。蒙古人也用这种文字,后来传给满族人。我们在北京故宫见到满文的祖型就是源于粟特文的回鹘文。

13-15

柏孜克里克千佛洞

高昌回鹘时代,回鹘人的文化水平是很高的。德国吐鲁番考察队在吐峪沟发现的一个类似敦煌藏经洞的中世纪图书馆中,出土了17种文字拼写的24种语言的各种宗教文书。除了伊斯兰教外,几乎囊括了所有东方语言的宗教文书,甚至有梵文、回鹘文和汉文三种语言写的佛经。这批珍贵文物如今收藏在柏林普鲁士文化藏品图书馆(简称"德国国家图书馆")。看来,高昌回鹘王采用相当宽容的宗教政策,因而创造了辉煌一时的古代文明。

　　20世纪80年代,回鹘佛教考古的一大收获是发现了北庭高昌回鹘佛寺。这个佛寺位于吐鲁番盆地之北,吉木萨尔县城北10余公里北庭古城附近,年代约在公元10世纪。佛寺遗址整个建筑布局呈长方形,南北长70.5米,东西宽43.8米,佛寺台基、墙壁均为土筑。全寺分南、北两部分。

13-16

北庭回鹘佛寺

　　回鹘佛寺是高昌回鹘时期修建的主要寺院之一,遗址中保留下来的大量塑像、壁画、回鹘文题记,对全面研究古代回鹘历史,高昌回鹘王朝时期的佛教艺术和信仰,以及高昌回鹘文化与外界的关系等问题,提供了生动而直观的实物资料。[12]

第三节　火祆教

据史书记载,高昌王国流行火祆教,"俗事天神"。《高昌章和五年取牛羊供祀帐》说的"大坞阿摩"来自粟特语 Adbag,在粟特语文献中表示祆教主神——阿胡拉·马兹达。[13] 在楼兰出土佉卢文书中,阿胡拉·马兹达被称作 dhyakṣiya 或 dryakṣiya(三眼神),相当于印度教的阿修罗。[14] 不过,在中亚粟特壁画上,火祆教的风神往往也以三眼神的艺术形象出现。火祆教的风神相当于印度教的湿婆,也即《高昌章和五年取牛羊供祀帐》所谓"风伯"。阿胡拉·马兹达在大夏铭文称之为 manao-bago,相当于婆罗钵语 menog-bay(精神之主、上天之主)。在粟特文献中,阿胡拉·马兹达被描绘成三眼神,相当于印度教的因陀罗(Indra)。吐鲁番供祀文书中的"阿摩",也即粟特文 Adbag "大神"的对音。

公元 840 年,回鹘人从蒙古草原西迁中亚以后,采用宽容的宗教政策,仍允许火祆教在吐鲁番继续传播。公元 10—12 世纪波斯和阿拉伯文献多次提到回鹘王国统治下的吐鲁番流行火祆教。德国吐鲁番考察队在胜金口发现了一些雕塑,据我们研究,很可能是属于火祆教艺术。这些雕塑分别出自胜金口两个不同遗址。

第一个遗址位于胜金口峡谷星座窟的对面河流右岸上。勒柯克在该遗址灰堆中发掘出三个泥塑像,编为 A、B、C 号(或第 1、2、3 号)。

A 号:男性天神的头部,原件尺寸 30 厘米×25 厘米;带有短护额的红色头盔,保护着额头及头的上部;脸上包着金箔,眼眉和两撇胡子为黑色;下颊处以及左右两耳下部都有黑色痕迹,说明原来那里有胡须。这一组三个头像(第 1、2、3 号)的眼睛都鼓了出来,以表示他们愤怒的感情。眼睛里扁平的瞳孔是黑色的,其余为白色;上唇的皱褶很奇特;鼻头扁平,鼻翼线条很明显。

B 号:女性天神的头部,原件尺寸 41 厘米×32 厘米;头的上部及前额戴着一顶样式独特的小帽,也有些像埃及的包头巾;小帽为黑色,左侧画一朵小花,由六个白色小圆点组成。小帽最高点的中心有个孔,一部分束起的头发,从那个孔里高高耸起。此发束前边有一红色布角。脸为白色,额头和两颊上草率地画了红色玫瑰花,由五六个小弧线围绕着一个中心圆而组成;眼眉为直硬的黑线条,眼睛是黑色的,眼边外沿也为黑色,内沿为红色;嘴颏和下巴塑造得精神有力,下巴底下画了一条线,显出双下颏(包头布的右半边是后来补上去的)。

C 号:女性天神的头部,原件尺寸 30 厘米 × 29 厘米;头的上部及前额戴着样式奇特的小帽,黑色的帽子上有些地方,特别是遮盖耳朵的部分,绘有红白两色圆形彩点;额头中央上部,有几块四角形金箔;第 2 号头像上保存的那种头顶发束,在这个头像上已经缺失。小帽以红线描边,脸为白色,双颊、下颏、嘴以及额头靠近鼻子处为朱红色;眼眉为黑线条,眼皮周边描以黑线;下颏前部有个很深的小坑,使下颏显得突出有力;下颏底下画了一条红色的曲线,以表示双下颏。

第二个遗址位于胜金口峡谷第 2 号庙群与第 3 号庙群之间,是河左岸陡峭悬崖上的一个庙群。勒柯克从中发掘出一个三眼神头像,编为 O 号。原件尺寸为 20 厘米 × 17.5 厘米,勒柯克在图录中称作"金刚头像";面孔为浅蓝色,头发、眼眉和样式奇特的唇须皆为红砖色,其中唇须以朱红色描边,上唇和眼窝也为朱红色;眼球为白色,以红色描边;瞳孔为黑色。[15]

1945—1950 年,苏联考古学家托尔斯托夫领导的花剌子模考古队对粟特遗址进行大规模考古发掘。在乌兹别克斯坦的托普拉克·卡拉发现了一座圆形古城,年代在公元前 1 世纪至公元 6 世纪,今称"托普拉克·卡拉古城"。古城为一规整的长方形城市,长 500 米,宽 350 米;四周环以坚固的砖墙,墙上有很多长方形的望楼和密密的狭小箭孔。一条窄街从南至北贯穿全城,沿街有 10—12 座大屋,每座大屋中有数十间方形和长方形的房间,属于城市贵族的住宅。城的西北角有一座公元 3 世纪的高大宫殿,约占全城面积的四分之一。在王宫脚下有一座该城的祆教寺院和一个大市场,市场有几个大门与外界相通。在宫殿遗址和祆教寺院内放置着成群的塑像。据托尔斯托夫推断,这是花剌子模诸王及其妻子和侍役的塑像。塑像都是未经烧制的泥像,上加彩色;面部造型极其真实,无疑是人的肖像,目前收藏在圣彼得堡埃米塔什国立博物馆。[16]

托普拉克·卡拉古城出土的两尊粟特女神泥塑像,曾在 1969 年送到日

1

2

3

13-17

安阳和吐鲁番出土娜娜女神像

本东京和京都进行巡回展览。从这次展览的目录中,我们见到入藏埃米塔什博物馆的两个粟特女神泥塑像(展品编号 105—106 号),年代断在公元 3—4 世纪。[17]无论制作工艺还是艺术造型,这两个泥塑女神像皆与勒柯克在吐鲁番发现的两尊泥女神塑像相似。

安阳出土的北周石棺床上雕刻有一尊粟特火祆教女神——娜娜的图像。这位粟特火祆教女神的艺术形象,居然与勒柯克在吐鲁番发现的女神泥塑像如出一辙。[18]如果上述判断不误,那么吐鲁番出土的两尊女神泥塑像当系粟特火袄教女神——娜娜的艺术形象。

1969年在日本举办的中亚古代艺术品巡回展上,还展出了德国考察队在吐鲁番发现的另一尊三眼神泥塑像(展品编号148号)。据展品目录介绍,这个泥塑像高约7厘米,时代断在公元10世纪。[19]这尊泥塑神像不见于格伦威德尔和勒柯克的考古报告,目前也收藏在柏林印度艺术博物馆。吐鲁番文书提到高昌王国流行火袄教,供祀风伯(粟特风神)和大坞阿摩(火袄教主神阿胡拉·马兹达)。

据印度学者笈多(S. P. Gupta)研究,印度教对粟特艺术亦产生深远影响,许多粟特神借鉴了印度教神像。塔吉克斯坦片治肯特壁画上共出现五位印度神,他们是梵天(Brahma)、帝释天(Indra)、大自在天(Mahadeva/ Shiva)、那罗延天(Narayana)和毗沙门天(Vaishravana)。然而,这五位印度神祇中的

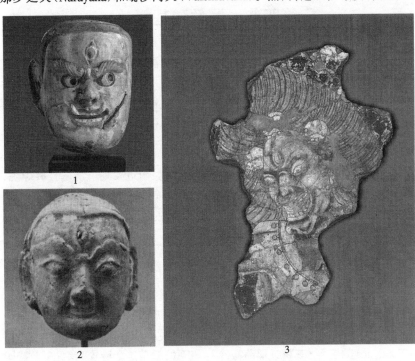

13-18
吐鲁番和片治肯特出土粟特火袄教主神阿摩像

前三位——梵天、帝释天、湿婆神，分别相当于粟特本土三位神祇祖尔万神（Zurvan），阿摩（Adbag）和风神（Veshparker），但是后两位印度神祇——那罗延天和毗沙门天则没有与之对应的粟特本地神。据穆格山出土的粟特文写本，梵天采用蓄须的形象，帝释天为三只眼神，而湿婆则是一位三头神。片治肯特壁画上有些神像上标有名字。李夫什兹（V. A. Livshits）发现其中一个三头神壁画上标有粟特风神（Veshpur〔kar〕）的名字。[20]吐鲁番胜金口的两尊三眼神泥塑头像采用了印度教帝释天的三眼神形象，相当于粟特火祆教大神阿摩（Adbag）以及波斯火祆教主神阿胡拉·马兹达。片治肯特的一幅三眼神壁画，与吐鲁番出土的两尊粟特阿摩神泥塑大同小异。

总之，德国考察队发现的这尊三眼神泥塑像，正是公元8—9世纪高昌回鹘王国流行火祆教的实物证据。

第四节　景教和基督教

北宋王延德于太平兴国七年（982）访问高昌回鹘王国时，见到此地"复有摩尼寺、波斯僧，各持其法，佛经所谓外道者也。"唐代景教称"波斯教"，所以唐代来华的景净和阿罗本又称"波斯僧"。太平兴国"九年（984）五月三日，西州回鹘与波斯外道来朝贡"（《宋史·天竺传》）。王延德所谓"波斯僧"和"波斯外道"，皆指高昌波斯景教徒而言。

20世纪初，德国吐鲁番考察队在高昌古城附近发现一所基督教寺院，从中发掘出许多壁画和文书残片。其中三个残片用叙利亚文突厥语拼写，另一残片用叙利亚文粟特语拼写。研究者一般将高昌基督教遗址废弃定在公元10世纪。

高昌基督教壁画的风格带有明显的拜占庭艺术风格，其中一幅表现一群手持树枝的信徒簇拥着一位牧师。勒柯克起初以为是表现基督教祭司施洗礼的情景，后来意识到这应是描写 Palmsunday（圣枝节），也即复活节前一星期天人们欢迎基督进入耶路撒冷的情景。意大利文艺复兴时期画家乔托（Giotto di Bondone）的名画《基督进耶路撒冷》，表现的就是这个情景（参见书前彩图26）。和基督教有关的壁画还发现了几幅，但都比较残碎。一幅较完整的壁画残

13-19

高昌城外基督教堂遗址

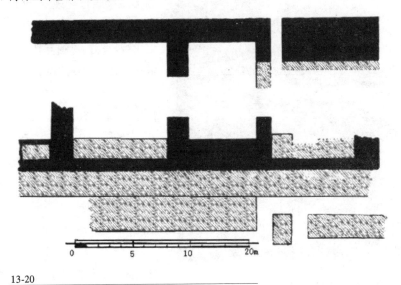

13-20

高昌古城郊外基督教堂平面图

13-21

高昌基督教堂壁画《基督进耶路撒冷》

13-22

吐鲁番出土基督教绘画

片描绘了一位正在向基督忏悔的青年女子的形象。这些壁画形象生动地再现了1000多年前基督教在高昌流行的历史风貌。此外,勒柯克在高昌古城还发现了一些绢画,其中一个残画绘有手持十字杖的基督像,当系基督教艺术。

这些艺术品全被运往德国,现存柏林印度艺术博物馆。据考证,这批基督教壁画和绢画大约创作于公元9—10世纪,相当于晚唐时期。

吐鲁番北部葡萄沟(Bulayiq),是高昌景教一个重要传播中心。德国吐鲁番考察队在葡萄沟及其以西 5 公里的库鲁特卡（Kurutka）景教废寺发现了数以百计的景教和基督教经卷残片。绝大多数属于叙利亚文粟特语基督教文献，大约 30—40 件为叙利亚文突厥语景教残片，此外还有零星中古波斯语和希腊文—叙利亚文双语景教残片。[21]值得注意的是，回鹘文也用来翻译景教文献。例如，葡萄沟景教废寺发现的《巫师的崇拜》、《乔治殉难记》等回鹘文景教残卷。

伽色尼王朝史家伽尔迪兹（Gardizi）记述吐鲁番地区流行多种宗教，回鹘可汗虽然是摩尼教的虔诚信徒，"但他并不排斥其他宗教，在他的城市和统治区内，基督教徒、祆教徒和佛教徒和平共处"。[22]故知基督教和景教在吐鲁番地区一直流行到 11 世纪中叶。

公元 13 世纪初，丘处机前往中亚朝见成吉思汗，途经天山东部畏兀儿人居地，"宿轮台（指唐代轮台旧址，在今新疆米泉至昌吉之间）之东，迭屑头目来迎"（《长春真人西游记注》）。所谓迭屑即大秦景教流行中国碑的达娑，源于波斯语"修士"。法国使臣卢不鲁克前往漠北朝见蒙哥汗时，也遇到畏兀儿景教徒，据说他们与撒拉森人（粟特伊斯兰教徒）混居，两教派信徒之间经常发生争执。马可波罗在火州（吐鲁番）遇到景教徒，据说他们常与佛教徒通婚。[23]尽管有上述记载，但是目前尚未发现 11 世纪以后景教或基督教仍流行于吐鲁番地区的考古学证据。

回鹘人属于色目人，有元一代，帮助蒙古人统治中国，所以回鹘景教徒的行踪在内蒙古赤峰和福建泉州亦有发现。在内蒙古赤峰发现了回鹘景教徒的墓志铭，在泉州发现了回鹘景教徒的墓碑。

1983 年，在内蒙古赤峰市西南松山区城子乡画近沟门村一农民发现一方墓砖，长 47.2 厘米，宽 39.5 厘米，厚 6 厘米。正面有字，中上部是大型十字架图案，十字架中圆圈内是一朵梅花图案。十字架下为莲花座。类似的图案在泉州、西安、扬州、内蒙古敖伦苏木古城等地都有发现。十字架上方两边各有一行叙利亚文，下方两边各有四行回鹘文。两行叙利亚文是"þâr lwo Teh∥sbarâ beh"，出自《旧约·诗篇》第 34 章第 6 节，意为"仰之信之"。同样内容的景教刻石在北京房山还有发现。赤峰墓砖回鹘文部分的内容是"亚历山大大帝纪年一千∥五百六十四年（1253）；桃花石纪年牛年正月∥二十

13-23

内蒙古赤峰出土景教墓志

日。这位京帐首领//药难部队的将军,在他//七十一岁时,完成了上帝的使命。//愿这位大人的灵魂永久地//在天堂安息吧!"[24]

第五节 摩尼教

摩尼教在波斯和中亚不断遭到镇压,于是许多摩尼教徒亡命东方,分布最靠东方的地区就在吐鲁番。唐代以后,摩尼教东方教主住地就在柏孜克里克,在高昌古城和柏孜克里克都建有摩尼教寺院。回鹘西迁之初,吐鲁番一些佛教石窟寺被回鹘人改建为摩尼教石窟。在高昌古城 K 寺院还发现许多摩尼教壁画和绘画,极大丰富了我们对中世纪摩尼教艺术的知识。

吐鲁番摩尼教遗迹的发现始于 20 世纪初。1902—1914 年间,德国柏林民俗博物馆的格伦威德尔和勒科克带队,先后在新疆进行了四次考察,在吐鲁番柏孜克里克、胜金口、吐峪沟、交河故城、高昌故城等遗址作了大规模发

13-24

高昌古城的摩尼教 K 寺院遗址

掘工作。1905—1913 年陆续发表考古简报，认为高昌故城中编号为 K 和 α 遗址属于摩尼教寺院，在 K 遗址还发现一个摩尼教寺院的藏书室。

1909 年，俄国科学院也派出一支考察队，由奥登堡带领，在吐鲁番做调查，他们在 1914 年发表的简报中声称，柏孜克里克石窟第 38 窟（格伦威德尔编号第 25 窟），属于摩尼教寺院。1931 年，法兰西学院教授哈金（J. Hacken）在柏孜克里克考察后，认为第 27 窟（格伦威德尔编号 17 窟），改建前是一座摩尼教寺院。1988 年，日本大阪大学教授森安孝夫来吐鲁番考察，并于 1991 年发表专著，认为格伦威德尔编号第 22 窟（森安孝夫 35 窟）是一座摩尼教寺院，他还提到第 8 窟（格伦威德尔第 1 窟的北邻窟）有摩尼教题记，也属于摩尼教寺院。北京大学晁华山教授在柏孜克里克、胜金口、吐峪沟等遗址进行了广泛调查，据说又发现几十个摩尼教洞窟，但是他的辨识目前尚存在争议。

据目前调查和研究,吐鲁番的摩尼教寺院大致可以分为两个时期:第一期约在公元640—850年,包括高昌故城 K 和 α 遗址、吐峪沟 11 座窟以及柏孜克里克北区 6 座窟等 19 座摩尼教石窟寺,为唐西州时期粟特人和回鹘人所建造;第二期时代约在公元 850—1000 年,包括柏孜克里克中区、南区的 13 座窟,以及胜金口的南、北寺的 9 个摩尼教石窟寺,是西迁后高昌回鹘所建造的。10 世纪末,西州回鹘改宗,这些石窟便被封闭并陆续改建为佛教石窟。[25]

13-25

吐鲁番出土摩尼教绘画上的摩尼教选民

　　德国吐鲁番考察队的勒科克在高昌故城内 K 遗址发掘出摩尼教经卷的地方,应该就出自该寺院的"经图堂"。此外,唐西州时期和西州回鹘时期摩尼教洞窟形制、壁画题材、内容上也存在着时代差异:唐西州时期的洞窟礼忏堂较小,斋讲堂装饰有 7 世纪萨珊波斯、中亚流行的联珠纹,洞窟前室前壁画着的施主像,穿着西亚式的竖条纹窄袖外套。而在西州回鹘时期,礼忏堂等规模明显大于前一时期,不见 7 世纪流行纹饰,洞窟壁面上出现大量回鹘文榜题,显然与西州回鹘国力强盛以及对摩尼教的大力推崇有关。

　　新疆文物考古所考古队在清理柏孜克里克千佛洞的时候,发现几份保存非常好的文书,内容是各地方摩尼教徒对教主的致敬,比如希望平安、幸福、事业昌盛等,上面一些图案是描金的,出土地点就在柏孜克里克石窟寺下面某个石窟。东方教主在摩尼教历史上是让人非常关心的,如最后是什么情况,住地怎么样等。实际上是两间破窑洞,遍地垃圾,生动表现了摩尼教最后的命运。

注 释

〔1〕 王炳华:《苏贝希古冢》,《人民画报》1993 年第 3 期,页 15—17。

〔2〕 林梅村:《麻沸散与汉代方术之外来因素》,《汉唐西域与中国文明》,北京:文物出版社,1998 年。

〔3〕 新疆文物局等单位编:《新疆古迹大观》,乌鲁木齐:新疆美术摄影出版社,1999 年,页 125。

〔4〕 国家文物局编:《2004 中国重要考古发现》,北京:文物出版社,2005 年,页 91。

〔5〕 《旧唐书·西戎传·高昌》。

〔6〕 Albert von. Le Coq, "A Short Account of the Origin, Journey and Results of the First Royal Prussian(Second German) Expedition to Turfan in Chinese Turkistan," *JRAS*, 1909, pp. 299-322.

〔7〕 Albert von. Le Coq, *Chotscho*, Berlin, 1913(勒柯克著,赵崇民译:《高昌——吐鲁番古代艺术珍品》,乌鲁木齐:新疆人民出版社,1998 年)。

〔8〕 贾应逸、祁小山:《印度到中国新疆的佛教艺术》,兰州:甘肃人民出版社,2002 年,页 402。

〔9〕 勒柯克著,赵崇民译:《高昌——吐鲁番古代艺术珍品》,页 156—157。

〔10〕 张宝玺编:《甘肃佛教石刻造像》,兰州:甘肃人民美术出版社,2001 年 3 月,页 2—6。

〔11〕 宿白:《凉州石窟遗迹与"凉州模式"》,收入宿白:《中国石窟寺研究》,北京:文物出版社,1996 年,页 39—51。

〔12〕 中国社会科学院考古研究所:《北庭高昌回鹘佛寺》,1991 年。

〔13〕 姜伯勤:《敦煌吐鲁番文书与丝绸之路》,北京:文物出版社,1994 年,页 239—240。

〔14〕 林梅村:《楼兰》,北京:中央党校出版社,1999 年,页 177。

〔15〕 穆舜英等编:《中国新疆古代艺术》:149 页,乌鲁木齐:新疆美术摄影出版社,1994 年,图版 386。

〔16〕 蒙盖特著:《苏联考古学》,北京:科学出版社,1963 年,页 240—241。

〔17〕 这个展览图录把她们当作乐神头像,误以为是男子头像,年代定在公元 3—4 世纪(参见 The Tokyo National Museum and the Kyoto National Museum (ed.) 1969;图版见 105—106;英文说明见页 35)。

〔18〕 Takeshi Umehara et al（ed.）, Miho Museum, Kyoto, 1997, p. 254.

〔19〕 The Tokyo National Museum and the Kyoto National Museum （ed.）, *Scythian, Persian and Central Asian Art frrom the Hermitage Collection*, Leningrad, Tokyo and Kyoto, 1969（图版见第 148 号 6；英文说明见页 37）。

〔20〕 S. P. Gupta, "Hindu Gods in Western Central Asia A Lesser Known Chapter of Indian History," *Dialogue*, vol. 3, No. 4, 2002.

〔21〕 Nicholas Sims-Williams: "A Greek-Sogdian Bilingual from Bulayiq," *Academia Nazionale dei Lincei, Istituto, Itallano per l'Africa el'Oriente, Convegno internazionale sul tema*, La Persia e Bisanzio, pp. 14-18, Ottobere, 2002.

〔22〕 伽尔迪茨于 1048—1052 年写成《记录的装璜》一书,现有牛津和剑桥两个较晚时期的抄本。该书关于突厥的两章现有英译本,参见 Archaivum Euasiae Medii Avei, 1982, pp. 109-217;陈国光:《伊斯兰教在吐鲁番地区的传播》,《西域研究》2002 年第 3 期,页 57。

〔23〕 刘迎胜:《元代西北地区的佛教》,南京大学历史系元史研究室编:《元史及北方民族史研究集刊》1990 年第 6 期;《蒙元时代中亚的聂思脱里教分布》,南京大学历史系元史研究室编:《元史及北方民族史研究集刊》1990 年第 7 期,页 66—73。

〔24〕 牛汝极:《维吾尔文古文字与古文献导论》,乌鲁木齐:新疆人民出版社,1997 年,页 100—108。

〔25〕 晁华山:《寻觅淹没千年的东方摩尼寺》,《中国文化》1993 年第 8 期,页 1—20。

第十四讲

居延沧桑

秦时明月汉时关

农牧之争

马可波罗笔下的亦集乃城

黑城的发现及其文物的流散

　　居延是中国古文明重要发源地之一，位于内蒙古阿拉善盟额济纳旗，总面积 11.6 万平方公里，相当于两个丹麦，三个台湾省（包括澎湖列岛），比江苏省、保加利亚、奥地利和古巴的总面积都大。《尚书·禹贡》记大禹治水"导弱水，至于合黎，余波入于流沙"的故事就发生在居延。弱水发源于甘肃张掖地区肃南裕固族自治区南山。这条河在甘肃境内称黑水，从南向北流，全长 500 多公里，经合黎山，进入内蒙古之后称"额济纳河"，古称"弱水"，全长 200 多公里，最后注入终点湖——居延海。弱水所经之地在巴丹吉林沙漠西部造就了大片绿洲。居延的植被与中亚干旱地区一致，也是沙漠胡杨树分布的东界。

　　历史上，居延城不仅是漠北游牧人兵荒马乱或灾害之年的避难所，而且是一个国际化城市。丝绸之路开通后，"商胡贩客，日款于塞下"。埃及亚历山大城的埃及人、中亚撒马尔干城的粟特人乃至欧洲的罗马人相继来河西经商，乃至归化侨居。中世纪阿拉伯旅行家米撒尔，尤其是意大利旅行家马

14-1

居延的沙漠胡杨

可波罗的造访,使这个中国边城小镇一举成为世界闻名的历史文化名城。

第一节　秦时明月汉时关

　　为了抵御匈奴入侵,汉武帝不惜动用 60 万人在中国北方筑造长城。广为人知的嘉峪关至山海关长城是明代长城,不过 600 多年历史。中国历史上规模最大的长城是汉长城,距今已有 2100 多年的历史。汉长城的西端建在甘肃省敦煌西境榆树泉盆地,而西部烽燧线最远可达汉代姑墨(今新疆阿克苏)。汉长城向东延伸,越过辽东半岛,直达朝鲜清川江畔。

　　蒙古草原是汉朝抵御匈奴的重点防区,汉朝在这里加筑了两条南北向、相距 5—10 公里的复线式长城。东线从内蒙古阴山、大青山一直深入到外蒙古草原;西线则在额济纳河东岸,北起古居延泽,沿弱水南下,直至甘肃金塔县,全长达 200 多公里。弱水属汉代张掖郡,由塞上三都尉统辖。这三个都

14-2

居延汉长城及其烽火台

尉自北而南分别为居延都尉、肩水都尉和张掖都尉。

公元前 102 年，汉武帝派伏波将军路博德到居延地区筑长城边塞，首先在居延城建遮虏障。障又称"坞障"，也就是长城边塞的大城堡，小城堡叫"亭隧"。1930—1931 年，中瑞西北科学考察团到额济纳河流域汉长城遗址进行调查，发掘工作由瑞方团员伯格曼主持。他在居延遗址发现汉简 10000余枚，今称"居延汉简"。这批汉简后经香港、美国携往台湾，现藏台北中研院历史语言研究所。[1]

居延都尉府下属甲渠侯官治所设在破城子遗址。这个坞堡距离汉长城塞墙 300 米，用夯土夹茭草夯筑，约 44 米见方，墙厚 2 米，门开在东侧，外边有曲尺形瓮城，墙外 3 米以内范围，埋有尖头木桩，汉代叫"虎落"。西北角有一个大约 24 米见方的土坯小堡，墙厚 5 米，内建向东开门的两间房屋，应是侯官的住所。南边一间的南侧，有通往坞顶的梯道，坞门设在坞堡东墙的南端，城堡内西、南、北三侧有小房基，可能是吏卒的住所。东北隅有畜圈，其东有梯道，可通坞顶，在坞堡内外都发现了汉简。坞堡南面 50 米处是 5 米见

14-3

居延汉简

方的烽火台，附近有积薪和烧毁，是侯官专用烽火台。

伏波将军路博德因触犯大汉刑律，被降级为强弩都尉。强弩都尉驻防塞北最前线，也就是居延汉简所言居延都尉。甲渠侯官就在居延都尉统辖之下。天汉四年（前97），武帝命贰师将军李广利从朔方出击匈奴，同时派居延城的强弩都尉路博德率步骑万余人助战。居延都尉统兵一万余人，级别要比侯官要高。路博德居住的都尉府自然比甲渠侯官治所规格高。据调查，居延都护府在瑞典考古学家伯格曼编号的 K710 古城，今额济纳旗达兰库布镇东南 24 公里及甲渠侯官遗址东北 33 公里处。

14-4

甲渠侯官治所破城子遗址

路博德筑造遮虏障之后,史书不断提到居延边塞。天汉二年,武帝命骑都尉李陵领兵 5000 人,从居延遮虏障出塞讨伐匈奴。[2]这个记载说明遮虏障是居延边塞最靠北端的坞障,应该在伯格曼编号的 K688 城。此城在 K710城西面 10 公里左右,靠近弱水尾闾及居延古绿洲最北端。当年李陵就从这里出征匈奴,不幸被俘,投降了匈奴。司马迁因为替李陵说情,竟然被汉武帝处以腐刑。他从此发奋著书,写成史学巨著《史记》。

汉代居延边防军包括归降汉朝的匈奴骑兵,由张掖属国都尉统辖,治所设在汉代日勒县泽索谷。义渠戎则迁到额济纳河上游张掖县,后来被汉朝编入张掖属国。公元前 82 年,张掖属国千长义渠王骑士射杀匈奴梨污王受到汉朝的奖赏,被封为黎污王。[3]从那以后,匈奴人不敢再进张掖。公元前102 年,汉朝还在居延泽西南设有居延和休屠两个属国都尉,护卫酒泉郡。居延属国就是战国时代迁到额济纳河下游的胸衍戎,汉代称居延戎。居延就得名于胸衍戎之名。

汉代居延县城建在什么地方呢?额济纳旗达兰库布镇东南 24 公里处有

一座汉城,编号 K710 城。这个汉城西南 33 公里处是甲渠候官所在地。居延汉简提到甲渠候官与居延城相距 80 里,而 K710 城与甲渠候官遗址相距恰好 33 公里,瑞典考古学家伯格曼最先提出汉代居延城在 K710 城。这个看法代表了当今学界的主流意见。

14-5
居延海风光

汉代居延城位于古居延泽西南岸。居延城内是官署所在地,黎民百姓全都住在城外。据考古调查,居延城周围至少有 30 个居民点,每个居民点一里见方,汉代叫做“里”。汉代一里相当于 0.415 公里,那么居延每个居民点占地面积约 0.172 平方公里,相当于一个田径场(400 米 × 400 米)大小。汉代居延城靠近古居延泽,或称“居延泽城”。靠近居延泽的居民点称“通泽里”,在瓦因托尼附近的通泽亭一带。

居延城北郊,靠近北边沙漠的两个居民点分别叫作“鸣沙里”和“庶(遮)虏里”。黑水河若从源头八宝河算起,至终点湖索古诺尔全程 820 多公里。居延汉简说:鸣沙里南距张掖郡太守治所——乐得县(今张掖市黑水国故城)约 1630 里,相当于 676.45 公里。《元和郡县志》又说:“居延海在县(张掖)东北一千六百里。”那么鸣沙里似在居延边塞北端沙漠边缘居延都尉珍北候官辖区北端,古代居延泽西岸。遮虏里则在鸣沙里之南,遮虏障所在地——K688 古城附近。

第二节　农牧之争

曹魏仍在居延设西海郡。永嘉之乱后,前凉、后凉、北凉、西凉相继割据河西,兼领居延。北魏统一黄河流域后,居延属凉州管辖。同时,突厥、柔然相继来居延海驻牧。隋朝在居延设同城镇,唐代一度将安北都护府设在同城镇。唐大历中,居延先陷吐蕃,后来落入甘州回鹘。宋景德中,西夏击败甘州回鹘,在居延设黑山威福军,始建亦集乃城。额济纳旗即得名于西夏语"亦集乃"。元朝建立后,曾在居延设亦集乃路。

14-6
居延沙漠胡杨林

河西走廊的自然地理以张掖为界，大致分东西两大区域。从张掖往西是极度干燥的戈壁沙漠，越往西沙砾越多，而黄土几乎完全消失。在张掖及其西北的临泽县之间，土壤呈碱性，盐分浮于地表，除了特殊品种的草木之外，几乎寸草不生，由此往西北，盐土越来越多，最后几乎成了一切生命的禁区。酒泉、玉门、安西、敦煌等地不过是戈壁沙漠之中的少数孤立的绿洲。河西走廊的黄土地主要分布在张掖以东，这个地区雨量较多，植物或农作物易于生长。居延在张掖北边，自然条件介乎河西走廊东西两大区域之间。唐代诗人李端《千里思》说"凉州风月美，遥望居延路"描写了居延美好的一面，居延其实还有受流沙威胁的残酷一面。

　　东汉在居延设西海郡后，文献一般将居延称作"西海"，但是很少提"居延"二字。《隋书·段文振传》终于再次提到居延。据说隋文帝开皇初年，"突厥犯塞，（段文振）以行军总管击破之，逐北至居延塞而还"。隋炀帝采取积极的对外开放政策，派裴矩奔走于武威、张掖之间，把大批西域商胡招引到河西。萧条多年的河西走廊迎来了第二个繁荣时期。据说当地流通的货币都采用西域金银币，也就是罗马金币和波斯银币。

14-7

丝绸之路的硬通货——萨珊波斯银币和罗马金币

　　大业五年，隋军征服吐谷浑，在青海湖西岸设西海郡，而将居延划归删丹县。同年六月，隋炀帝到河西走廊巡狩，在焉支山接待来自西域27国的蕃王、使者和商胡。《隋书·裴矩传》记述了这一盛况。文中说："及帝西巡，次燕支山，高昌王、伊吾设等及西蕃胡二十七国，谒于道左。皆令佩玉，被锦罽，焚香奏乐，歌舞喧噪，复令武威士女盛饰纵观，骑乘填咽，周垣数十里，以示中国之威。"隋唐时代的焉支山在删丹县南50华里，又称删丹山。隋朝在居延设同城镇，属删丹县管辖。《元和郡县志》卷四〇说："遮虏障，在县（酒泉）北二百四十里。李陵与单于战处。隋镇将杨玄于其地得铜弩牙箭簇。"隋朝没在酒泉设镇，隋镇将杨玄即同城镇将。远在千里之外的胡人都来参加这次盛会，欢迎隋炀帝的队伍里或许有来自同城镇的居延人。敦煌莫高窟有一幅名为《西域王子举哀图》的壁画，这幅壁画生动反映了隋唐时代东西方文化交流的盛况。

14-8
敦煌壁画《西域王子举哀图》

居延还是突厥文化的摇篮，1912 年，芬兰探险队的兰司铁（Remstedt）在蒙古国西部布尔根省施维特山（Shiveet Ula）发现一个突厥陵园，地理坐标东经 95 度，北纬 44—45 度，位于居延之北，今蒙古国西部。据突厥古史传说，突厥王族——阿史那家族起源于"高昌北山"。这座突厥陵园靠近中蒙边境，地处新疆哈密正北以及吐鲁番东北。

兰司铁起初认为是第一突厥汗国的陵园，但据前苏联和日本考察队实地调查，这个陵园的石人石兽与鄂尔浑河流域毗伽可汗陵园石人石兽相仿，更可能是第二突厥汗国开国君主阿史那骨咄禄的陵园。这个突厥可汗陵园

14-9

高昌北山的突厥第二汗国骨咄禄陵园

用石堆围成,平面呈长方形,陵园西部正中位置建有庞大的覆斗形陵冢,周长 224 米,高 22 米。由于早年盗掘,中部留下深陷的盗坑。石堆围墙东面立有石碑,下为长方形碑座。此外,陵园东面还用石人石兽代替了突厥传统文化的杀人石(Balbal),计有 9 个石人、4 个石狮和 6 个石羊。据林俊雄等日本学者近年调查,陵园内现在只剩下一个石碑、8 个石人、三个石狮、6 个石羊和一个石容器。[4]

骨咄禄陵园似乎模仿唐朝陵寝制度。唐代陵园分依山为陵和积土为陵两类,积土为陵的有高祖李渊(618—626)的献陵、庄陵、端陵和靖陵凡 4 座;依山为陵的有太宗李世民(627—649)的昭陵、高宗和武则天的乾陵、泰陵等凡 14 座。骨咄禄陵园似乎刻意模仿唐高祖李渊的献陵。献陵在陕西三原县东 20 公里,陵园东西 781 米,南北 710 米,四墙各辟一神门,陵台居中。陵台底东西 130 米、南北 110 米、高 19 米,呈覆斗形,夯筑。陵台南原有寝宫、献殿建筑。四神门外有石虎一对,神道有石望柱、犀牛各一对。

隋唐五代时期的居延一直处于农业与游牧两大势力的激烈争夺之中。隋唐时代居延迎来的历史上第二次大规模农业开发,而晚唐五代时期则被吐蕃、沙陀、回鹘人占领,重新变为游牧人的牧场。

第三节 马可波罗笔下的亦集乃城

《马可波罗游记》称黑水城为"亦集乃城",源于西夏语"黑水",今译"额济纳"。长期以来,欧洲人对《马可波罗游记》的真实性一直持怀疑态度。《马可波罗游记》竟然没有提到长城和泰山,这可是中国最有名的建筑和最有名的山脉。直到最近,大英图书馆东方部主任吴芳思仍写书对《马可波罗游记》的真实性提出质疑。欧洲人说的长城指明长城,马可波罗时代明长城还没有建,他自然不会提到。此外,马可波罗是从西方人审美角度观察中国,他对元大都(北京)城外两万多名妓女津津乐道。中国人推崇的泰山,他未必放在眼里。黑城的发现再次证明了《马可波罗游记》的真实性。

马可波罗从亦集乃到哈剌和林之路,元代称"纳怜道",来自蒙古语,意为"小道"。这条路就是唐代从居延到回鹘都城之路。据《新唐书·地理志》,

"北渡张掖河,西北行、出合黎山峡口,傍河东壖,屈曲东北行千里,有宁寇军,故同城守捉也。天宝二载为军,军东北有居延海。又北三百里有花门山堡,又东北千里至回鹘衙帐。"

由于马可波罗的造访,默默无闻的亦集乃城一举成为世界闻名的历史文化名城。元世祖忽必烈为讨伐海都之乱,彻底解除西北边患,在西夏故地设立亦集乃路总管府。黑城是居延地区最大的元代城址,应为元代亦集乃路总管府旧址。黑城外城是元代扩建的,那么马可波罗访问的亦集乃城就在此城的内城。

黑城遗址平面呈长方形,东西长 421 米,南北长 374 米。墙基宽 21.5 米,顶部宽 4 米,平均高度达 10 余米。东西两侧对开城门,城四角设置向外突出的圆形角台,城墙外侧设马面 20 个(现存 19 个),城上建有女墙,城门外有正方形的瓮城。内蒙古文物考古研究所两次到黑城进行考古发掘,进一步澄清了亦集乃城的结构。黑城先后进行过两次较大规模的建设。首先建的是一座小城。小城平面呈方形,边长 238 米,城墙上有马面。小城西南角还留下角台遗迹,南面开有一门,门外有方形瓮城。后来在小城基础上进行扩建,利用了小城的北墙和东墙。据主持发掘的李逸友分析,"小城城垣夯土单纯,只含有汉代灰陶片,但是城内发掘不见汉代地层。由此可见,小城的创建年代当早于元代而晚于汉代,对照文献推断,应为西夏时期建筑的黑水城遗址……外围大城是元代扩建的亦集乃故城,也就是我们现今所见黑城的规模。"[5]由此可知,马可波罗在亦集乃只见到黑水城遗址的内城。

14-10

马可波罗

14-11

马可波罗造访的亦集乃城

蒙古草原最初流行摩尼教。唐开成五年（840），在北方黠戛斯人打击下，信仰摩尼教的回鹘人西迁中亚，摩尼教亦随之而去。由于外来宗教在中国肆意泛滥，僧尼遍布天下，无人生产，造成唐王朝经济严重衰退。为此，唐武宗采纳道士赵归真的建议，罢黜佛教，同时禁断摩尼、大秦、火祆三夷教，史称"会昌灭佛"。会昌五年（845），唐武宗下诏灭佛，同时"勒大秦（景教）、穆护（摩尼教）、祆（火祆教）三千余人，并令还俗，不杂中华之风"。[6]景教在中原禁断后，一部分教徒从中原亡命漠北，蒙古草原摩尼教离去而留下的信仰空白随即被景教填补。[7]景教主要流行于蒙古草原的突厥诸部落，诸如土拉河流域的突厥浑部和克烈部。

成吉思汗崛起后，在蒙古部落打击下，漠北突厥诸部纷纷亡命中原，金朝编为"忠孝军"。正大四年（1227），由完颜陈和尚任忠孝军提控，而"忠孝一军，皆回纥、乃蛮、羌、浑及中原被俘避罪来归者，鸷狠凌突，号难制。陈和尚御之有方，坐作进退皆中程序，所过州邑常料所给外秋毫无犯，街曲间不复喧杂,每战则先登陷阵,疾若风雨,诸军倚以为重"。[8]由此可知,辽金时代景教仍在滞留家乡的浑人余部当中传播。

考古发现进一步披露了这段封尘已久的景教史。自 20 世纪初以来,鄂尔多斯南部不断出土透雕铜十字架。这类十字架往往装饰莲花和卍字符号等,日本学者佐伯好郎称为"卍字铜十字架"。加拿大传教士明义士(James M. Mennies)整理了鄂尔多斯 900 多枚铜十字架,刊于《齐大季刊》1934 年第 35 期"青铜"十字专号。其中 800 多枚是北平邮务长尼克松在包头等地的收集品,现藏香港大学冯平山博物馆。[9]

近年在宁夏北境发现了西夏景教徒墓,佩戴十字架制作的带饰。这个发现说明鄂尔多斯的景教十字架的年代在元代以前。众所周知,汪古部是元代以后南下鄂尔多斯的,所以我们认为鄂尔多斯的十字架实乃突厥浑部

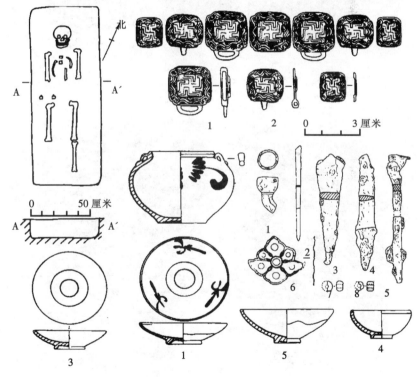

14-12
宁夏北境西夏古墓出土景教十字纹带饰

14-13

鄂尔多斯的景教十字架

14-14

黑城出土元代叙利亚文突厥语景教文献

遗物,与元代信仰景教的汪古部无关。[10]

马可波罗见到亦集乃城流行景教,蒙古人称作也里可温教。蒙古皇室和贵族信仰也里可温教。黑城遗址出土过元代叙利亚文也里可温教文献;敦煌博物院在敦煌北区石窟也发掘出元代叙利亚文也里可温教文献。

第四节　黑城的发现及其文物的流散

1908年,俄国探险家科兹洛夫闯入黑城。他不理会当地那些吓人的传说,指挥哥萨克士兵和土尔扈特雇工在城内大肆发掘。他们在黑城内废弃的寺院、官署、住宅没发现哈拉将军的宝藏,但是发掘出比银子更有价值的东西,即大批汉文、蒙文、波斯文和西夏文手稿、印本、佛教画卷《阿弥陀佛出世图》、泥塑佛像、小石佛像、铁马镫、铜钱等文物。

科兹洛夫在黑城发现的最晚的文物是一枚明代钱币。元朝被推翻后,蒙古草原还有一些残余势力企图恢复元朝,史称"北元"。1436年,北元"阿

14-15
黑城郊外的佛塔

台王子及所部朵儿只伯等复为脱脱不花所窘,窜居亦集乃路。外为纳款,而数入寇甘、凉。正统元年(1436),将军陈懋败朵儿只伯于平川,追及苏武山,颇有斩获"。《明史·外国传》的这条记载是正史最后一次提到黑城。

1909 年科兹洛夫重访黑城,对这座古城进行了长达一个月时间的大规模发掘。除了文书、金属货币、玉器、佛寺壁画外,还在许多店铺遗址内发现纸钞。结束黑城发掘后,科兹洛夫把下一个掠夺目标瞄准黑城西门外 400 米处一座佛塔。这个佛塔高约 9 米左右,由塔基、塔身和塔顶三个部分组成。塔基中心有一根木柱,上面无任何装饰。他们在这个佛塔内发现了大批古代手稿、许多手稿都是完整的书籍,甚至发现了印书用的雕版。更为惊人的是,他们发现了 300 幅画在麻布或绢上的唐卡(佛画)以及泥塑双头佛像、金属或木雕佛像。尤为壮观的是一件壁毯佛画,简直是一件高超的毛纺织品艺术标本。科兹洛夫认为,这个佛塔内的全部宝藏属于一位宗教界人士。这个神秘人物的尸骨放在佛塔内北墙附近稍微高于佛像底座的地方,圆寂时成跌坐式。科兹洛夫毫不留情地把这个骷髅的头骨拧下来,连同黑城其他古物一起带回了圣彼得堡。[11]

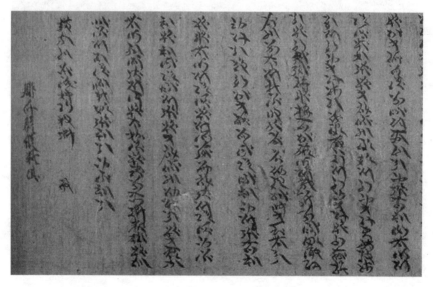

14-16
黑城出土西夏文书

1910 年，法国汉学家伯希和到圣彼得堡研究过部分文献，发现了金代佚名作者写的《刘知远的诸宫调》。刘知远是五代后汉开国皇帝，突厥沙陀部人。据宋人王灼《碧鸡漫志》记载，诸宫调为北宋熙宁至元祐年间（1068—1094）泽州（今山西晋城）人孔三传首创，将唐宋以来的大曲、词调、缠令、缠达、唱赚以及当时北方流行的民间乐曲，按其声律高低归入各个不同的宫调，用以说唱故事。德国哲学家黑格尔说："哪个民族有戏剧，就标志着这个民族走向成熟，戏剧是一个民族开化的民族生活的产物。"20 世纪 50 年代，为了表示中苏友好，斯大林把这件著名文物归还给中国，现藏北京图书馆善本部。1984 年，俄国汉学家孟列夫出版《黑城出土汉文收集品注记目录》，人们终于见到黑城出土汉文文献的全貌。这本书著录黑城汉文文献凡 488件。其中 283 件是佛经，48 件是非佛经文献，其他为残文书和纸币。汉文材料只是黑城文献一小部分，科兹洛夫从黑城运回圣彼得堡的各类文献达80000 件，绝大多数是西夏文书。

李元昊通汉文，夏国建立后，他与文臣野利仁荣根据汉字创建的西夏文字，写成西夏字书 12 卷。西夏大庆元年（1131）立为国字。西夏与宋朝交往用汉字，而对吐蕃、回鹘、张掖和交河的少数民族一律用西夏文。在西夏立国近 200 年历史中，西夏文在中国西北广为使用。西夏亡国后，也还长期流行。黑城出土的大批西夏文书，说明亦集乃是西夏文化的一个重要传播中心。1909 年，俄国西夏学家伊凤阁报道过黑城出土西夏文书。此后数十年来，代有人才出，陆续整理出一批批西夏文书。

1914 年夏，黑城再次遭到劫难。斯坦因从敦煌赶到黑城，在古城内外大肆发掘，又发现一批汉文、西夏文、藏文、波斯文和回鹘文手稿，壁画残片，大都是科兹洛夫的劫后之余，非常残破，年代主要集中在公元 1290—1366年。斯坦因在城内还发现了一张中统宝钞，据说是世界上最早的古钞。《马可波罗游记》第 24 章专门介绍元朝大量印制和使用纸钞。纸钞是中国的一大发明，宋代就开始使用。蒙古皇帝窝阔台和蒙古时期继承金朝的钞法，陆续印制钞币。忽必烈建立元朝后，在中统二年颁行交钞，以丝为本，同年十月发行中统宝钞，分十等，以钱为准。元朝灭南宋后，用中统钞倒换南宋的交子和会子，统一了中国币制。忽必烈的权臣阿合马为了搜刮民财，滥发钞

14-17

黑城附近的西夏佛塔

票。1276 年以来，每年印数从数 10 万膨胀至 190 万，中统宝钞迅速贬值五倍以上，导致全国范围内严重的通货膨胀。以前谁也没见过元代纸钞是什么样子的。黑城出土纸钞中居然发现八张元代宝钞。

斯坦因随后又到黑城西门外约 402 米处的佛塔遗址进行发掘。这个佛塔用砖砌筑，28 英尺见方，高约 7 英尺，但是佛塔已被科兹洛夫搞得破败不堪。斯坦因到底不虚此行，在这个地方又发掘出不少西夏文物。

黑水城可以说是一座古代宗教学博物馆。早在公元 5 世纪，印度佛教就传入居延。据《高僧传》记载，凉州西海郡延水人法献，俗姓徐，先随舅至梁州，仍出家。宋元嘉三年（475）到建业（南京）。此后，历经唐五代、西夏和元代，居延宗教仍以佛教为主。所以黑城出土文物绝大多数是佛教文物。黑城内外分布有 20 余座覆钵式佛塔，始建于西夏而沿用至元代。

1923 年，科兹洛夫出版黑城考察报告《蒙古、青海和哈拉浩特死城》。[12]黑水城文物运回圣彼得堡之后，艺术品入藏埃米塔什博物馆，文书入藏俄罗斯科学院东方研究所圣彼得堡分所图书馆，只有极少数文物放在展厅展出，等于重新埋在博物馆仓库里。1994年,黑城出土的八万件文物中的83件有幸重见天日,运到瑞士、德国、奥地利和台湾等地巡回展览,人们终于见到部分西夏文物的庐山真面目。[13]中国学者谢继胜近年出版《西夏藏传绘画》,全面总结了海内外学者对科兹洛夫收集品中的西夏唐卡的研究。[14]

北宋元丰五年(1082),西夏势力扩张到塔里木盆地的于阗。《续资治通鉴长编》卷一二三记载:"夏国提封一万里,带甲数十万,西连于阗,作我欢邻。"经过长达24年的圣战,这时于阗已在信仰伊斯兰教的喀拉汗王朝统治之下。尽管西夏和伊斯兰世界在于阗发生接触,但西夏以佛教立国,成为伊斯兰教东传的一道主要屏障。

元朝皇帝对各种外来宗教采取兼容并蓄的政策,加上元朝大量任用信仰伊斯兰教的色目人,伊斯兰教得以在元代传入中国内地。亦集乃城的伊斯兰教堂显然建于这个时期。

黑城出土至正二十二年(1362)文书《失林婚书案文卷》提到了亦集乃城的伊斯兰教堂。失林原是元大都(北京)的一位汉族姑娘,下嫁穆斯林商人脱黑尔,后来又被另一位穆斯林商人脱黑帖木作为义女收养。脱黑帖木想

14-18
黑城的元代伊斯兰教堂

把她和货物一起带回老家，这位北京姑娘不愿意远行。脱黑帖木就用十二锭中统宝钞将她改嫁穆斯林商人阿兀为妻。阿兀是亦集乃路礼拜寺答失蛮即奥丁哈属下回回包银户。失林随阿兀从北京来到遥远的亦集乃城。这件婚书提到的亦集乃路礼拜寺就是黑城西南角的穆斯林教堂，至今保存完好。此外，居延元代文书还提到侨居亦集乃城的穆斯林商人或军人，如亦不剌兴、马黑牟地、马哈麻等。马可波罗在元朝开国元年路过亦集乃城，他没提到这个城市有伊斯兰教堂。居延出土元统二年(1334)文书提到亦集乃礼拜寺的答失蛮出城迎接前来宣读圣旨的使臣，说明这个礼拜寺至少在1334年已经建成了，是中国最早的伊斯兰建筑之一。

总之，公元5世纪以来，居延逐渐成为东西方各种宗教交织荟萃之地。元代以来，佛教、景教和伊斯兰教在河西走廊长期共存，俨然成了东方的耶路撒冷。

注 释

〔1〕 林梅村：《汉代边塞遗址及其简牍的发现与研究》，赵化成、高崇文主编：《秦汉考古》，北京：文物出版社，2002年，页204—222。

〔2〕 《汉书·李陵列传》。

〔3〕 《汉书·匈奴传》。

〔4〕 林俊雄、森安孝夫：《シヴエートニオラーン遗迹》，森安孝夫等编：《モンゴル国现存遗迹·碑文调查研究报告》，大阪：中央ユーラッア学研究会，1999年，页141—142。

〔5〕 内蒙古考古研究所：《内蒙古文物考古工作的新进展》，《文物考古工作十年，1979—1989》，北京：文物出版社，页57—58。

〔6〕 《旧唐书·武宗本纪》。

〔7〕 林梅村：《汉唐西域与中国文明》，北京：文物出版社，1998年，页406。

〔8〕 《金史·完颜陈和尚传》。

〔9〕 2003年在香港工作期间，曾到香港大学冯平山博物馆观看实物。本文插图2引自冯平山博物馆简介《香港大学美术博物馆》中"元代景教十字架图"。

〔10〕 林梅村：《鄂尔多斯的景教遗存》，刘东主编：《中国学术》第十八、十九辑合刊，北京：商务印书馆，2005年。

〔11〕 白滨:《寻找被遗忘的王朝》,济南:山东画报出版社,1997年。

〔12〕 科兹洛夫著,王希隆、丁淑琴译:《蒙古、安多和死城哈喇浩特》,兰州:兰州大学出版社,2002年。

〔13〕 台北历史博物馆:《丝路上消失的王国——西夏黑水城的佛教艺术》,米兰:埃勒克塔印刷公司,1996年。

〔14〕 谢继胜:《西夏藏传绘画》,石家庄:河北教育出版社,2002年。

第十五讲

郑和海外遗迹

郑和家世

明代初年的西洋与满剌加大明海军基地

明朝与三佛齐的朝贡贸易

郑和葬地——古里

非洲的礼品

郑和舰队在波斯湾的登陆地

郑和宝物的最后归宿

郑和是中国历史上一位传奇人物,他出生于穆斯林家庭,在明朝宫庭当太监,1405年奉诏开洋,率领大明海军27000余人、百余艘战舰七下印度洋。在中东方向,最远航行到天方(今沙特阿拉伯的麦加),在非洲方向,最远航行到比剌(今莫桑比克)。历时二十八年,航程万余里,史称"郑和下西洋",堪称世界航海史的一大奇迹。

第一节 郑和家世

关于郑和的生平家世,《明史·郑和传》只有"郑和,云南人,世所谓三保太监者也。初事燕王于藩邸，从起兵有功，累擢太监"等，寥寥数语。1913 年，郑和父亲的墓碑《故马公墓志铭》在昆阳镇月山发现，这才道破鸿蒙，首揭郑和的真实家世。[1]

《故马公墓志》披露郑和家世说："公字哈只，姓马氏，世为云南昆阳州人。祖拜颜，妣马氏。父哈只，母温氏。公生而魁岸奇伟，风裁凛凛可畏，不肯枉己附人。人有过，辄面斥无隐。性尤好善，遇贫困及鳏寡无依者，恒保护给，未尝有倦容。以故，乡党靡不称公为长者。娶温氏，有妇德。子男二人：长文铭，次和。女四人。和自幼有才志，事今天子，赐姓郑，为内官太监。公勤明敏，谦恭谨密，不避劳，缙绅咸称誉焉。呜呼！观其子而公积累于平日与义方之训可见矣。公生于甲申年十二月初九日（1345 年 1 月 12 日），卒于洪武壬戌七月初三日（1382 年 8 月 12 日），享年三十九岁。长子文铭，奉柩安厝于宝山乡和代村之原。礼也。铭曰：身处乎边陲，而服礼仪之习。分安乎民庶，而存惠泽之施。宜其余庆深长，而有子光显于当时也。永乐三年（1405）端阳日资善大夫、礼部尚书兼左春坊大学士李至刚撰。"

原来，郑和本姓马氏，父亲名"哈只"，祖母姓"马"，母亲姓"温"，分别为阿拉伯语 Hajji（麦加朝觐者）、Mahmud（可嘉的）、Umu（妈妈）的音译。[2]郑和小字"三保"，[3]则来自阿拉伯语 Sabbur（至容的）或 Subbuh（受赞颂的）。[4]这块墓碑是郑和请朝中大学士李至刚撰写，内容出自郑和本人之口，那么郑和的母语很可能是阿拉伯语。

郑和祖父名叫"拜颜"，来自蒙古人姓氏"伯岳"（Bayan）或"伯岳吾"（Bay'ut）。据法国东方学家伯希和（P. Pelliot）考证，伯牙兀原来是居住在热河东北的一个蒙古部落，11—12 世纪迁往钦察草原的玉里别里后，自称"钦察人"。那么郑和祖父实乃入仕元朝的蒙古人，娶阿拉伯女为妻，而马家后来采用郑和祖母的姓氏。这家人可能在宋代末年，随蒙古骑兵"探马赤军"入滇，尔后在云南昆阳定居。[5]

郑和第三、四次下西洋之间，有一段空闲时间，借机返回故乡昆阳祭扫祖茔。他在《故马公墓志铭》碑阴右上角补刻《还乡扫墓记》。铭文说："马氏第二子太监郑和奉命于永乐九年（1411）十二月二十二日，到于祖家坟茔，祭扫追荐，至闰十二月吉日乃还记耳。"建文帝被朱棣赶下台后，一直下落不

15-1

云南昆阳出土《故马公墓志》

明。有传闻说他烧死在宫中，有的说他从暗道逃跑，削发为僧，往来于滇黔与巴蜀之间。明成祖始终放心不下，多次派心腹，以各种名义四方查访。郑和回云南的真正目的并非还乡扫墓，而是负有寻找建文帝下落的使命，所以《还乡扫墓记》说郑和还乡是"奉命"而行。《明史·郑和传》谈到郑和下西洋的原因，也归因于明成祖"疑惠帝亡海外，欲踪迹之"。

关于元代云南与麦加之间的交通路线，元末汪大渊《岛夷志略·天堂篇》说："云南有路可通，一年之上可至其地。西洋亦有路通，名为天堂。"[6]元代"西洋"指苏门答腊岛北端南渤里（今印尼亚齐）以西海域。《明史·西域传》也提到从海路到麦加的行程。其文曰："天方,古筠冲地,一名天堂,又曰默伽。不("水"之误)道自忽鲁谟斯(今波斯湾霍尔木兹),四十日始至;自古里(印度西海岸卡利卡特)西南行,三月始至。其贡使多从陆道入嘉峪关。"其中"不"字与"水"字形近而讹,可知明代初年中国与麦加之间有水路可通行。这条路从天方启程后,先到波斯湾霍尔木兹港,经南印度西海岸古里(今印度西海岸科兹科德),三个月可达中国,从福建长乐进入中国。《郑和航海图》就是从中国到麦加的水路交通图。正由于郑和的穆斯林家庭背景,使他得以进入大明舰队下西洋首选名单。

　　郑和之所以被选中统帅大明舰队,据说还因为他气度非凡。明成祖向术士袁忠彻询问郑和是否可以担当下西洋重任,答曰:"三保姿貌才智,内侍中无与比者。臣察其气色,诚可任。"袁忠彻在《古今识鉴》卷八还介绍说:郑和"身高七尺,腰大十围,四岳峻而鼻小,眉目分明,耳山过面,齿如编贝,行如虎步,声如洪钟,才负经纬,文通孔孟,博辩机敏,长于智略,知兵善战"。遗憾的是,郑和生前没有留下任何画像,无从了解他的音容笑貌。考古资料为我们研究郑和像提供了一些线索。1992年,在福建长乐明清显应宫的地宫内发现一组身着明代官服的彩塑人物像,高一米左右。发掘者起初根据《长乐县志》定名为巡海大臣(神)彩塑,近年有学者根据明代小说中的郑和像和有关明代衣冠制度的文献,提出这位巡海大臣可能

15-2
福建长乐显应宫出土郑和泥塑像

是郑和。[7]

关于明代太监的衣冠制度，《明史·舆服志》说："明初置内使监，冠乌纱描金曲脚帽，衣胸背花盘领窄袖衫，乌角带，靴用红扇面黑下桩……永乐以后，宦官在帝左右，必蟒服，制如曳撒，绣蟒于左右，系以鸾带，此燕闲之服也。次则飞鱼，惟入侍用之。贵而用事者，赐蟒，文武一品官所不易得也。"

罗懋登《三宝太监西洋记通俗演义》（1597）附有一些郑和画像。显应宫彩塑的衣冠容貌符合史书记载的太监衣冠，并与明代小说的郑和画像非常相似。洪武十九年（1386），明太祖命汤和巡视整顿海防。洪武二十年（1387），汤和在浙东、浙西设卫所，筑五十九城防倭。周德兴在福建筑城，增置巡检司防倭。明弘治《长乐县志》称这组神像为"巡海大臣"，所以有学者认为这组彩塑也可能是明代名将汤和像。问题是，汤和乃武官，而显应宫彩塑中心人物头戴三山帽，身穿蟒袍，俨然一付文官形象。明张燮《东西洋考》卷二记载："暹罗（今泰国）有三宝庙祀中官郑和。"新华社驻印度记者张讴在印度西海岸买到一尊穿明代官服，头戴三山帽的明代文官青铜坐像，也被认为是郑和像。[8]由此可见，明代中后期已将郑和神化，而显应宫彩塑很可能是目前所见最早的郑和像。

第二节　明代初年的西洋与满剌加大明海军基地

谈到郑和下西洋，首先得了解永乐、宣德年间对"西洋"是什么概念。坊间许多书籍乃至教科书往往根据《明史·渤泥传》，将"西洋"界定在汶莱以西海域。殊不知，《明史》是清人编修的，只能代表清代对西洋的地理概念，那么郑和下西洋时代又是如何区别东洋和西洋的呢？2004年12月26日，印度洋大海啸突然爆发，一夜之间二十多万人死于非命。这次大海啸爆发的源头，就在明代初年东洋与西洋的分界——印度尼西亚苏门答腊岛北端的亚齐，汪大渊《岛夷志略》重迦罗条译作"亚崎"；《明史·外国列传》苏门答剌条译作"哑齐"。

永乐二十二年（1424）正月，旧港故宣慰使施进卿之子济孙遣使丘彦成请袭父职，并言旧印为火所毁。上命济孙袭宣慰使，赐纱帽给花命带金织文

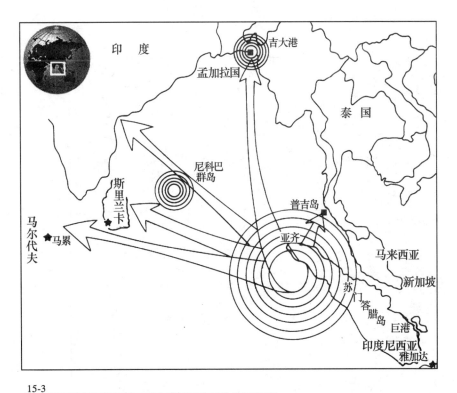

15-3

印度洋大海啸波及范围示意图

绮袭衣银印,令中官郑和赍往给之。[9]郑和这次出使最远到苏门答腊岛南部
的旧港,所以没算在通常所说"郑和七下西洋"之列,否则,郑和至少是八下
西洋。在《郑和航海图》上,亚齐写作"南巫里",来自马来语 Lambri,[10]元末
汪大渊《岛夷志略》作"南渤里"。明初对"西洋"的概念沿用《岛夷志略》的说
法,以南巫里西北海域的冒山岛为界。那么元末明初印度洋成了中国的内
海,郑和下西洋实际上就是巡航印度洋沿岸诸国。

　　满剌加在今天马六甲海峡的东岸,自古以来就是兵家必争之地。满剌加
国的创始人拜里米苏剌原系室利佛逝国王子,后来到马来半岛建立新王国;
建国之初,称臣于暹罗。永乐"七年,郑和奉敕,赐双台银印、冠带袍服,封为
满剌加国王,并封其国之西山为镇国之山,御制碑文"。[11]在《郑和航海图》
上,满剌加王宫标在马六甲河右岸一座小山上,葡萄牙人占领马六甲后,在

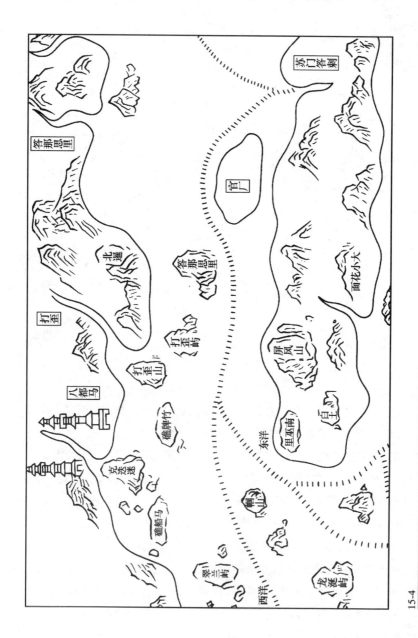

15-4

《郑和航海图》所标东西洋之分界

满剌加宫殿所在地建圣保罗教堂,因名"圣保罗山"。

马六甲人按照当地杆栏式建筑,在圣保罗山下复原了一座满剌加王宫,复原方案采用马来西亚本地杆栏式建筑,则与史实不符。众所周知,中国文化与日本、朝鲜、越南和东南亚等亚洲文化的关系,就像希腊文化与欧洲文化的关系一样,是东亚和东南亚文明的重要来源之一。东南亚本来采用杆栏式建筑,但是在中国文化影响下,尤其在郑和下西洋时代,许多东南亚国家采用中国式砖瓦建筑。

在汶莱考察渤泥国古迹时,我们在国家博物馆的仓库内见到一批中国式砖瓦,据说出自汶莱首府斯里巴加湾附近一个南宋至元明时代的货栈遗址。这个发现说明至少在元明时代,中国建筑艺术就传入了南中国海彼岸的渤泥国。同时,中国建筑艺术也传入马六甲海峡的满剌加王国。

1409 年,大明舰队返回中国前,郑和向满剌加国王赠送王宫用瓦。作为回报,满剌加国王允许大明海军在马六甲建立下西洋中转基地,以便日后远

15-5

圣保罗山与满剌加王宫

航。明嘉靖年间黄衷撰《海语》（1536 年成书）一书提到满剌加"王居前屋用瓦，乃永乐中太监郑和所遗者"。满剌加王宫未必是紫禁城那种皇家琉璃瓦建筑，但至少采用中国式砖瓦建筑。

郑和舰队有 27000 多水师，他们在马六甲停泊首先得补充大量淡水，那么满剌加大明海军基地想必建在有水的地方。俗话说："有山必有水，山有多高，水有多高。"马六甲几乎一马平川，只有两座小山丘。其一为圣保罗山，满剌加王宫建在此山，郑和舰队不会在这里建基地；另一为三保山，山下原有七口中国式古井，但是目前只有一口古井保存下来，俗称"三保井"。

据明弘治《长乐县志》记载，"天妃宫大井在县治西隔四十余步，太监郑和造井栏。"这口井已在长乐发现，我们从南京故宫发现的明宫井栏，也可看到明代井栏的形制，与三保井大同小异。显然，满剌加大明海军基地就在三保山，而山下这座中国式古井，为寻找大明海军基地所在地提供了重要线索。

关于满剌加大明海军基地，马欢《瀛涯胜览》说，"中国宝船到彼，则立排栅如城垣，设四门更鼓楼，夜则提铃巡警。内又立重栅如小城，盖造库藏仓廒，一应钱粮顿在共内。去各国船只回此处取齐，打整番货，装载船内，等候南风正顺，于五月中旬开洋回还。其国王亦自采办方物，挈带领头目，驾

15-6
南京明宫、长乐郑和造水井与三保山下中国式古井——三保井

船跟随宝船赴阙进贡"。三保山方圆三公里，当地人称 Bukit China（中国之丘）。英国人殖民马六甲时代，大明海军基地城楼尚在。"距马六甲市约一条石（原注：即一英里），有古城一座，建于山峰上，名为三宝城。城楼雉堞皆具，纯为中国式建筑。故志相传系明成祖二年（应为永乐三年，1405）太监郑和巡视南洋至马六甲所建"。[12] 凡此表明，满剌加大明海军基地就在三保山。海外华人把郑和视为精神支柱，马六甲的华人死后往往归葬郑和舰队当年的基地三保山，山上的华人墓最早可以追溯到明天启年间。目前三保山上建有一万两千多座华人墓葬，堪称海外华人最大的墓场。

据《西安东大寺碑》记载，西安清真寺教掌哈三被郑和聘为"通事"，也即阿拉伯语翻译。哈三向郑和建议，在马六甲港入口小山修建排栅城垣和仓库，作为远航印度洋的中转站。《郑和航海图》在马六甲河左岸标出一个叫"官厂"的地方，与满剌加王宫隔河相望。所谓"官厂"，就是哈三建议修建的郑和舰队仓库，或称"官仓"。据新加坡华侨陈达生调查，明代官仓遗址上后

15-7

满剌加大明海军基地所在地——中国之丘

15-8

满剌加官厂内的中国式古井

来开了一家印度银行，这家银行的院落内仍有两口中国式古井。郑和舰队当年确实在此地安营扎寨，但这里是否真为大明舰队官仓，仍需考古发掘才能确认。

为了保护好这个重要遗址，陈先生把这家印度银行买了下来，现已改建为郑和纪念馆。我的同事秦大树告诉我，马来西亚大学本来打算和北京大学联合发掘这个遗址。可是当年建印度银行时，为防止盗贼挖地道进入银行，在地下打了一两米厚的钢筋水泥，无法进行发掘，这项考古计划一直没有实施。

尽管马六甲的考察不尽人意，但是我们在马来西亚首府吉隆坡却有一个意外收获，考察了近年马来西亚水下考古发现的明初沉船。吉隆坡国家博物馆为这些沉船专门开辟展厅，陈列沉船中打捞出来的数以万计的文物。根据发现地点或船内文物，发掘者对这些古船重新进行命名。都灵号（Turiang，1370）和南洋号沉船（Nanyang，1380）年代最早，沉没于洪武年间（1368—1398）。龙泉号（Longquan，1400）沉于建文元年，巴礁号（Bakau，1403—1424）沉于永乐年间（1403—1424），皇家南海号（Royal Nanhai，1460）

沉于天顺年间(1457—1464)。宣德号(Xuande,1540)的年代最晚,沉没于嘉靖年间(1522—1566)。[13]

为防倭患,明初实施"片板不得入海"的禁海政策,但是民间走私活动却屡禁不止。明洪武六年(1373),大海盗张汝厚、林福"自称元帅,劫掠海上"。他们浮海到东南亚走私苏木(古代染布的木材),占城(今越南南部)国王阿答阿者出兵伏击,"获其船二十艘,苏木七万斤"。[14]马来西亚海域发现的明初沉船,除皇家南海号外,多半是民间走私船。靖难之役后,明成祖朱棣从侄儿那里非法夺得王位,但是建文帝却"活不见人,死不见尸",传国玉玺也下落不明。明成祖怀疑建文帝搭乘民间走私船亡命海外,《明史》也把郑和下西洋的目的,说成是"成祖疑惠帝亡海外,欲踪迹之"。礼部左侍郎胡濙于永乐十七年(1419)复出巡江浙湖湘诸府,"是年还朝,驰谒帝于宣府。帝已就寝,闻濙至,急起召入。濙悉以所闻对,漏下四鼓,乃出。先濙未至,传言建文帝蹈海去,帝分遣内臣郑和数辈浮海下西洋,至是疑始释"。[15]

如果真是这样,巴礁号沉船就应给予更多的关注。这条船是 1999 年在

15-9
马来西亚海域发现的明代官船——皇家南海号复原图,1460 年

加里曼丹海峡巴礁岛(Bakau Island)附近海域发现,故名"巴礁号"。费信《星槎胜览》(成书于1436年)称此地为"假里马打国"。据沉船内中国钱币和碳14年代测定,巴礁号沉没于永乐年间。除龙泉窑瓷器外,船内还发现泰国和越南瓷器,可见是民间走私商船。

郑和率领的大明舰队历尽艰难险阻,有些船不幸遭遇海难。清初《针位编》钞本残卷记载:"永乐十九年奉圣旨,三保信官杨敏,字佛鼐,泪郑和、李恺等三人往榜葛剌等番邦,周游三址六国公干,至永乐二十三年,忽遇风浪。"看来,郑和船队中有一条船从永乐十九年(1421)启航,至永乐二十二年(1424)尚未返航,而且遇到风浪。20世纪70年代,在西沙群岛北礁岛发现过一条郑和时代的沉船。从中打捞出汉至明代铜钱七八十种,总计403.2公斤,同时还发现铜锭、铜镜、铅块等明初文物。这条沉船内有新发行的永乐通宝,显然沉没于永乐年间,研究者甚至认为这条船可能属于郑和舰队。[16]

第三节　明朝与三佛齐的朝贡贸易

印度尼西亚古称"三佛齐",元代以来,中国东南沿海许多贫苦百姓,纷纷浮海到三佛齐谋生。大多数人入乡随俗,在当地安居乐业,但是也有人铤而走险,入海为盗。为了维护中国与东南亚朝贡的顺利进行,大明海军在三佛齐进行过两次维和行动。

永乐四年(1406),郑和在三佛齐侨领施进卿的帮助下,一举擒获海盗头目陈祖义。据何乔远《名山藏·王亨记》,"广东人陈祖义,故有罪,亡入某国,久之,亦有众。"大明舰队出访巨港时,陈祖义试图抢劫郑和宝船。"永乐三年(1405),统领舟师至古里等国,时海寇陈祖义聚众三佛齐国,劫掠番商,亦来犯我舟师,即有神兵阴助,一鼓而殄灭之,至五年回。"[17]郑和擒获陈祖义得到当地侨领施进卿的帮助。明成祖遂"设旧港宣尉使司,命(施)进卿为宣尉使,赐印诰、冠带、文绮纱罗"。[18]宣尉使司是明朝在边远少数族地区设置的行政管理机构,如云南宣尉使司。在东南亚,明成祖只在苏门答腊岛设置过这种地方行政机构。16世纪初,阿里·阿克巴尔甚至把苏门答腊—阇婆当作中国十二个省中的第十个省。他在《中国纪行》中写道:"阇婆是来自默伽(麦加)——秩达(吉达)以及中东其他港口和印度的舶船都在那里抛锚的港口。因为中国的船只停泊处要依靠苏门答腊人。"[19]

永乐十三年（1415），郑和在苏门答腊发动第二次剿灭海盗的维和行动。据《明太宗实录》卷九十七，这年"七月，郑和第四次奉使西洋诸国归还。九月，郑和献所获苏门答腊贼首苏干剌等于行在。兵部尚书方宾言苏干剌大逆不道，宜付法使正其罪，遂命刑部按法诛之"。郑和在三佛齐两次剿灭海盗，保障了明朝与东南亚诸国朝贡贸易的顺利进行。

为此，我们请北京故宫博物院的朋友帮助查找三佛齐朝贡的红珊瑚的下落，据说故宫仓库内的红珊瑚有上百件之多，最大的一棵高99厘米（加盆

15-10

仇英《职贡图》所绘三佛齐使团

高），地表高 64.5 厘米。由于这棵红珊瑚树太大，找不到合适的展柜展出，目前暂时放在库房里。这些红珊瑚的来历不详，只有清代标签。中国不产红珊瑚。郑和七下西洋结束后，明朝与西洋诸国大规模朝贡贸易亦寿终正寝，此后不再有西洋使者朝贡红珊瑚，所以郑和下西洋时代中国与西洋诸国大规模朝贡贸易的历史见证，恐怕就在故宫库房上百件红珊瑚之中。

据《瀛涯胜览·阿丹国》记载，郑和在红海之滨的阿丹国（今也门亚丁）"买得重二钱许大块猫眼石，各色雅姑等异宝，大颗珍珠，珊瑚树高二尺者数株，又买得珊瑚枝五柜、金珀、蔷薇露、麒麟、狮子、花福鹿、金钱豹、驼鸡、白鸠之类而还"。那么北京故宫收藏的最大的红珊瑚树究竟来自阿丹国，抑或三佛齐国的贡品？仍需海洋生物学家最后确定。

目前尚未发现旧港宣尉使司遗址，我们只得在印度尼西亚各地博物馆寻找与郑和下西洋有关的文物。在考察雅加达国家博物馆藏品时，我们有幸发现两件景德镇御窑厂烧造的青花大盘，年代皆在郑和下西洋时代。一件为永乐窑青花缠枝葡萄纹菱花口盘，另一件为永乐窑青花缠枝花卉菱花

15-11
北京故宫博物院藏红珊瑚树

口盘,北京故宫博物院藏有与这两件完全相同的青花大盘。[20]据展品标签,两者皆出自苏门答腊岛,也即郑和多次造访的三佛齐。明初菱花口青花大盘是永乐皇帝用来赏赐西洋诸王的礼品,在海外只见于伊朗王宫和奥斯曼帝国从埃及掠夺的青花瓷器群。因此,这两件永乐窑青花大盘完全可能是郑和舰队带给旧港宣慰使的礼品。

15-12

雅加达国家博物馆陈列的永乐窑青花大盘

　　明太祖朱元璋立下《皇明祖训》,告诫后世子孙说:"四方诸夷,皆限山隔海,僻在一隅,得其地不足以供给,得其民不足以使令。无故兴兵,致伤人命,切记不可。"[21]尽管中国舰队有称霸海上的足够实力,但是郑和下西洋的目的并非贸易,而是为了"通西南海道朝贡,宣德化而柔远人",把明成祖的登基消息昭告天下,制造"万国来朝"的太平盛世景象。永乐二十一年(1423),北京城竟然出现十二国一千两百名外国使节一起朝贡的盛大场面。[22]因此,郑和率领的27000水师根本不是西方意义上的"地中海型"的海军,它同西方海军的根本差异在于:中国水师是以大河流域灌溉型农业文明为生存基础,与农耕生活方式不构成相互依赖之关系,郑和舰队的首要任务是文化传播、政治炫耀,让"犹未宾服之远者"来中国朝贡。西方海军则与其国家生存构成相互支撑、相互依赖的关系,是国家商业行为在军事领域的延续。

第四节　郑和葬地——古里

　　1982 年郑鹤声、郑一钧在北京图书馆柏林寺分馆,首次发现有关郑和卒年和葬地的重要文献,此文作为附录收在万历年间落第文人二南里人(罗懋登)撰《新刻全像三宝太监西洋记通俗演义》一百回本第二十卷末,原文写于天顺元年(1457)。早在 1929 年,北京大学向达教授就向学界介绍过这条郑和史料。可惜明刻本不好找,他没有找到原文。郑鹤声、郑一钧在柏林寺发现的三山道人刻本,字迹模糊,录文不无鲁鱼亥豕之讹。1982 年,台北天一出版社刊布了万历丁酉刻本,字迹比较清楚。根据这个刻本,我们澄清了许多重要史实。据《非幻庵香火圣像记》记载,郑和在"宣德庚戌(宣德五年,1430),钦承上命,前往西洋,至癸丑岁(宣德八年,1433),卒于古里国"。

　　古里之名来自南印度西海岸科兹科德的古称 Calicut(卡利卡特),郑和前三次下西洋的目的地皆为古里。祝允明《前闻记》的有关记载表明,郑和

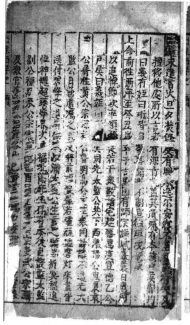
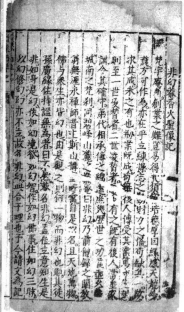

15-13

《非幻庵香火圣像记》三山道人刻本

的忌日当在大明舰队返航古里之时——宣德癸丑岁（宣德八年 1433）三月十一日至二十日，也即公元 1433 年 3 月 31 日至 4 月 9 日之间。[23]

所谓"非幻"，是南京碧峰寺一位禅师的法号，为郑和生前好友。《三宝太监下西洋通俗演义》的主人公碧峰老人，就是以非幻禅师为原型塑造的神话人物。碧峰寺故址在南京市雨花台小学。中央台摄制组实地采访时，只见到"断井残垣"和一块湖石。在南京明宫遗址内有许多类似的湖石。不过，我们从明代地方志《洪武京城图志·庙宇寺观》仍可看到碧峰寺的平面图。

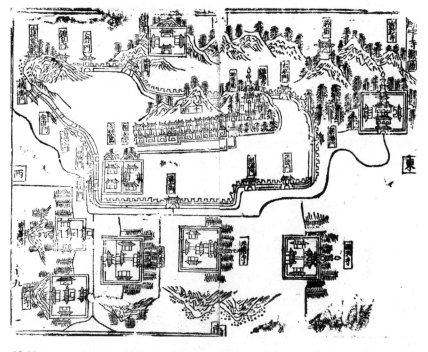

15-14

《洪武京城图志·庙宇寺观》之碧峰寺图

湖石是东南亚特产，唐宫廷画师阎立本《职贡图》上，就绘有昆仑奴朝贡湖石的场景。据文献记载，"碧峰寺非幻庵，有沉香罗汉一堂，乃非幻禅师下西洋取来者，像最奇古，香火异常。万历中有人盗其一，僧不得已，以他木雕成补之。后忽黑夜送回前像，罗汉之灵异可推矣"。[24]非幻禅师早年随郑和下过西洋，那么碧峰寺内湖石完全可能是非幻禅师从西洋带回的舶来品。

这位法师圆寂后，葬在碧峰寺一所庙宇内，因名"非幻庵"。宣德五年（1430），郑和第七次下西洋前夕留下遗言，打算把家中供奉的一批佛教造像和各种法器，在他死后全部捐给非幻庵。所谓"圣像"就指郑和准备捐给非幻庵的佛像。从内容看，这份文献应是南京牛首山法师宗谦与郑和养子郑均一起执行郑和遗嘱的记录，原来可能抄在碧峰寺某个墙壁上。明天顺年间李昭祥编《龙江船厂志》提到郑和有个孙子，名叫郑灏招，他把郑家菜地盗卖给一个叫"宋谦"的人。此人似即《圣像记》提到的"宗谦"，因字形相近而致误。[25]

郑和首航古里的目的，是送古里王子马那必加勒满（Mana Vikraman）回故乡，他被明成祖封为古里新王。郑和还在古里封禅勒铭，并有建碑亭一所。碑文曰："此去中国，十万余程，民物咸若，熙嗥同情，永乐万世，地平天成。"[26]早在朱罗王朝（Chera Dynasty）时代，古里就以 Kallikkottai 之名进入历史舞台，属于泰米尔人分布区。朱罗王朝灭亡后，南印度泰米尔地区分裂。据印度史料，古里当时由两个分别叫做恩纳德（Ernad）和伯拉提里（Polatthiri）的国王割据，两国之间的争斗长达四十八年之久，最后以恩纳德国王大获全胜告终。大约 13 世纪，恩纳德国王在一个叫做威拉普兰

15-15

古里的印度教神庙

（Velapuram）的海滨建立城堡，当地人俗称 Koyil-Kotta（宫殿堡）。今天古里的名称"科兹科德"（Kozhikode）即来源于此。不过，东西方对这个王国称谓相当混乱，阿拉伯人称 Kalikat（《伊本·巴图泰游记》），中国人称"古里佛"（《岛夷志略》），达·伽玛谓之"扎莫林"（Zamorins），而西方人通称"卡利卡特"（Calicut）。[27]

古里国王信仰印度教，不吃牛肉，但是他并不禁止侨居古里的阿拉伯人信仰伊斯兰教。据马欢《瀛涯胜览》记载，"其国王、国人皆不食牛肉，大头目是回回人，皆不食猪肉。先是，王与回回人誓定，尔不食牛，我不食猪，互相禁忌，至今尚然"。

15-16

郑和葬地古里海滨

古代远洋航海有个不成文的规定：凡在海上去世者，皆就地处理，以免疾病传播。北宋朱彧《萍洲可谈》记载："舟人死者忌死于舟中，往往气未绝，便卷以重席投水中"。所以郑和遗体葬在了古里，只将一束头发和若干衣物运回，南京牛首山脚下郑和墓只是后人为郑和建的衣冠冢。

1497 年 4 月 24 日，达·伽马率葡萄牙舰队从东非马林迪启航，在阿拉伯导航员伊本·马基德的引导下，乘着印度洋季风，5 月 20 日抵达印度西海岸的古里。葡萄牙人随即在印度西海岸古里、果阿等地建立基地,开始了殖民东方的历史。为纪念达伽马首航古里,印度人还在葡萄牙人在古里的登陆地卡帕特(Kappad)立碑纪念。

古里南边的柯钦(Cochin)是印度西海岸另一座重要海港。郑和每次下西洋都从柯钦北上古里,《郑和航海图》称作"柯枝"。达·伽马(Vasco de Gama)死在柯钦,起初葬在当地一所教堂内,若干年后才把遗体迁葬回葡萄牙。如今这所教堂成了欧洲旅游者凭吊达·伽玛的旅游胜地之一。

人类进入大航海时代以后,欧洲与印度和中国在海上建立了直接联系,而古老的丝绸之路则彻底走向衰败。埃及、美索不达米亚等具有数千年文明史的人类古文明发源地,由此从文明的中心沦落为文明的边缘。

尽管郑和舰队比达·伽马绕好望角到达古里早九十三年,但是印度西海岸却没有任何郑和的纪念物。中国人在印度西海岸留下的唯一遗迹,唯有柯钦海滨古老的中国式渔网。从台北故宫博物院藏五代赵幹《江行初雪图》上,我们仍可见到这种古老的中国渔网。

至元七年(1347)阿拉伯旅行家伊本·巴图塔在古里等候中国海舶前往东方。据说"古里港内停泊着十三艘中国船。中国舶非常大,大的可挂十帆,

15-17

达·伽玛在印度西海岸的葬地——柯钦教堂

15-18

台北故宫博物院藏五代赵幹《江行初雪图》局部

15-19

南印度西海岸柯钦的中国式渔网

小的也挂三帆。船内分隔出许多小舱,可载千人"。[28]

在南亚次大陆南端的科摩林角帕德玛南巴普兰王宫御膳房内,至今保存着一批明代文物,包括十二件陶器和一个宣德炉。[29]据说是郑和当年送给甘巴里国王的礼品。如今印度西海岸唯一与中国相关的东西,只有柯钦人在海边捕鱼的古老的中国式渔网,而且成为印度西海岸一个著名的旅游胜地。

15-20
印度南端甘巴里王宫藏郑和时代的文物

第五节 非洲的礼品

郑和七下西洋最远航行到非洲,目的无非是为永乐、宣德皇帝采购龙涎香、长颈鹿以及青花料"苏渤泥青"。

龙涎香是一种从雄性抹香鲸病胃中分泌出的一种蜡状物质,生成于抹香鲸的肠道中。抹香鲸基本食物是枪贼鱼类。在消化过程中,枪贼鱼尖嘴往往刺伤抹香鲸的肠道,所以它们从肠道中分泌出龙涎香,以便医治伤口。龙涎香从鲸的肠道中慢慢穿过,排入海中或者从抹香鲸死后的尸体中落入水中。从刚死亡的抹香鲸肠道中取出的龙涎香毫无价值,它必须在海水中浸泡几十年（龙涎香比重轻于水）才会身价百倍。有的龙涎香块在海水中浸泡时间长达百年以上。身价最高的是白色龙涎香，而价格低廉的龙涎香呈褐色，只在海水中浸泡了十来年。据化学分析，龙涎香由衍生的聚萜烯类物质构成，具有沁人肺腑的芳香，不少花香和树脂清香是由含有萜烯化合物而生成的。

埃及法老、阿拉伯和印度的王公贵族喜好龙涎香，阿拉伯人称"安伯儿香"（Ambergris）。波斯和阿拉伯海商把龙涎香传入中国，唐代称"阿末香"，南宋赵汝适《诸蕃志》始称"龙涎香"。龙涎香在中国属于名贵药材。明初《回回药方》著录了许多用龙涎香配制的药方，包括萨珊波斯宫廷秘方——库思老化食丹。据李时珍《本草纲目》，龙涎香可以"活血、益精髓、助阳道、通利血脉"。中医把龙涎香当作"化痰、散结、利气、活血"的中成药。

龙涎香在东方只用作宫廷秘方或中成药，但是在西方却造就了法国的

15-21

东非海域的抹香鲸

香水工业。法国香水之所以风靡世界,最大的奥秘就是使用龙涎香。正如世界宝石市场被南非德比尔斯公司所垄断一样,世界龙涎香市场控制在世界最大的化妆品生产国——法国手中,而且掌握在让·皮埃尔·普齐奇杰这位长年从事动物产芳香物质交易的世界香水巨商手中。在海上或是在海岸找到的龙涎香块,依质量每千克价值1万—4.5万法郎,转手出售给化妆品制造商,则可获利6万—10万法郎。这是一千克黄金的价格。15年前,每年进入世界市场的龙涎香大约600千克,如今不足100千克。单是法国罗莎(Rochas)化妆品公司一家,每年就要消耗大约20千克。巨大的市场需求,导致抹香鲸总数锐减以及天然龙涎香产量急剧下降。[30]

东非有两个海域出产龙涎香:一处在马达加斯加岛附近;另一处在拨拨力国——今索马里北部帕培拉城(Barbarah)附近,南宋赵汝适《诸蕃志》称作"弼琶啰国"。郑和下西洋的一个重要任务,就是为永乐帝采购龙涎香,所以郑和舰队多次远航盛产龙涎香的东非。

郑和舰队远航非洲的第二个目的,是捕捉长颈鹿。事情的起因是这样的:1414年,孟加拉国新王赛弗丁继位,永乐帝派宦官杨庆和费信前往祝贺新王当政,并册封其王号。作为回报,赛弗丁送给明成祖一头长颈鹿。永乐十九年(1421)明成祖迁都北京;以南京为留都。同年10月,东非麻林迪商人又向永乐帝进献了第二头长颈鹿。当长颈鹿运抵北京时,在朝野引起极大轰动。翰林院大学士沈度当场写生,并题诗颂扬非洲人称长颈鹿为Girin,与中国古代表示祥瑞的灵兽"麒麟"发音相同。明成祖大喜过望,在承天门(清代称"天安门")亲自接收这件来自非洲的礼品,随即派郑和第五次下西洋,送麻林迪使团返回非洲。[31]

郑和舰队最后一次下西洋,有一条装载三百人的分遣舰船在东非海域沉没。《明英宗实录》卷一六九正统十三年(1448)记载:"府军卫卒赵旺等自西洋还,献紫檀香、交章叶扇、失勒勒叶纸等物。初,旺等随太监洪保入西洋,舟败,漂至卜国,随其国俗为僧。后颇闻其地近云南八百大甸,得间遂脱归。始西洋发碇时,舟中三百人,至卜国仅百人。至是十八年,惟旺等三人还。上赐之衣、钞,令为僧于南京报恩寺"。[32]据台湾学者陈国栋考证,卜国就是《明史·成祖本纪》提到的"不剌哇"。[33]《郑和航海图》标注的"卜剌哇"，在今索马里的布腊瓦（Brawa）。据《长乐天妃灵应碑记》记载，"卜剌哇国进千里骆驼，并驼鸡。"八百大甸或称"八百宣慰司"，在今泰国清迈（Chiang mai）。[34]另据《明英宗实录》正统元年九月记载：都知监太监洪保"请度家人为僧"，得到批准，"凡度僧二十四人"。故知洪保率领的分遣舰队没有在非洲全军覆没，洪保本人在正统元年（1436）以前回到国内，而他手下三百名水兵却在卜剌哇遇难，最后只有赵旺三人历尽艰辛，经泰国、云南返回。

早在公元8—9世纪，中国陶瓷就远销北非埃及、东非肯尼亚和坦桑尼亚。在肯尼亚的曼达岛（Manda）、坦桑尼亚翁古贾·库（Unguja Ukuu）发现了晚唐五代时期长沙窑外销瓷。明清时期，中国青花瓷在非洲风靡一时，甚至被当地酋长镶嵌在陵墓上。郑和舰队远航非洲，极大地加强了中国与非洲的文化交流。[35]大明海军遇难地点——卜剌哇距肯尼亚的拉茂岛不远。西方新闻界盛传拉茂岛有中国人后裔似乎有一定史实根据。从《明实录》披露的材料看，他们有可能是大明海军遇难水手的后裔。

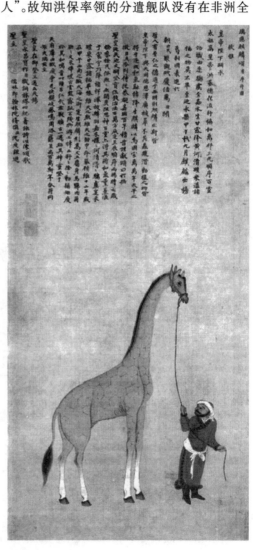

15-22

永乐朝大学士沈度的《麒麟图》

第六节　郑和舰队在波斯湾的登陆地

　　郑和时代,霍尔木兹海峡在中亚帖木儿帝国(1370—1506)失剌思藩王统治下,《郑和航海图》称"忽鲁谟斯"。1415 年,失剌思新王易不拉辛·苏尔坦继位,也即《明史·西域传》所称"亦不剌金"。波斯湾古港口原来在尸罗夫(Shiraf),但是这座古港口在公元 977 年毁于大地震。此后,波斯湾的国际贸易港转移到霍尔木兹海峡的吉什姆岛(Kishma)。意大利旅行家马可波罗从泉州到波斯,就在吉什姆岛的港口登陆。大明海军也在这个岛上建立基地和官厂,与波斯和阿拉伯人贸易。

15-23

西方古地图上的吉什姆岛,约 16 世纪

明成祖多次北征蒙古草原,需要大批战马。波斯马在西亚本来吃小麦,但是到了中国改吃小米。谁料想,一方水土,养一方人;即便在小米中加入助消化的大黄,波斯马在中国也多活不了几年。明王朝需要不断进口大批波斯战马,所以郑和下西洋一个重要任务是购买波斯马。

1293 年,意大利传教士约翰·马黎诺里(John de Marignoli)奉命从陆路来华,在元上都向元顺帝献马,这匹马被元代画师描绘并题诗赞扬。马黎诺里后来取道海路回国,他在游记中写道:"临行时,皇帝赐予我们大量食物,马二百匹。我们经蛮子国(中国南方)而归……我们渡过印度洋来到印度一最繁华的城市,名高郎步(俱蓝,今印度西海岸)"。[36]

15-24

波斯马

无论如何,从海路贩马是可行的。为此,郑和下西洋船队专门设计了一种"马船"。据明李东阳(1477—1516)《怀麓堂集·杂记一》记载,"南京马船大如屋,一舿能容三百斛,高帆得势疾若风,咫尺波涛万牛足。官家货少私货多,南来载谷北载齹,凭官附势如火热,逻人津吏不敢诘"。[37]元末汪大渊《岛夷志略》记载:"甘埋里,其国迩南冯之地,与佛朗相近。乘风张帆二月可至小俱喃。其地船名为马船,大于商舶,不使钉灰,用椰索板成片。每舶二三层,用板横栈,渗漏不胜,梢人日夜轮戽水不使竭。下以乳香压重,上载马数百匹,头小尾轻,鹿身吊肚,四蹄削铁,高七尺许,日夜可行千里。所有木香、琥珀之类,均产自佛朗国来,商贩于西洋互易。去货丁香、荳蔲、青缎、麝香、红色烧珠、苏杭色缎、苏木、青白花器、瓷瓶、铁条,以胡椒载而返。椒之所以贵者,皆因此船运去尤多,较商舶之取,十不及其一焉。"马船比一般商船要大,但是尺寸史无明载。按照罗懋登小说《西洋记》的说法,马船比郑和乘坐的大宝船要少一桅,采用八桅,或称"中等宝船"。全长三十七丈(约合 104.7 米),宽十五丈(约合 42.4 米),吃水深 7.6 米;排水量 14586 吨,载重 7000 吨。马船不单运马,也可以用来运送在西洋各国采购的珍禽异兽。

波斯马市在失剌思(今伊朗设拉子),所以郑和最后四次下西洋,把大明海军基地建在霍尔木兹。郑和第四次(永乐十一至十三年,1413—1415)、第五次(永乐十五至十七年,1417—1419)和第六次(永乐十九至二十年,1421—1422)下西洋,皆以霍尔木兹为基地。费信《星槎胜览》记录了这个港口进出口货物的清单,包括丝绸、青白花瓷和香料等。伊朗首都德黑兰的考古博物馆藏有明初青花瓷的传世品,包括郑和宝船运到中东的青花瓷。

霍尔木兹海峡的考古调查始于 1930—1931 年,英国考古学家斯坦因在这里发现许多明代初年的中国陶瓷,尤其是青花瓷片。近年法国考古队在霍尔木兹的属国朱尔法(阿联酋 Julfar)进行考古发掘,发现多次重建的清真寺、军事戍堡,从中发掘出 1280 片远东陶瓷,包括中国的青瓷、青花瓷、白瓷和青白瓷以及东南亚(泰国、缅甸和越南)陶瓷,年代约在公元 14—16 世纪。

自郑和第四次下西洋,大明海军开始进入波斯湾海域,基地设在霍尔木兹海峡的基什岛。法国考古队在阿联酋发现的明初青花瓷,完全可能是郑和舰队带到波斯湾的。[38]大批明初青花运到波斯后,随即对波斯艺术产生影响。伊斯坦布尔市托普卡普王宫收藏的 15 世纪波斯细密画《画册》(siyah qalam)中,就有波斯人使用明青花的场景(插图 15-25)。郑和第七次下西洋还派分遣舰队驶入红海,在阿拉伯半岛的秩达(沙特阿拉伯的吉达港)登陆,造访伊斯兰圣地——麦加。尽管郑和舰队没有出访埃及,但是阿拉伯半岛的半壁江山当时在埃及麦木鲁克苏丹王朝(1252—1517)统治下,元末汪大渊《岛夷志略》称"马鲁涧国",并说该国"民乐业而富,商业繁荣,而市无扰攘之患"。

15-25

15 世纪波斯细密画所见明青花,托普卡普王宫藏品

麦木鲁克王朝定都开罗,时称"米昔儿",[39]而郑和舰队带到阿拉伯半岛的中国宝物最后流入埃及开罗城。开罗附近福斯塔特遗址出土过郑和时代的青花瓷片。日本学者将福斯塔特遗址采集的一个永乐窑缠枝菊纹青花盘残片归入埃及白釉蓝彩瓷,不一定正确。北京故宫博物院藏有同类青花大盘的完整器物,据明清陶瓷专家耿宝昌研究,属于永乐年间景德镇御窑厂的

产品。[40]

《郑和航海图》标有十座阿曼城镇,包括佐法儿(Zufal)、阿胡那、大湾(今马西腊, Masira)、迭微(今提微, Tiwi)、古里牙(今古拉伊亚, Quraiyat)、麻实吉(今马斯喀特, Mascut)、龟屿(今马斯喀特附近 Fahl 岛)、亚束灾记屿(今提埃摩尼雅特岛, Daimaniyat)和撒拉末屿(今沙拉马, Salama)。霍尔木兹王国第二首府位于阿曼苏尔城东面一个古港口,西方史料称 Qalhat(卡勒哈特),《郑和航海图》称"迭微",尚存拱北式伊斯兰建筑和古城墙。马可波罗和阿拉伯旅行家伊本巴图塔以及大明舰队先后访问过这座阿拉伯名城。

阿曼盛产乳香,欧洲人称为 Frankincense,印度人称 Kunduruka。这是一种树脂香料,外形呈乳突状,故称"乳香"。乳香属于名贵香料,中国医师将其入药,治疗各种烂疮。《历代名画记》的作者张彦远还将乳香掺入浆糊裱画,以防虫蛀。乳香是中国从阿拉伯进口的主要香料之一,自汉代就开始进口,广州南越王墓就出土了许多乳香。汉唐时代,乳香主要用来佛寺烧香和家庭

15-26

霍尔木兹王国陪都——阿曼卡勒哈特古城的伊斯兰拱北

改善空气,宋代大量进口,明代达到高峰。乳香树不能人工栽培,由于过度开采,目前也濒临绝迹。

也门是阿拉伯文明的发源地,世界各大博物馆或图书馆都收藏有也门文物。郑和时代,也门在拉施鲁王国(Rasulids, 1229—1454)统治之下,首都在塔伊茨(Taizz);主要港口在亚丁湾,《郑和航海图》称"阿丹"。亚丁湾,自古以来就是阿拉伯半岛与印度、中国交通的主要港口,以盛产红珊瑚而闻名于世。

在以往的研究中,郑和研究主要凭借中文史料,20 世纪 70 年代日本学者家岛彦一终于打破这个僵局。1970 年,日本东京外国语大学海外调查员家岛彦一(现为早稻田大学特聘教授)在巴黎法兰西图书馆意外发现郑和舰队三次造访拉士鲁王国阿丹港的史料;年代分别在明成祖永乐十六年(1418年 12 月 30 日)、永乐二十年(1423 年 1 月 31 日)以及明宣宗宣德七年(1482年 2 月 28 日)。这批封尘已久的重要档案,目前编号为巴黎阿拉伯语手稿第

15-27

法兰西图书馆藏阿拉伯文郑和下西洋档案

4609 号（MS Paris No. Arabe 4609），属于也门拉施鲁王朝苏丹马立克·扎希尔时期档案。[41]为此，我们在 2005 年初到东京采访了家岛彦一教授。据他介绍，这批档案原来应该保存在也门古都塔伊茨某个清真寺的图书馆。有报道说，这家图书馆还发现了汉文郑和档案，但是他几次到塔伊茨察访，都没有发现。

第七节　郑和宝物的最后归宿

1453 年，奥斯曼帝国攻陷君士坦丁堡，东罗马帝国灭亡。通往东方的陆上和海上商路分别被土耳其人和阿拉伯人控制。奥斯曼帝国随即大规模扩张，相继占领亚美尼亚、格鲁吉亚、叙利亚、埃及、巴格达、美索不达米亚、的黎波里、阿尔及利亚、希贾兹和也门等地。

1517 年，奥斯曼大军攻入开罗，屠杀城内所有俘获的麦木鲁克人，埃及并入奥斯曼帝国版图，而伊斯兰圣城——麦加和麦地那也成为奥斯曼帝国的一部分。于是，麦木鲁克王宫和波斯王宫中积累了数百年的各种宝物，全被奥斯曼远征军洗劫一空。土耳其伊斯坦布尔城市中心矗立的古埃及方尖碑，就是奥斯曼军队掠夺埃及的历史见证。

15-28 拜占庭首都君士坦丁堡古城墙

伊斯坦布尔城老王宫——托普卡普王宫御膳房内珍藏了大批永乐、宣德年间烧造的青花瓷器，相当一部分是 1517 年以来奥斯曼军队从埃及、伊朗等中东国家掠夺的。[42]

我们感兴趣的是永乐、宣德年间景德镇御窑厂烧造的青花瓷。烧造青花瓷的钴料来自中亚和波斯，所以明朝开国后一直试图与西域诸国交往，但没有取得令人满意的效果，优质青料的来源中断。洪武时期景德镇御窑厂在生产青花瓷时只好使用元代库存或选剩的钴料，使得洪武青花瓷器的呈色没有元青花那样浓艳。这种情况直到永乐朝通西域以后才有所改变。

万历年间王世懋编《窥天外乘》也认为，永乐、宣德年间景德镇御窑厂才正式烧造青花瓷。他说："宋时窑器，以汝州为第一，而京师自置官窑次之。

15-30
托普卡普老王宫

我朝则专于浮梁县之景德镇,永乐、宣德间,内府烧造,迄今为贵。其时以棕眼、甜白为常,以苏麻离青为饰,为鲜红为宝。"在奥斯曼帝国老王宫御膳房

15-31
托普卡普老王宫御膳房藏洪武窑青花缠枝菊纹大碗

内,我们只见到一件青花缠枝菊纹大碗,可能属于洪武时代,其余皆为永乐、宣德时代的产品。

许多朋友是从黄仁宇撰写的《万历十五年》来了解明代中国的。殊不知,万历十五年(1587)以前的中国,与黄老先生笔下那个

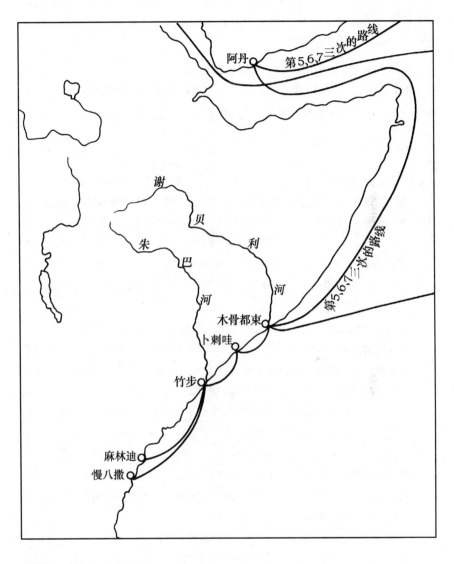

阿丹

第5,6,7三次的路线

谢
贝
利
河

朱
巴
河

木骨都束

卜剌哇

竹步

麻林迪

慢八撒

第5,6,7三次的路线

15-32

《郑和航海图》的东非登陆地

没落的中国截然不同。具有数千年文明史的中国在明代前期进入巅峰时代，永乐年间（1403—1424），明朝第三代皇帝——明成祖朱棣将中央集权的东方大帝国推向巅峰，创造了许多中国乃至世界之最，史称"大明帝国的奇迹"。

我们今天见到的一些庞大的古代建筑工程（如北京紫禁城、北京十三陵、明万里长城、湖北均县武当山道观）或气势宏伟的文化工程（如《永乐大典》），都是明成祖在位时创造的，而郑和下西洋正是那个伟大时代的产物。

注 释

〔1〕 清末状元、钦授翰林院编修袁嘉谷从友人宋南屏处，寻得郑和的父亲马哈只墓碑拓片。1913 年公布了这个重要史料（袁嘉谷：《昆阳马哈只碑跋》，《滇绎》卷三）。

〔2〕 张联芳主编：《外国人的姓名》，北京：中国社会科学出版社，1987 年，页 202 和210。

〔3〕 郑和小名"三保"，始见于袁忠彻《古今鉴识》卷八，《明史·郑和传》亦作"三保"。罗懋登小说《三宝太监下西洋演义》把"三保"改为"三宝"，不足为信。

〔4〕 张联芳，前揭书，页 204。或以为"三保"应复原作阿拉伯语常见人名 Sha'bān（八月）。今天北京城三不老胡同（西城区德胜门内大街新街口）是三保太监郑和故居所在地，来自郑和小名"三保"。从"三保"别称"三不老"看，郑和小名更可能来自阿拉伯语 Sabbur（至容的）。郑和或称三保老爹，他在北京居住的胡同叫"三保老爹胡同"，后来讹称为"三不老胡同"，皆来自郑和小名"三保"。《明史·郑和传》的作者张廷玉未明其意，误把郑和小名写作"三宝"。后者乃佛教术语，指佛、法、僧三宝。郑和出身于穆斯林家庭，乳名不可能用佛教名称。永乐年间还有几个名叫"三保"的穆斯林宦官。例如，永乐时出使乌思藏的杨三保（《明史·西域传》）；随郑和七下西洋的王三保（《明史·王景弘传》）。杨三保是否为穆斯林，文献失载，但是王景弘确为穆斯林。宁夏回族地区如今仍有人叫"马三保"之类的名字。

〔5〕 拜颜，来自突厥语 Bayan（富人），复数作"伯岳吾"（Bay'ut）。关于这个问题的讨论，参见向达：《关于三宝太监下西洋的几种资料》，收入王天有、万明编：《郑和研究百年论文选》，北京：北京大学出版社，2005 年，页 10—12；刘迎胜：《西北民族史与察合台汗国史研究》，南京：南京大学出版社，1994 年，页 50。

〔6〕 汪大渊著,苏继庼校释:《岛夷志略》,北京:中华书局,1981 年,页 352;苏其康编:《西域史地释名》,高雄:中山大学出版社,2002 年,页 18—19。

〔7〕 福建省博物馆考古部、福建市文物考古工作队:《长乐漳港大王宫出土遗址清理简报》,《福建文博》1994 年第 2 期,页 56—63;曾国新:《长乐市发现国内首例郑和彩绘泥塑神像》网络版(http://www.moc.gov.cn/ zhenghe/haiwai/ t20040803_10772.htm)。

〔8〕 海飞:《曾是船队西进大本营——在印度寻找郑和遗迹》,参见国际动态网(http://www.chnmus.net/information/ W-news/2004/w2004-7.htm)。

〔9〕《明成祖实录》卷一二八。

〔10〕 此图原名"自宝船厂开船从龙江关出水直抵外国诸番图",收入明末茅元仪编《武备志》。据该书介绍,此图取材于《郑和航海图》。

〔11〕《明太宗实录》卷四七。

〔12〕 孔远志:《印度尼西亚马来西亚文化探析》,香港:南岛出版社,2000 年,页 375。

〔13〕 R. Brown and S. Sjostrand, *Maritime Archaeology and Shipwreck Ceramics in Malaysia*, Kuala Lumpur: Department of Museums and Antiquities, 2004.

〔14〕《明太祖实录》卷八四,洪武六年八月。

〔15〕《明史·胡濙传》。

〔16〕 崔勇:《西沙发现的明代沉船与郑和下西洋关系初探》,《福建文博》1997 年第 2 期。

〔17〕《天妃之神灵应记》。

〔18〕《明太宗实录》卷七一。

〔19〕 阿里·玛扎海里著,耿昇译:《丝绸之路:中国——波斯文化交流史》,中华书局,1993 年,页 256。

〔20〕 耿宝昌主编:《故宫博物院藏明初青花瓷》下册,北京:紫禁城出版社,2002 年,页 256—259。

〔21〕《明太祖实录》卷一七七。

〔22〕《罪惟录》卷三六《外国传·古里国》记载:"二十一年,西洋十二国遣使千二百人贡方物,古里为最。"

〔23〕 郑鹤声、郑一钧:《郑和下西洋史事新证》,原载《中华文书论丛》1985 年第 3 期,收入王天有、万明编:《郑和下西洋百年论文选》,北京:北京大学出版社,2004 年,页 150。

〔24〕 参见《江宁府部纪事》，收入《古今图书集成》卷六六七。

〔25〕 林梅村：《郑和忌日及其身后事》，《九州学术》三卷二册，香港城市大学，2005年，页2—26。

〔26〕 马欢《瀛涯胜览》录文作"去中国十万余里，民物咸睹，大同风俗，刻石于兹，永乐万世。"

〔27〕 参见卡利卡特出版俱乐部网站（http://www.calicutpressclub.com/history-of-calicut.htm）。

〔28〕 马金鹏译：《伊本·巴图泰游记》，银川：宁夏人民出版社，2000年。

〔29〕 董琦等编：《云帆万里照重洋：纪念郑和下西洋六百周年》，北京：中国社会科学出版社，2005年，页135；海飞：《曾是船队西进大本营——在印度寻找郑和遗迹》，参见国际动态网（http://www.chnmus.net/information/W-news/2004/w2004-7.htm）。

〔30〕 马蓉池编译：《龙涎香：海洋中的灰色金子》，《海洋世界》1997年第5期。

〔31〕 《明成祖实录》卷九八记载："永乐十三年十月癸未，古里、柯枝、喃渤利、甘巴里、满剌加、麻林、忽鲁谟斯、苏门答剌诸番国使臣辞归，悉赐钞帛及永乐通宝钱有差。"

〔32〕 《明实录》缩印本，台湾：历史语言研究所校印本，1962—1968年，页3260—3261。

〔33〕 《明史·成祖本纪》永乐十九年曰："是年，忽鲁汉斯、阿丹、祖法儿、剌撒、不剌哇、木骨都束、古里、柯枝、加异勒、锡兰山、溜山、〔南〕渤利、阿鲁、漏利加、甘巴里、苏禄、榜葛剌、浡泥、古麻剌朗王入贡，暹罗人贡者再。"

〔34〕 陈国栋：《郑和船队下西洋的动机：苏木、胡椒与长颈鹿》，海洋科技博物馆筹备处、财团法人吴京基金会、台湾海洋大学编：《走向海洋：郑和研究学术研讨会论文集》，台北，2001年。

〔35〕 马文宽、孟凡人编：《中国古瓷在非洲的发现》，北京：紫禁城出版社，1987年，页34—35。

〔36〕 穆尔著，赫镇华译：《一五五〇年前的中国基督教史》，北京：中华书局，1984年。

〔37〕 谢国桢：《明代社会经济史料选编》中册，福州：福建人民出版社，1980年，页89。

〔38〕 〔法〕毕梅雪著，赵冰等译：《哈伊马角酋长国朱尔法古城遗址出土的远东陶瓷（14—16世纪）及其作为断代、经济与文化发展的标志》，北京：法国远东学院北京中心编印，2003年，页3—12。

〔39〕 马欢:《瀛涯胜览》卷首诗句简称"米昔"。

〔40〕 耿宝昌主编:《故宫博物院藏明初青花瓷》上册,北京:紫禁城出版社,2002年,
页42。

〔41〕 家岛彦一:《郑和分綜访问也门》,《中外关系史译丛》第2辑,上海:上海译文
出版社,1995年,页44—60。

〔42〕 三上次男著,李锡经、高喜美译:《陶瓷之路》,北京:文物出版社,1984年,页
39—43。

参 考 书 目

1. 〔英〕彼得·霍普科克撰，杨汉章译：《丝绸路上的外国魔鬼》，兰州：甘肃人民出版社，1998 年。

2. 〔德〕克林凯特著、赵崇民译：《丝绸古道上的文化》，乌鲁木齐：新疆出版社，1994 年。

3. 夏鼐主编：《中国大百科全书·考古卷》，北京：中国大百科全书出版社，1986 年。

4. 〔匈〕哈尔马塔主编，徐文堪等译：《中亚文明史——定居文明与游牧文明的发展：公元前 700 至公元 250 年》第 2 卷，北京：中国对外翻译出版公司，2002 年。

5. 〔俄〕李特文斯基主编，马小鹤译：《中亚文明史——文明的交汇：公元 250 至 750 年》第三卷，北京：中国对外翻译出版公司，2003 年。

6. 向达：《唐代长安与西域文明》，北京：三联书店，1957 年。

7. 张广达、王小甫著：《天涯若比邻——中外文化交流史略》，香港：中华书局香港有限公司，1988 年。

8. 〔日〕三上次男著，李锡经等译：《陶瓷之路》，北京：文物出版社，1985 年。

9. 〔英〕斯坦因著，向达译：《斯坦因西域考古记》，上海：上海中华书局，1936 年（上海：上海书店，1986 年重印）。

10. 〔美〕米斯基著，田卫疆译：《斯坦因考古与探险》，乌鲁木齐：新疆美术摄影出版社，1992 年。

11. 赵丰：《丝绸艺术史》，杭州：浙江美术学院出版社，1992 年。

12. 孙机：《中国圣火——中国古文物与东西文化交流中的若干问题》，沈阳:辽宁教育出版社,1996年。

13. 〔美〕威廉·兰格主编,刘绪贻等译:《世界史编年手册·古代和中世纪部分》,北京:三联书店,1981年。

14. 〔英〕杰弗里·巴勒克拉夫主编、毛昭晰等译:《泰晤士世界历史地图集》,北京:三联书店,1983年。

15. 林梅村:《丝绸之路散记》,北京:人民美术出版社,2004年。

16. 林梅村:《古道西风——考古新发现所见中外文化交流》(哈佛燕京学术丛书第六辑),北京:三联书店,2000年。

主 题 索 引

A

"鬼子母失子因缘"壁画 204

"龙女索夫"壁画 185、203

《黄犬及鹰》壁画 210、211

阿拔斯王朝 222、267

阿丹港 360

阿尔金山 55、253

阿尔泰语系 15、23、35、48

阿尔赞石冢 42

阿尔赞王陵 48

阿凡纳羡沃文化 14—17、23、30、
32、35、36、47

阿胡拉·马兹达 192、292

阿拉伯 98—101、117、132、139、140、
143—146、213、222、228—231、233、
234、236—238、240、244、245、247、
249、250、265、266、292、306、328、
329、337、347、348、351、355、357—
360、365

阿里卡梅杜 139、146—149、236

阿马拉城 228

阿舍罗赫（Asherah）女神 27

阿史那 315

阿斯塔那 278、284

阿育王 100—102、179、263

埃兰 67、98、103—105、109、124

埃兰银盒 105、157

爱琴海文明 4

安堤阿（条枝） 101

安息（帕提亚） 124

奥库涅夫文化 15、23、25、30、35、36、
38、47

B

巴比伦 161

巴礁号 338—340

巴克特拉城（Bactra） 113

巴米扬 285

巴泽雷克冻土墓 44、48

柏孜克里克 200、285、286、289、290、
300—303

拜占庭 265—267、296、360

北凉石塔 288

贝勒尼斯 99、131、140—144、146、
161、238、239

贝希斯敦铭文 65

苯教 253

彼得大帝宝藏 48、49

炳灵寺 258

波斯 13、27、28、52、62、65—67、75、
76、83、94、97—100、104、108、113、
122、124、125、128、129、132、135、
153、160、185、186、201、222、226—
229、233—239、242—244、247、249、
250、265—267、277、292、296、299、
300、303、313、321、323、328、331、
351、354—357、361、362、366

波斯湾 98、128、129、222、226—228、
234—237、328、331、354、356、357

伯格曼 21、23、25、166、174、308—
311

伯希和 64、67、207、253、276、323、
329

C

彩棺 175、177、193、268—271

草原之路 4、35、48

长沙窑 221

车师 173、175、278、281、282

成吉思汗 299、318

赤岭 257—259

D

怛罗斯 222、232

大谷探险队 118、171、286

大秦 73、79、108、121、128、129、
131—134、137、140、150、151、168、
250、299、318

大石冢 35、38—43、53

大食 222、226、228、229、232、234—
244、250、265、267

大唐西域记 253、257、276

大宛马 116、117

大夏 50、52、57、63—65、78—81、
100—102、111—113、115、117、122、
129、148、174、177、180—182、201、
203、256、292

大小尉迟氏 205

大月氏 13、31、60、62、82、87、103、
111—113、115、129、130、174—177、
184、186、188

大自在天 295

单钩矛头 35

《岛夷志略》 222、247、330、332、333、
347、356、357、365

帝释天 295、296

都兰 252、255、264—268、273、275—
277

敦煌 1、103、108、115、121、129、134、

136、138、165、166、173、174、186、189、195、196、205、211、214、215、217、219、220、223、246、247、254、255、262、267、268、275、276、284、286、287、291、304、307、313、314、321、323

E

额济纳河　19、191、306—310、312、316

鄂尔多斯　48、58、132、319

F

梵天　207、295、296

粉本　209、217

风神　292、295、296

佛家七宝　134

佛教　13、79、91、100—102、108、109、122、134、137、149、154、155、176、177、179、182、185、192—197、200、203—207、209—211、217、219、223、255、256、262、274、281、283、285—291、299、300、302、304、305、318、321、324—327、345、365

扶南　139、148—150、153—156、162、240

福船　229、247

福斯塔特　235、257

妇好墓　42、56、58

复合弓　123、124

G

噶尔家族　271—275

高昌　171、176、200、278、281、283—292、295—298、300—304、314、315

巩乃斯窖藏　85—87

巩县窑　237、242

古里　328、331、340、344—348、350、358、366、367

古墓沟文化　14、17、23、29、30

古提人　13

骨咄禄陵　315、316

龟兹　13、199、285

鬼子母　204、205、207—210、281

贵霜　103、129、154、155、168、175—177、180、182、184、195、196、201、202

国王谷　35、43—45

过去七佛　288

H

哈密　17、21、24—26、33、34、36、57、117、315

汉藏语系　24、26

汉武帝　89、103、110、111、115、116、122、125、127、135、157、165、281、307、308、310

焊珠工艺　151、153

合浦　156、157、223

和田玉　55、56、58、60

河西走廊　24、29、36、47、111、118、121、122、164、171、175、269、274、284、313、314、326

黑石号　221、237—242、244、251

黑水城　316、317、324、327

琥珀　46、132—135、137—139、356

花剌子模　293

回鹘　197、200、278、283、284、289—292、296、299、300、302—304、312、316—318、323

回字型佛寺　197—200

会昌灭佛　318

火祆教　192、201—203、278、292、294—296、318

霍尔木兹　141、143、228、331、354、356、358

J

伽腻色迦　176、180、121

鸡骇之犀　92、94、95

吉木萨尔　41、281、291

笈多　204、205、255、285、295

罽宾　54、60、61、79、80、84、94、132、134

罽宾四宝　134

犍陀罗　22、60、65、78—80、89、101、132、134、154、155、174、176—178、180—182、188、195、205、252、253、

255、285、288

交河　200、281、282、300、323

交趾　4、149、153

交州　155、223

金绿宝石（猫眼石）　94、95

景德镇　236、237、247、342、358、362、363

景教　73、222、231、278、296、298—300、318—321、326

酒泉　117、177、269、274、275、310、313、314

居延　121、306—317、324、326

居延汉简　121、136、308、309、311

橘瑞超　171

沮渠氏　283

K

喀拉·塔佩寺院　203

喀拉汗王朝　189、325

康居　111、115、215

科兰迪亚船　103

科兹洛夫　321

克尔木齐文化　14—19、22、23、28—30、47

克里尼亚沉船　100

空首铜斧　28、35、36、57

箜篌　122、123、136、280、281

库尔干文化　49

昆仑山　55、57、58、60、93、113、164、

188、191、217、253

昆山之玉　54—56、58、59、71、72、96、108

L

蓝氏城　78、112、113、129

勒柯克　284、285、292—296、298、304

李柏文书　171、184

林邑　153、155、221、240

绫　116、193、274、289

流水墓地　188

六国之宝　70、96、97、108

龙泉窑　148、236、237、340

龙涎香　350—352、367

龙窑　234

楼兰　9、12—14、19、23、24、26、29、30、82、87、111、115、125、127、129—131、133—138、164—184、191、254、274、288、292、304

鹿石　40—43

鹿野苑　101、179、263

罗布泊　17、21、23、25、111、164、170、175、269、274

罗马　2—4、6、8、61、64、75、81、82、87、101、102、106、108、120、121、123—125、128—137、139—141、143—153、157—161、168、174、177—179、195、231、253、276、283、284、306、313、360

罗马玻璃　124、129、131、147、151、159

逻些　252、257、258、260

黎轩　101、117、118、120—122、127、136

禄东赞　271

M

马厂文化　36

马船　356

马可波罗　3、222、299、306、316—318、321、323、326、354、357

麦加　328—331、341、357、358

麦叶王朝　231、267

满剌加　328、332、333、335—338、367

美索不达米亚　4、5、12、23、25—27、61、99、144、163、266、348、361

蒙古　15、19、24、27、35、40—43、48、55、81、82、87、89、103、115、117、132—134、138、167、174、186、191、245、265、272、273、278、284、290、292、299、300、306、307、315—318、321、323、324、326、327、329、355

米兰　174、182、197、200、218、254—256、273、327

米坦尼协约　27

模制玻璃　118—120

摩尼教　284、290、299—303、318

墓地石人　16、17、22、43

慕容鲜卑　253、254

N

那烂陀　262

那罗延天　295、296

娜娜　294、295

南越王墓　157、158、160—162、359

尼雅　14、26—30、34、57、123、125、
　130—134、165、167、168、170、183、
　184、198、200、358

尼雅北方青铜文化　14、26、28—30、
　57

牛角山寺　195

P

庞培　2、75、145

毗伽可汗　273、277、315

毗沙门天　204、211—215、220、295、
　296

媲摩城　190

片治肯特　175、295、296

婆罗浮屠　223、224

婆罗门像　207—210

Q

齐家文化　24、36

绮　7、8、116、333、340

羌人　24、26、28、30、47、113

且末　122—124、165、166、183

青花　242—244、342、343、350、353、
　356—358、361—363、366、367

蜻蜓眼玻璃珠　54、62、65—67、69—
　72、84、96、105、106、131、132

佉卢文　135、168、175、176、192、195、
　197、253、276、292

麹氏　283、289

胸衍戎　310

权杖头　24—26、29、30

R

乳香　98、157、158、356、358、359

入海求仙　92、93、105、106

软玉　54

S

萨伽耶仙寺　196

萨满教　290

萨珊　124、137、266、303、313、351

塞人　48、84、87、186

三佛齐　223、237、328、340—343

色目人　299、325

杀人石　316

沙船　228—230、247

山普拉　82、119、130—132、166、183、
　191—193、217、218

珊瑚　131—134、137、139、154、157—
　159、341、342、359、360

鄯善　122、124、164—166、168、173—

175、184、253—256、274、278、280

胜金口　285、292、293、296、300—302

尸罗夫　226、228、236、237、354

湿婆　209、210、292、296

十二金人　88

石坩锅　17—18

石冢文化(竖穴墓文化)　14

蚀花肉红石髓珠　61、62

双轮马车　20

双马神　27、28

丝绸之路　1—4、8、48、53、81、82、
106、111、113、115、118、122—124、
129、130、134、136、137、139、161、
165、168、173、175、176、184、222、
232、245、285、286、304、306、313、
348、366

斯基泰人　65、79、80、85—88、112、
185—188

斯坦因　9、25、61、62、125、131、135、
137、166、167、170、171、174、182、
190、193、197—199、203—205、207、
211、213、252、255、323、324、356

斯通亨奇环状列石　37、38

斯文赫定　125、167、170、171、174、
184、189、199、203、219

四坝文化(天山北路文化)　24—26、
29、30、36、47

四山纹铜镜(TLV 铜镜)　51—52

松赞干布　253、256

苏贝希墓地　278—280

苏毗　252、253、257、271—277

粟特　67、73、78、111、112、155、175、
213、253、265—267、276、284、290、
292—296、299、302、306

隋侯之珠　54、70—72

T

泰加勒沉船　247—249

唐蕃古道　4、252、256—259、265、276

唐蕃会盟碑　252、260

天竺　150、154、224、252、260、261、
263、276、283、289、296

突厥　16、17、48、245、273、278、284、
289、290、296、299、305、312、313、
315、316、318、319、320、323、365

土垠　170

吐蕃　214、245、252、253—262、264—
269、271—277、312、316、323

吐谷浑　252—255、257、264、265、
268、269、271、272、274—276、314

吐火罗　12—14、19、23、24、26—30、
34、84、112、174、175、217

吐鲁番　115、175、177、197、200、
278—281、283—292、294—296、
298—305、315

吐峪沟　284—289、291、300—302

托勒密　76、81、99—101、117、119—
121、137、140、141、147—149

W

汪古部　319、321

王玄策　256、261—263、276

沃奥　139、148—156、162、160

吴哥　149、150

X

西伯利亚宝藏　48—50

西尔卡普城　80

西拉夫港（尸罗夫）　234、235

西夏　5、194、218、312、316、317、319、
　321、322—325、327

西域长史　116、170、171、175、176

西域都护　128、166、170

西域王子举哀图　314

西州　267、269、278、283、296、302、
　303

希腊大夏王国　78

锡兰　101、102、139、146、367

黠戛斯　284、318

小河—古墓沟文化　14、17、23、29、
　30

小河五号墓地　21

辛塔什塔—彼德罗夫卡文化　20

新塔拉文化　14、28—30、57

匈奴　30、48、63、81、82、87、89、91、
　103、105、110—113、115—117、134、
　135、165、167、186、273、282、307、

309、310、326

休屠王金人　89

叙利亚　2、19、27、73、96、98、101、
　124、132、147、231、296、299、320、
　321、361

宣德炉　350

玄奘　176、195、262、283、289

悬泉汉简　121、136、183

Y

雅利安人　26—28、30、48

亚历山大　75、76、78、81、87、99、101、
　106、111、112、117—122、130、139—
　141、144、147、149、153、299、306

焉耆　13、26、84、135、173

颜那亚文化　14—16、19、30、32

羊同　252、253、257

羊脂玉　55、56、60

阳关　254

也里可温教　321

冶金术　18

夜明珠　96、97、108

伊斯兰　189、231、232、234、235、266、
　267、277、278、284、285、291、299、
　305、325、326、347、357、358、361

义净　67、222、223、257

亦集乃　306、312、316—318、321—
　323、325、326

因陀罗　292

印度　298、304、324、328、331—333、
　　337、338、340—342、345—351、355、
　　356、358、359、365—367

印度教　149、154、155、207、210、211、
　　292、295、296、346、347

印度斯基泰王国　188

印度希腊王国　79

印欧语系　13、185

营盘　6、19、86、135、136、138、168、
　　269、274

永乐　60、158、329、332、333、336、
　　337、339—343、346、350、352、353、
　　356—358、360—367

有翼神兽　83—85、125、126

扞泥　164、166

于阗　55、57、60、84、113、115、118、
　　119、129、171、173、185、188—197、
　　200、203、205—207、209、211、214、
　　218—220、253、254、256、269、270、

274、325

圆沙古城　19、165、189—191

约特干遗址　119、188、189、195

岳州窑　232、233

越窑　232、234—237、242

Z

扎衮鲁克　122、167、183

张骞　2、3、10、60、63、64、110—118、
　　121、122、127、128、136、157、190、256

张掖　121、306—308、310、311、313、
　　317、323

郑和　72、158、228、328—348、350、
　　352—360、364—367

希腊化时代　75、81、83、102、105、
　　106、118、120

诸宫调　323

籽玉　56

祖尔万　296

《名家通识讲座书系》已有选目

*《文学与人生十五讲》 暨南大学中文系　朱寿桐

*《唐诗宋词十五讲》 北京大学中文系　葛晓音

*《中国文学十五讲》 北京大学中文系　周先慎

*《中国现当代文学名篇十五讲》 复旦大学中文系　陈思和

*《西方文学十五讲》 清华大学中文系　徐葆耕

*《通俗文学十五讲》 苏州大学　范伯群　北京大学　孔庆东

*《鲁迅作品十五讲》 北京大学中文系　钱理群

　《红楼梦十五讲》 文化部艺术研究院　刘梦溪　冯其庸　周汝昌等

　《当代外国文学名著十五讲》 吉林大学文学院　傅景川

　《中国古代文论十五讲》 华中师范大学中文系　王先霈

*《中国美学十五讲》 北京大学哲学系　朱良志

*《现代性与后现代性十五讲》 厦门大学哲学系　陈嘉明

*《文化哲学十五讲》 黑龙江大学　衣俊卿

*《科技哲学十五讲》 南京大学哲学系　林德宏

*《西方哲学十五讲》 中国人民大学哲学系　张志伟

*《现代西方哲学十五讲》 复旦大学哲学系　张汝伦

*《哲学修养十五讲》 吉林大学哲学系　孙正聿

*《美学十五讲》 东南大学艺术传播系　凌继尧

*《宗教学基础十五讲》 清华大学哲学系　王晓朝

　《自然辩证法十五讲》 北京大学哲学系　吴国盛

　《艺术哲学十五讲》 北京大学中文系　刘　东

　《逻辑学十五讲》 北京大学哲学系　陈　波

　《伦理学十五讲》 湖南师范大学伦理学研究中心　唐凯麟

*《道教文化十五讲》 厦门大学宗教所　詹石窗

*《〈周易〉经传十五讲》 清华大学思想文化所　廖名春

*《美国文化与社会十五讲》 北京大学国际关系学院 袁 明

*《欧洲文明十五讲》 中国社会科学院 陈乐民

《中国文化史十五讲》 北京大学古籍研究中心 安平秋 杨 忠 刘玉才

《文化研究基础十五讲》 北京大学比较文学所 戴锦华

《日本文化十五讲》 北京大学比较文学所 严绍璗

《中国传统文化十五讲》 佛光大学人文社会学院 龚鹏程

《中西文化比较十五讲》 北京大学外语学院 辜正坤

《俄罗斯文化十五讲》 北京大学外语学院 任光宣

《基督教文化十五讲》 中国人民大学中文系 杨慧林

《法国文化十五讲》 北京大学外语学院 罗 芃

《文化人类学十五讲》 中国社会科学院文学所 叶舒宪

《民俗文化十五讲》 北京大学社会学系 高丙中

《北京历史文化十五讲》 北京师范大学文学院 刘 勇

《丝绸之路十五讲》 北京大学考古文博学院 林梅村

《文物精品与文化中国十五讲》 清华大学历史系 彭 林

*《西方美术史十五讲》 北京大学艺术系 丁 宁

*《戏剧艺术十五讲》 南京大学文学院 董 健 马俊山

*《音乐欣赏十五讲》 中国作家协会 肖复兴

《中国美术史十五讲》 中央美术学院 邵 彦

《影视艺术十五讲》 清华大学传播学院 尹 鸿

《书法文化十五讲》 北京大学中文系 王岳川

《美育十五讲》 山东大学文学院 曾繁仁

《艺术史十五讲》 北京大学艺术系 朱青生

《艺术设计十五讲》 东南大学艺术传播系 凌继尧

*《口才训练十五讲》 清华大学政治学系 孙海燕 上海科技学院 刘伯奎

*《政治学十五讲》 北大政府管理学院 燕继荣

《社会学理论方法十五讲》 北京大学社会学系 王思斌

《公共管理十五讲》 北京大学政府管理学院 赵成根

《企业文化学十五讲》 武汉大学政治与行政学院 钟青林

《西方经济学十五讲》　中国人民大学经济学院　方福前

《比较教育十五讲》　北京师范大学教育系　王英杰

《政治经济学十五讲》　北京大学政府管理学院　朱天飙

《百年中国知识分子问题十五讲》　华东师范大学历史系　许纪霖

*《医学人文十五讲》　少年儿童出版社(上海)　王一方

*《文科物理十五讲》　东南大学物理系　吴宗汉

*《现代天文学十五讲》　北京大学物理学院　吴鑫基　温学诗

*《心理学十五讲》　西南师大心理学系　黄希庭　郑　涌

*《生物伦理学十五讲》　北京大学生命科学学院　高崇明　张爱琴

《性心理学十五讲》　北京大学医学部医学人文系　胡佩诚

《思维科学十五讲》　武汉大学哲学系　张掌然

《青年心理健康十五讲》　清华大学心理系　樊富珉　南京大学心理系　费俊峰

《环境科学十五讲》　北京大学环境学院　张航远　邵　敏

《人类生物学十五讲》　北京大学生命科学学院　陈守良

《医学伦理学十五讲》　北京大学医学部医学人文系　李本富　李　曦

*《中国历史十五讲》　清华大学历史系　张岂之

*《清史十五讲》　中国人民大学清史所　张　研　牛贯杰

《科学史十五讲》　上海交通大学文学院　江晓原

*《语言学常识十五讲》　北京大学中文系　沈　阳

*《汉语与汉语研究十五讲》　北京大学中文系　陆俭明　沈　阳

(画 * 者为已出)